MOEWIG
DOKUMENTATION

K. J. Macksey

Deutsche Panzertruppen

MOEWIG

MOEWIG Band Nr. 4310
Moewig Taschenbuchverlag München/Rastatt

3. Auflage

Titel der Originalausgabe: Panzer Division
Aus dem Amerikanischen von S. Badr

Umschlagfoto: Süddeutscher Verlag
Umschlagentwurf und -gestaltung: Franz Wöllzenmüller, München
Verkaufspreis inkl. gesetzl. Mehrwertsteuer
Auslieferung in Österreich:
Pressegroßvertrieb Salzburg, Niederalm 300, A-5081 Anif
Printed in Germany 1985
Druck und Bindung: Elsnerdruck GmbH, Berlin
ISBN 3-8118-4310-9

Inhalt

Das Buch

Mackseys Bericht vom Aufstieg und Untergang der deutschen Panzerwaffe schildert die Entstehung der überlegenen Taktik der deutschen Panzerdivisionen, denen die Alliierten lange Zeit nichts Gleichwertiges entgegenzusetzen hatten. Auf den Kriegsschauplätzen des Zweiten Weltkrieges erleben wir die großen Panzerschlachten, im Hinterland das Tauziehen um neue Strategien und neue Techniken. Stalingrad bringt die große Wende, und mit der Invasion der Aliierten in der Normandie ist der Nimbus von der Unbesiegbarkeit der Deutschen – und damit auch ihrer Panzerkolonnen – endgültig zerstört. Deutschlands jahrelang so überlegene Panzerwaffe scheitert endlich an der material- und zahlenmäßigen Überlegenheit der Alliierten, an Nachschubproblemen und nicht zuletzt an falschen Befehlen Hitlers.

Der Autor

Kenneth J. Macksey diente während des Krieges im Royal Tank Regiment und erhielt eine militärische Auszeichnung. Bis vor wenigen Jahren gehörte er seinem Regiment als Offizier im Majorsrang an. Nach dem Verlassen der Armee wurde er Mitherausgeber von Purnell's History of the Second World War.

Die Angriffswaffe

Einführung von Barrie Pitt

Heute, mehr als vier Jahrzehnte nach Ausbruch des Zweiten Weltkriegs, scheint fast unvorstellbar, was durchaus ernst zu nehmende Kommentatoren und Fachleute damals prophezeiten: Das Pferd, so glaubte man, werde auch in jeder zukünftigen militärischen Auseinandersetzung eine wesentliche, ja vielleicht sogar eine kriegsentscheidende Rolle spielen.

Und heute, über vierzig Jahre später? Wir leben in einer Zeit, in der sich das Kraftfahrzeug sowohl im zivilen als auch im militärischen Leben durchgesetzt hat. Pferde – ja, in Reitklubs und auf dem Acker, auf dem Schlachtfeld aber – reiner Anachronismus. So wissen wir es heute. Vor vier Jahrzehnten aber war die Situation genau umgekehrt. Wer den modernen Panzerkrieg prophezeite, machte sich lächerlich. Konfuse Außenseiter, lästige Querulanten. In England zählten dazu Männer wie Captain Sir Basil Liddell Hart und die Generale Fuller, Hobart, Broad und Pile. In Frankreich entwarf Charles de Gaulle eine Theorie des zukünftigen Panzerkriegs – und keiner nahm ihn ernst.

In Deutschland sah die Sache etwas anders aus. Die Deutschen hatten den Einsatz der Feindpanzer im Ersten

Weltkrieg erlebt, und sie wußten wohl aus eigener Erfahrung, in welch starkem Maße die gegnerischen Panzereinsätze zum Zusammenbruch der deutschen Westfront im Jahre 1918 beigetragen hatten.

Das war eine Lehre, aus der man die richtigen Folgerungen zog: Zwanzig Jahre nach dem militärischen Zusammenbruch des deutschen Kaiserreiches besaß das nationalsozialistische Deutsche Reich die beste Panzerwaffe der Welt. Was zählte, war nicht die zahlenmäßige Überlegenheit – denn die lag bei den präsumtiven Feindmächten des neu heraufziehenden Weltkriegs –, sondern der Geist, der die deutschen Panzerdivisionen beseelte.

Hohe Kampfkraft, vorzügliche Moral und Taktik, gepaart mit technischer Überlegenheit – das war das Rezept für die Blitzkriege und Blitzsiege der folgenden Jahre.

Die Männer der Panzerwaffe bildeten in jeder Beziehung eine Elite. Sie verstanden ihr Geschäft nicht nur von der technisch-militärischen Seite her, sondern sie fühlten sich auch als das, wofür sie der „Führer und Reichskanzler" Adolf Hitler auserkoren hatte: Als die überlegene Speerspitze der deutschen Wehrmacht, als Stolz einer in Waffen wiedererstarkten Nation. Panzer und Flieger waren die Stars der ersten Kriegsjahre – stolz und scheinbar unbesiegbar.

K. J. Macksey, der Autor dieses Buches, läßt den Leser miterleben, wie es damals war, als die Panzer nach Polen rasselten. Als sie in Norwegen kämpften und die Westalliierten in Frankreich, Holland und Belgien 1940 in eine militärische Katastrophe trieben, die ihresgleichen in der

Kriegsgeschichte suchte. Und auch als sie in die endlosen Weiten der Sowjetunion eindrangen und sich ihren Weg durch die Wüsten Nordafrikas bahnten. Die „Schwarzen Husaren“, wie sie die deutsche Propaganda oft nannte, fuhren kreuz und quer durch Europa von Sieg zu Sieg, bis sie schließlich ihre ersten Niederlagen erlitten: Zu wagemutig, zu kühn war die deutsche Führung geworden.

Einmal in den endlosen Weiten der Sowjetunion und Afrikas überdehnt, verloren die eisernen Klammern der Panzerkolonnen ihre Kraft und Gewalt, stießen ins Leere, zerflatterten und mußten schließlich den Gegnern weichen, die mit ständig steigender Kraft zunächst den Panzern Widerstand entgegensetzten und sie schließlich – zusammen mit der ganzen deutschen Wehrmacht – in die Defensive und in die Niederlage drängten.

Wie das alles vor sich ging, ist zweifellos eines der interessantesten Kapitel des ganzen Zweiten Weltkriegs. Von der Faszination des unwiderstehlichen Vormarschs bis zum hoffnungslosen Ende – es ist ein weiter Bogen, den dieses Buch beschreibt. Und K.J. Macksey ist berufen, diese Geschichte zu erzählen.

Der Autor hat in der britischen Panzerwaffe gedient und mehrere Werke über die Panzerkriegsführung verfaßt. Er beschreibt die entscheidenden Schlachten in Europa, Rußland und Nordafrika, die Waffen und Geräte, mit denen sie geschlagen wurden, und das Leben jener Männer, die auf dem Schlachtfeld Weltgeschichte machten: Männer wie Guderian, von Manstein, von Rundstedt und Rommel. Der interessierte Leser weiß, was diese Namen bedeuten.

Und auch jener, der sie an dieser Stelle zum erstenmal liest, wird sich der Faszination dieses Buches nicht entziehen können. Es ist der Bericht über eine neue Waffe, die vor mehr als einer Generation die Geschichte auf dem Schlachtfeld schneller und entscheidender veränderte als jemals zuvor. Es ist die Welt, in der wir heute leben.

Aufbau im Verborgenen

Der 8. August 1918 begann als ganz gewöhnlicher Hochsommertag. Was aber nur undeutlich sichtbar, in dichtem Morgennebel rasselnd und rumpelnd, an diesem Tag gegen die Linien der deutschen Westfront in der Nähe der Stadt Amiens vorbrach, war alles andere als gewöhnlich: 420 britische Panzer griffen an.

Die deutschen Infanteristen in ihren Gräben wehrten sich verzweifelt, aber gegen die gepanzerten Ungetüme gab es kaum geeignete Abwehrmittel. Die Briten brachen durch und drangen ins Hinterland vor. Daß die Alliierten diesen taktischen Erfolg nicht auszunutzen verstanden, änderte nichts an der Tatsache, daß man den Deutschen ihre eigene Unterlegenheit in einer Weise demonstriert hatte, die sie niemals wieder vergessen sollten.

Schon im November 1917 übrigens hatten die Briten bei ihrer großen Offensive bei Cambrai Tanks eingesetzt, und auch als die Deutschen im Sommer 1918 das Kriegsglück mit einer letzten gewaltigen Offensivanstrengung an der Westfront zu wenden versuchten, waren sie in zunehmendem Maße auf alliierte Panzer gestoßen, welche der vorwärtsstürmenden deutschen Infanterie immer wieder empfindliche Verluste beibrachten.

Bis zu jenem 8. August 1918 aber waren die alliierten Tanks trotzdem so etwas wie eine Sage gewesen, eine beinahe irreale Drohung, die nur wenige persönlich überhaupt jemals wahrgenommen hatten. Das war auch die Ansicht von General Ludendorff, und die ersten deutschen Angriffserfolge der Sommeroffensive 1918 schienen ihm recht zu geben: Aber Tanks? Das war eine Sache ohne wirkliche militärische Bedeutung.

Doch in den Wochen nach jenem verhängnisvollen 8. August 1918 mußten auch Männer wie General Ludendorff umdenken. Der „Panzerschreck" saß der kaiserlichen Armee in den Knochen.

Über den 8. August 1918, den „schwarzen Tag des deutschen Heeres", wie ihn Ludendorff später bezeichnete, führte der Weg sehr schnell vom erträumten Siegfrieden im Westen in die Niederlage. Das Deutsche Reich konnte den Krieg gegen seine übermächtigen Gegner nicht mehr weiterführen. Jene unübersehbaren feldgrauen Massen, die nach dem Kriegsende im November 1918 in das revolutionsgeplagte Deutschland zurückzogen, sahen einer trüben Zukunft entgegen. Deutschland, einst eine der mächtigsten Militärmächte Europas, ja der ganzen Welt, lag auf dem Boden. Der Kaiser ging, und aus dem mächtigen Millionenheer des Weltkriegs wurde die bescheidene, 100 000 Mann starke Reichswehr. So wollten es die Siegermächte: Mit dem Vertrag von Versailles sorgte man nicht nur für eine starke zahlenmäßige Herabsetzung der deutschen Streitkräfte, man nahm ihnen auch jede wirkliche Kampfkraft – keine Offensivwaffen für die Deutschen mehr, keine Luftwaffe, keine Tanks.

Was das für die neue Reichswehr bedeutete, war den militärischen Fachleuten in Deutschland klar: Ohne moderne Waffen war die Reichswehr eine zur Bedeutungslosigkeit verurteilte Zwergarmee, die niemand mehr ernst zu nehmen brauchte. Politisch ebenso wie militärisch war der Vertrag von Versailles ein Unding, ein echtes Diktat, das nur so lange halten konnte, wie der Besiegte es sich gefallen zu lassen bereit war. Als Hitler schließlich die „Ketten von Versailles" zerbrach, jubelten ihm die meisten Deutschen mit stolzer Freude zu.

Aber was die junge Wehrmacht nach der Wiederherstellung der Wehrhoheit schließlich einer staunenden Welt vorführte, war nicht über Nacht entstanden, sondern in jenen scheinbar hoffnungslosen Jahren der militärischen und politischen Ohnmacht im stillen erarbeitet worden.

Leicht hatten es jene Reichswehroffiziere, die in zäher Kleinarbeit die Grundlagen für die spätere Heeresmotorisierung und für das Entstehen der Panzerwaffe gelegt hatten, tatsächlich nicht gehabt: Die Reichswehr hatte nur wenige Kraftfahrzeuge und selbstverständlich keinerlei gepanzerte Gleiskettenfahrzeuge. Um also international auf dem laufenden zu bleiben, blieb nichts anderes als die Lektüre von ausländischen Militärzeitschriften und das Studium jeder zugänglichen modernen Dienstvorschrift.

Und kam man einmal auf Grund entsprechender Einladungen ins Ausland, konnte man dort an Ort und Stelle studieren, was die Sieger des Ersten Weltkriegs über moderne Kriegsführung mittlerweile gelernt hatten. Daheim in Deutschland baute man dann Panzerattrappen aus Pappe und Sperrholz und führte mit ihnen Übungsaufgaben durch. Mehr zu wagen war nicht möglich – zumindest nicht im Deutschen Reich selber: Die internationale Kontrollkommission achtete sehr streng auf die Einhaltung des Versailler Vertrags. Aber trotzdem wurden schon vor der Machtübernahme Hitlers in Deutschland Panzer gebaut. Prototypen allerdings nur und bestenfalls einige Stück. Man tarnte die Fahrzeuge als landwirtschaftliche Schlepper und hielt sie sorgfältig vor den Augen des Auslands verborgen.

In der Sowjetunion, die nach dem unglücklichen Ende des Ersten Weltkriegs und nach den Wirren der kommunistischen Revolution die Streitkräfte praktisch völlig neu aufbauen mußte, fanden die Deutschen unerwartete, aber in klugen Verhandlungen vorbereitete Hilfe: Zusammen mit den Fliegern der offiziell noch nicht bestehenden Luftwaffe schickte die Reichswehr immer wieder junge Leute in das große Übungsgebiet bei Kasan, wo man schon lange vor dem Wiederentstehen der deutschen Wehrmacht mit sowjetischer Hilfe die Grundlage des modernen Panzerkriegs erarbeitete.

Um das Jahr 1930 war auf diese Weise im Rahmen der Reichswehr eine kleine Offiziersgruppe entstanden, die sich sowohl praktisch als auch theoretisch mit den Grundlagen des modernen Bewegungskriegs beschäftigte. Zu dieser Gruppe zählten Männer wie die damaligen Obersten Lutz und von Reichenau und die Majore Guderian und Ritter von Thoma. Was diese Offiziere über moderne und beweglich geführte Kriegsführung wußten, hatten sie sich zum Teil selbst erarbeitet, zum Teil aber auch aus dem Ausland übernommen.

Ihr besonderes Augenmerk richteten diese Reichswehroffiziere auf Großbritannien, wo man schon in den zwanziger Jahren zu Versuchszwecken einen aus Panzern, Spähfahrzeugen, Artillerie und motorisierter Infanterie bestehenden Sonderverband aufgestellt und in den Jahren 1927 und 1928 im Manöver praktisch erprobt hatte. Die aus diesen Übungen gewonnenen Erfahrungen und Lehren wurden in einem offiziellen Bericht veröffentlicht.

Übrigens hatten es auch in England die militärischen „Propheten“ nicht leicht: Männer wie General Fuller und Captain Liddell Hart kämpften gegen die Macht des militärischen Establishments einen schier aussichtslosen Kampf. Moderne bewegliche Panzerfahrzeuge? Eine Sache für militärische Träumer – zumindest in den Augen des Generalstabs.

Aber egal ob in Deutschland oder in England: Die jungen Phantasten, die unruhigen Geister unter den Offizieren gaben nicht auf. Schon im Jahre 1929 schrieb Heinz Guderian, ein kluger militärisch-technischer Kopf, den seine Soldaten schon wenig später den „schnellen Heinz“ nennen sollten, mit bemerkenswertem Scharfblick, daß „Panzer in selbständigem Einsatz oder auch im Zusammenwirken mit der Infanterie allein wohl kaum entscheidende Bedeutung erlangen könnten. Meine eigenen geschichtlichen Studien, die Übungen in England und unsere Erfahrungen mit der Verwendung von Panzerattrappen haben mich zu der Überzeugung kommen lassen, daß Panzer erst dann wirkungsvoll zum Einsatz gelangen können, wenn die notwendigen Unterstützungswaffen den Panzerfahrzeugen in bezug auf

Geschwindigkeit und Geländegängigkeit gleichwertig sind. In einer solchen Formation aus allen Waffen müssen die Panzer die wichtigste Rolle spielen und die anderen Waffen dieser Aufgabe untergeordnet sein."

Das war eine einigermaßen revolutionäre Ansicht, die nur von den Männern des britischen Royal Tank Corps in großen Zügen geteilt wurde. Nirgends sonst, weder in den anderen Verbänden der britischen Armee noch in Frankreich oder in irgendeiner anderen Armee der Welt, wagte man derartiges zu denken. Auch die Sowjets, die sich schon damals recht gut auf den Panzerbau verstanden, sahen die Panzertaktik durchaus konventionell aus der Sicht der Erfahrungen des Ersten Weltkriegs: Im Vordergrund jeder operativen Überlegung stand die Infanterie, und den Panzern kam ausschließlich Bedeutung als Unterstützungswaffee zu.

Männer wie Guderian hätten es also auch damals außerhalb der deutschen Reichswehr ziemlich schwer gehabt, sich mit ihren revolutionären Ideen durchzusetzen. Noch vor Ausbruch des Zweiten Weltkriegs aber sollten Panzer in praktischem Einsatz ihren militärischen Wert und ihre Bedeutung beweisen.

Im Jahre 1931 kam es im Royal Tank Corps unter dem Kommando von Brigadegeneral Broad zu einer in der Fachwelt vielbeachteten Neuerung: Man ging dazu über, die Fahrzeuge mit Funk auszustatten und sie auf diesem Weg direkt und zentral zu führen. Dies bedeutete selbstverständlich eine ganz enorme Steigerung der Kampfkraft, denn die unmittelbare Führung eines Kampfverbandes auf dem Funkweg ermöglicht nicht nur die umgehende Ausnützung jeder sich auf dem Schlachtfeld ergebenden taktischen Möglichkeit, sie garantiert im Idealfall auch das optimale Zusammenwirken aller Waffen innerhalb eines kurzen Zeitraums.

Als im Jahre 1933 Adolf Hitler deutscher Reichskanzler wurde, übernahm Generalleutnant von Blomberg das Amt des Reichswehrministers, und General von Reichenau wurde Chef des Ministeramtes. Für die weitere Entwicklung der deutschen Panzerwaffen bot sich damit eine ausgesprochen günstige Situation. Sowohl Hitler wie sein Reichswehrminister und .General von Reichenau standen neuartigen militärischen Ideen und Systemen durchaus aufgeschlossen gegenüber. Als man Hitler Panzerjäger, einige leichte Kampfpanzer und Spähwagen im Manöver vorführte, war er begeistert.

„Das ist genau, was ich brauche", meinte Hitler nach der Vorführung. Und er bekam, was er brauchte: die Panzertruppe.

Schon im Jahre 1934 wurde in Ohrdruf das erste Panzerbataillon aufgestellt. Als Fahrzeuge standen ausschließlich leichte, mit nur zwei Maschinengewehren bewaffnete Panzerkampfwagen I zur Verfügung, die man bei Krupp einer englischen Konstruktion von Vickers nachbaute. Während in Deutschland die erste Panzereinheit entstand, waren die Engländer schon wesentlich weiter. Unter dem größten Interesse der internationalen Fachwelt führten die Briten nicht nur praktische Übungen mit einer aus leichten und mittleren Panzerkampfwagen bestehenden Brigade durch, sie kombinierten die Panzerbrigade auch mit einer motorisierten Infanteriebrigade.

Das war es, was sich auch Guderian vorstellte: Ein

gepanzerter und motorisierter Großverband, der – mit allen notwendigen Unterstützungswaffen versehen – selbständig operieren konnte. Die britische Tank-Brigade stand zu dieser Zeit unter dem Befehl von Brigadegeneral Hobart. Der General war ein energischer und dynamischer Mann, der die Prinzipien des gepanzerten Bewegungskrieges erkannt hatte. Aber wie Guderian hatte auch Hobart gegen das militärische Establishment in seinem Heimatland zu kämpfen. Dabei hatte es der Engländer allerdings wesentlich schwerer als Guderian: Während man in Deutschland nach der Machtübernahme Hitlers und nicht zuletzt gerade auf Grund der positiven Einstellung des neuen Reichskanzlers bald an den planmäßigen Aufbau einer modernen Panzerwaffe ging, setzten sich in Großbritannien ebenso wie übrigens in den USA, in Frankreich und – wenn auch nicht so vollständig wie in den anderen Ländern – auch in der Sowjetunion die militärischen Traditionalisten durch. Für diese waren die Erfahrungen des Ersten Weltkriegs Maßstab und Richtschnur für alle zukünftigen Entwicklungen.

Was an Entwicklungsarbeit in diesen Ländern versäumt wurde, mußte später erst nach sehr schmerzlichen Erfahrungen nachgeholt werden. Es genügt nicht, einfach Panzer zu produzieren und sie in die Schlacht zu schicken. Ein gepanzerter Verband ist ein höchst komplizierter Mechanismus, dessen Stärke, Feuerkraft und Beweglichkeit in engem Zusammenwirken und gegenseitiger Unterstützung erst dann voll zur Geltung kommen kann, wenn der Einsatz oft und lange genug praktisch geprobt wird.

Man muß außerdem bedenken, daß das Militärfahrzeug in den dreißiger Jahren noch eine völlig andere Stellung einnahm als in unserer Zeit der Vollmotorisierung. Wer damals ein Kraftfahrzeug lenken und bedienen konnte, zählte – mit Ausnahme vielleicht der USA, wo die Verhältnisse bereits in den dreißiger Jahren schon etwas anders waren – zu einer zahlenmäßig nicht sehr starken Elite. Auch Panzerfahrzeuge gab es damals in fast allen Staaten nur in sehr beschränktem Ausmaß. Die kärglichen Bestände stammten meistens noch aus der Zeit des Ersten Weltkriegs, und Finanzmittel für Neukonstruktionen – mit Ausnahme von einigen Versuchsfahrzeugen – gab es kaum. Noch ungünstiger als bei den Panzerkampfwagen sah es bei den Artilleriezugmaschinen, Selbstfahrlafetten und bei den Mannschaftstransportfahrzeugen aus. Gepanzerte Brückenleger und sonstiges für Panzerpioniere notwendiges Gerät gab es fast überhaupt nicht.

Im Deutschen Reich war die Situation noch extremer: Die neue deutsche Wehrmacht des Dritten Reiches verfügte zunächst weder über Panzerkampfwagen noch über andere für gepanzerte Verbände notwendige Ausrüstung. Aber dafür hatte man sehr viele Ideen, sehr viel Begeisterungsfähigkeit und nach der Machtübernahme der Nationalsozialisten bald auch ausreichende Budgetmittel, um die Vorstellungen der Panzertheoretiker schon bald Wirklichkeit werden zu lassen.

Die zu überwindenden Schwierigkeiten waren allerdings immens: Was den Deutschen besonders fehlte, war die doch im großen und ganzen verlorene Zeit von etwa fünfzehn Jahren zwischen dem Ende des Ersten Weltkriegs und dem Beginn der Wiederaufrüstung. Es fehlte an Kaderpersonal, um die jungen Rekruten für die Panzerwaffe auszubilden. Alles mußte neu geschaffen werden. Die gesamte technische und Verwaltungsorganisation war faktisch aus dem Nichts aufzubauen. Selbstverständlich fehlte es auch an Panzerfahrzeugen und auch an der sonstigen Ausrüstung.

Die Industrie stand vor großen Schwierigkeiten, denn die praktischen Erfahrungen im Panzerbau hatten in Deutschland mit dem Ende des Ersten Weltkriegs aufgehört. Das galt auch für dieBeschaffung des weiteren für die Ausrüstung von Panzerverbänden notwendigen Materials.

Was den deutschen Panzertheoretikern vorschwebte, waren gepanzerte und schnell bewegliche Großverbände, waren militärische Verbandsformen, wie es sie weder im kaiserlichen Heer noch in der kleinen Reichswehr jemals gegeben hatte. Praktische Erfahrung wurde zunächst vielfach durch Improvisation und Begeisterung ersetzt.

Selbstverständlich blieben die deutschen Aufrüstungsbestrebungen nach der Machtübernahme der Nationalsozialisten weder in Deutschland noch im Ausland verborgen. Zweifellos verletzte die Reichsregierung die Bestimmungen des Versailler Vertrags – aber nichts geschah. Im März 1935 kam es zur Wiedereinführung der allgemeinen Wehrpflicht – und wieder blieben die Siegermächte von gestern untätig. Der Versailler Vertrag wurde zu einem Fetzen Papier ohne jede Bedeutung.

Bezüglich der Ausstattung der neuzuschaffenden Panzerverbände gab es zunächst Unklarheiten und sehr unterschiedliche Meinungen. Was von Anfang an zur Verfügung stand, war der kleine Panzerkampfwagen I, ein leichter gepanzerter Kampfwagen mit nur zwei Mann Besatzung. Als Bewaffnung verfügte das Fahrzeug über zwei Maschinengewehre in einem kleinen Drehturm – das war alles.

Das von Krupp konstruierte und gebaute Fahrzeug war von vornherein nicht als Kampfpanzer, sondern für Ausbildungszwecke gedacht. Als Hauptausrüstung der Panzerdivisionen, so wurde von Guderian und Lutz gefordert, waren zwei Panzertypen vorzusehen: ein leichteres Fahrzeug für Aufklärungszwecke und ein mittleres Fahrzeug als eigentlicher Kampfpanzer für die operativen Aufgaben.

Selbstverständlich war man in Deutschland über die ausländischen Fahrzeugentwicklungen recht gut im Bilde und wußte daher, daß die Panzertruppe im Ernstfall auf viele stark gepanzerte und bewaffnete Feindtypen stoßen mußte. Man müsse daher, so forderte besonders Generalleutnant Lutz, in den Panzerkampfwagen III, der als mittlerer Standardkampfpanzer für die deutschen Verbände entstand, zumindest eine Fünfzentimeterkanone einbauen, um mit dem Ausland Schritt zu halten. Aber Lutz konnte sich nicht durchsetzen: Der Panzer III erhielt zunächst nur eine 3,7-cm-Kampfwagenkanone (KwK) im Drehturm, weil auch die Infanterie und die Panzerjäger zu dieser Zeit mit 3,7-cm-Panzerabwehrkanonen ausgerüstet wurden und die Industrie keine nennenswerten Kapazitäten für die Produktion einer 5-cm-KwK mehr zur Verfügung hatte.

Als schweres Unterstützungsfahrzeug war bereits der

Panzerkampfwagen IV vorgesehen, seiner Gewichtsklasse entsprechend allerdings ebenfalls ein mittlerer Kampfpanzer, den man bereits von vornherein für die Ausrüstung in einer kurzrohrigen 7,5-cm-KwK auslegte. Der Panzer IV konnte aus seinem Geschütz sowohl Panzer- als auch Sprenggranaten verschießen, ein wesentlicher Nachteil der kurzen KwK lag allerdings bei ihrer niedrigen Mündungsgeschwindigkeit.

Die deutschen Panzerverbände wurden in der Friedenszeit mit insgesamt vier verschiedenen Grundtypen von Kampfpanzern ausgestattet: Da war zunächst der leichte Panzerkampfwagen I (SdKfz 101), eigentlich nur ein Übungsfahrzeug. Als nächstes kam der für Aufklärungsaufgaben bestimmte Panzerkampfwagen II (SdKfz 121), ebenfalls ein leichtes Fahrzeug, das aber immerhin bereits mit 2-cm-KwK und koaxialem MG im Drehturm ausgestattet war. Als mittlerer Kampfpanzer war der Panzerkampfwagen III (SdKfz 141) ausgelegt, der eine 3,7-cm-Kanone besaß, und als schweres Unterstützungsfahrzeug schließlich der Panzerkampfwagen IV (SdKfz 161) mit der kurzen 7,5-cm-KwK im voll drehbaren Turm. Mit diesen Fahrzeugen zogen die Panzerdivisionen schließlich auch im Jahre 1939 in den Krieg gegen Polen.

Alle deutschen Kampfpanzer dieser Zeit waren relativ schwach gepanzert – sogar die Frontpanzerungen waren bei keinem einzigen Fahrzeug mehr als 30 Millimeter stark. Daß die Granaten aus den 3,7-cm- und 4,7-cm-Geschützen, mit denen die potentiellen Feindpanzer Mitte der dreißiger Jahre mehr und mehr ausgerüstet wurden, diesen unzureichenden Panzerschutz durchschlagen mußten, konnte man sich ausrechnen. Dennoch blieb man zunächst deutscherseits beim Prinzip der leichten Panzerung und hoffte diesen möglichen Nachteil durch Masseneinsatz, geschickte Taktik und hohe Angriffsgeschwindigkeiten – bis etwa 45 Stundenkilometer – im Ernstfall ausgleichen zu können.

Bevor man sich aber noch über die operativen Verwendungsmöglichkeiten Gedanken machen konnte, mußte man die Panzerkampfwagen zunächst einmal produzieren – und hier gab es große Schwierigkeiten zu überwinden. Der Weg vom Reißbrettentwurf bis zum fertigen Fahrzeug in der Fabrikhalle ist mühsam und dornenvoll. Auch die deutschen Panzerbauer machten diese Erfahrung. Zunächst fehlte es vielfach an Technikern und Fachpersonal, da die Panzerfabrikation im Deutschen Reich nach dem Ende des Ersten Weltkriegs praktisch zum Erliegen gekommen war. Und selbst wenn die notwendigen Kenntnisse beim Beginn der deutschen Wiederaufrüstung im ausreichenden Maße vorhanden gewesen wären, standen keine geeigneten Rüstungsbetriebe für die angestrengte Großserienfabrikation zur Verfügung.

Man mußte also zunächst einmal die vorhandenen Industriekapazitäten gewaltig erhöhen und sich gleichzeitig bemühen, wirklich einsatztaugliche Kampffahrzeuge von den Montagestraßen laufen zu lassen. Gerade das aber war sehr schwierig: Gewöhnlich bedurfte es langwieriger und mühsamer Erprobungsarbeiten, bis aus einem Prototyp ein tatsächlich „frontreifes“ Fahrzeug – wie man das später nannte – werden konnte.

Ein Beispiel für viele ist die Geschichte der Entwicklung des Panzerkampfwagens III: Die ersten Baureihen dieses Farzeuges (A, B und C) entsprachen nicht den Forderungen der Truppe. Erst die Ausführung D ging schließlich in beschränkte Serienproduktion, befriedigte jedoch ebenfalls nicht voll. Also begann man die Baureihe E zu produzieren. Aber erst der Panzerkampfwagen III F trug als erstes Serienmodell dieses Kampfwagens eine kurze 5-cm-Kanone anstelle der bis dahin verwendeten und längst unzureichend gewordenen 3,7-cm-KwK. Auch mit der Ausführung F war der Endpunkt der Entwicklung noch nicht erreicht: Hitler forderte vehement den Einbau einer langen 5-cm-Kanone, und später kam es in der Ausführung N schließlich noch zum Einbau der damals beim Panzer IV freigewordenen kurzen 7,5-cm-Kanone.

Das alles war typisch für den deutschen und den internationalen Panzerbau: Jene Fahrzeuge, mit denen man 1939 in den Krieg gezogen war, erwiesen sich bald als zu langsam oder als zu schwach gepanzert oder bewaffnet. Es war ein ständiger Wettlauf um das kleine bißchen Überlegenheit, das das Überleben sicherte.

Während der Panzer III spätestens ab dem Jahre 1943 als Kampfpanzer wegen seiner zu schwachen Bewaffnung für die Frontverwendung untauglich wurde, blieb der Panzer IV bis zum Kriegsende im Jahre 1945 ununterbrochen im Einsatz und in der Fertigung. Das war eine Tatsache, die für die ungewöhnliche Qualität und Gediegenheit der ursprünglichen Konstruktion sprach.

Vieles ist schon über die deutsche Panzerwaffe geschrieben worden, und oft genug wurde betont, wie der

Hang zum Experimentieren, zum Umändern und Detaillieren die so lebenswichtige Massenproduktion von Panzerfahrzeugen behindert und verzögert habe. Das ist sicherlich nicht ganz unrichtig – aber gerade die Geschichte des Panzer IV, der von 1939 bis 1945 mit Erfolg ununterbrochen im härtesten Fronteinsatz verblieb, zeigt, daß sich sorgfältige Entwicklungs- und Erprobungsarbeiten gerade auf dem Gebiet des Panzerbaus lohnten. Was die vielen Tonnen toten Stahls eines Kampfwagens aber erst zur gefährlichen Kampfmaschine werden läßt, ist die Besatzung. Wenn die Männer im Panzer ihr Fahrzeug nicht richtig beherrschen, verliert sein Einsatz jeden Wert. Woher kamen nun die Männer der Panzergruppe?

Viele stießen direkt von den Kavallerieeinheiten der Reichswehr zur Panzerwaffe, und viele waren darüber alles andere als glücklich: Den Sattel mit einem Fahrersitz zu tauschen, empfanden sie als Beleidigung sondergleichen. Ein Großteil der Panzersoldaten aber kam direkt „von der Straße“: Eben noch junge und ahnungslose Zivilisten, wurden sie plötzlich in eine neue und verwirrende Welt versetzt, die ihnen das Äußerste abverlangte. Nur die Besten kamen zu den Panzern – oder zur Luftwaffe. Daß sich bald ein guter Korpsgeist in den Panzerverbänden bildete, entsprach dem Elitedenken in diesen Einheiten. Auch äußerlich hoben sich die Panzermänner von den anderen Angehörigen des Heeres ab: Sie trugen schwarze Halbstiefel, weite schwarze Überfallhosen und kurze Jacken von der gleichen Farbe. Im Einsatz und auch zum Ausgang wurden schwarze Barette getragen, welche die Erscheinung der „Schwarzen Husaren“, wie die Propaganda die Panzermänner bald zu nennen begann, noch charakteristischer machte.

In den Friedensjahren war die Ausbildung der deutschen Panzergruppe ganz ausgezeichnet. Ziel war es, jeden Panzermann in allen notwendigen Funktionen auszubilden: als Fahrer, als Funker und auch als Maschinengewehr- und Kanonenschütze. Der Funker – meist rechts neben dem Fahrer sitzend – hatte bei fast allen deutschen Panzerfahrzeugen gleichzeitig auch das Bugmaschinengewehr zu bedienen.

Die schwierigste Aufgabe aber lag in den Händen des Fahrzeugkommandanten: Er sollte nicht nur alle Funktionen im Panzer kennen und beherrschen, sondern gleichzeitig auch Taktiker und Anführer sein. Im Frieden hielt man an diesen Ausbildungszielen konsequent fest, und viele der Panzersoldaten, mit denen die Wehrmacht 1939 in den Krieg ging, waren tatsächlich echte Allrounder. Ihre gute Ausbildung und die praktischen Erfahrungen der „Blumenkriege“ – jener militärischen Unternehmen, in denen man bis zum September 1939 ein Gebiet nach dem anderen „heim ins Reich“ geholt hatte – sicherten den „Schwarzen Husaren“ jene Überlegenheit, die sie später fast unbezwingbar machen sollte.

Aber noch war es nicht soweit. Am 15. Oktober 1935 war die erste von vorläufig drei Panzerdivisionen aufgestellt. Die Division hatte der Verbandsgliederung entsprechend zwei Panzerregimenter mit je zwei Bataillonen. Das waren insgesamt 561 Panzer – eine beachtliche Streitmacht, die sich auch dem internationalen Vergleich durchaus stellen konnte. Die zur Division gehörende Infanterie war mit Lastkraftwagen vollmotorisiert. Die leichten Artillerie- und die Panzerjägereinheiten der Division waren ebenfalls vollmotorisiert, desgleichen auch Panzerpioniere. Über schwere Artillerie verfügte die Division nicht: Die Aufgaben der Artillerie sollte nötigenfalls die Luftwaffe mit ihren Sturzkampfflugzeugen übernehmen; so sah es das damalige Planungskonzept vor.

Was sich aber stolz eine Panzerdivision nannte, war in Wirklichkeit noch weit entfernt von den Vorstellungen eines gepanzerten Großverbandes, wie sie etwa Guderian vorschwebten: Die neue Division verfügte hauptsächlich über Panzer I und Panzer II, beides leichte Fahrzeuge, die als Kampfpanzer ungeeignet waren. Was die Panzerverbände dringend brauchten, war ein mittlerer Kampfpanzer – Panzer III – und schwere Unterstützungsfahrzeuge – Panzer IV. Aber diese kamen 1935 noch nicht zur Truppe. Eine weitere Schwachstelle lag bei den zur Division gehörenden Infanteristen (Schützen, später Panzergrenadiere).

Die Infanterie war wohl motorisiert, aber mit ihren Lastkraftwagen und Beiwagenmotorrädern (Kradschützeneinheiten) im wesentlichen doch an die Straßen gebunden und im Gelände nicht voll beweglich. Erst die Ausstattung mit Schützenpanzern (geländegängige Halbkettenfahrzeuge SdKfz 250 und 251) brachte hier später Abhilfe, wenngleich auch niemals alle Panzergrenadiereinheiten voll mit Schützenpanzern ausgerüstet wurden.

Auf Grund der mit der Bildung der 1. Panzerdivision gewonnenen Erfahrungen stellte man ein Mißverhältnis zwischen den infanteristischen und den gepanzerten

Kräften innerhalb der Division fest: zu wenig Infanterie – zu viele Panzer. Man müsse, so wurde vielfach betont, die Panzer stärker zur Unterstützung der langsameren Infanterie einsetzen. Solche Überlegungen waren nicht unvernünftig, bedeuteten aber einen Schritt zurück. Wenn die Panzer ihr Angriffstempo nach der langsamen Infanterie ausrichten mußten, war es mit dem überlegenen taktischen Konzept der Panzerdivisionen vorbei – dann tat man genau das, was auch die meisten anderen Staaten praktizierten: Die Infanterie greift an, und die Panzer unterstützen sie dabei – wie schon im Ersten Weltkrieg.

Solche Einsätze wurden – sehr zum Mißvergnügen Guderians – schon 1936 in Manövern praktisch geprobt. Und die 1938 und 1939 neu aufgestellten drei Panzerdivisionen, nämlich die 4., die 5. und die 10. Panzerdivision, enthielten nun vier Schützenbataillone, während man in den nun schon bis dahin bestehenden Divisionen die Anzahl der Schützenbataillone von zwei auf drei erhöhte. Wie diese Entwicklung weitergehen sollte, war damals noch nicht abzusehen.

Die Panzerdivisionen genossen im Rahmen der deutschen Wiederaufrüstung entscheidende Prioritäten. Auch andere Waffengattungen schlossen sich nun dem Drang zur Motorisierung an. Die Kavallerie sollte vier sogenannte leichte Divisionen bilden und jeweils aus vier motorisierten Infanteriebataillonen und einem Bataillon leichten Panzern bestehen. Zur gleichen Zeit bemühte man sich in den Infanteriedivisionen um die Ausstattung der Panzerjägerkompanien mit motorisierten Zugmitteln.

Guderian, der die Priorität der Panzerdivisionen gefährdet sah, wandte sich gegen diese Idee: Pferde, so meinte er, seien für die Panzerjäger bei der Infanterie voll ausreichend.

Das war das Problem: Die Ausbauprojekte waren groß, aber die zur Verfügung stehenden Mittel doch recht beschränkt. Was Infanterie und leichte Divisionen an modernen technischen Geräten erhielten, fehlte den Panzerdivisionen. „Nicht kleckern, sondern klotzen" – dieser Spruch stammt von General Guderian. Die massive Kraft der Panzerdivisionen dürfe man nicht verzetteln, man müsse sie geballt einsetzen, um an Schwerpunkten entscheidende Erfolge zu erringen.

„Nicht kleckern, sondern klotzen" – das galt aber auch für die Ausrüstungsfragen: Der Schwerpunkt sollte bei den Panzerdivisionen liegen. Was andere Einheiten an Panzern und sonstigem modernem Gerät erhielten, konnte nur zu einer Schwächung und Verwässerung dieses Prinzips führen.

Guderian wußte, wovon er sprach: Panzerkampfwagen sind hochkomplizierte Fahrzeuge, und Ausfälle waren aus technischen Gründen daher keine Seltenheit. Es stellte sich bald heraus, daß nur auf Grund von technischen Gebrechen und ohne jede Feindeinwirkung zu jeder Zeit etwa 30 Prozent der Panzerfahrzeuge pro Panzerdivision nicht einsatzbereit waren. Wenn dazu noch die Ausfälle an der Front kamen, konnten die Ist-Stärken gefährlich schnell fallen.

Als die Wehrmacht 1936 das entmilitarisierte Rheinland besetzte, verblüffte Hitler wieder einmal die Welt. Es war ein Coup, bei dem er viel riskierte, denn die damals noch unzureichend ausgerüstete Wehrmacht hätte einer französischen militärischen Intervention kaum entscheidenden Widerstand entgegensetzen können. Die deutschen Panzer traten bei der Rheinlandbesetzung kaum in Erscheinung.

Im März 1938 dagegen sah die Situation schon etwas anders aus. Als der Führer seine Heimat Österreich „heim ins Reich“ holte, war die Wehrmacht schon wesentlich stärker als noch 1936 bei der Rheinlandbesetzung. Die erst kurz zuvor neu aufgestellte 2. Panzerdivision hatte sich an den überhastet geplanten, beinahe improvisierten Unternehmen zur Besetzung Österreichs zu beteiligen. Die Division bot damals nicht gerade ein Paradebeispiel deutscher militärischer Präzision und Organisation. Instandsetzungseinheiten gab es in der 2. Panzerdivision um diese Zeit fast überhaupt noch nicht.

Guderian, der damals der Nachfolger von Lutz als General der Panzertruppen geworden war, befehligte beim Einmarsch in Österreich das XVI. Armeekorps, das im wesentlichen aus der 2. Panzerdivision und der „Leibstandarte Adolf Hitler“ bestand. Und Ärger hatte Guderian mit dem ganzen Unternehmen gerade genug. Etwa 30 Prozent seiner Panzer fielen während des Einmarschs mit technischen Defekten aus, der Treibstoff blieb ständig knapp – einmal mußte man beinahe mit Waffengewalt gegen den Widerstand des zuständigen Kommandanten die Kraftstoffvorräte aus einem Militärdepot ergänzen – und auf der einzigen für Panzer geeigneten Straße zwischen Linz und Wien wurden unerfreulich große Schäden beim Marsch der Kettenverbände angerichtet. Und die Infanteriegenerale waren natürlich verstimmt, weil wieder nur die Panzer das Interesse und die Begeisterung der österreichischen Bevölkerung auf sich zogen.

Guderian hatte es also nicht gerade leicht, aber der Einsatz lohnte sich. Der Anschluß verlief reibungslos, die deutsche Wehrmacht hatte einmal mehr der ganzen Welt ihre eindrucksvolle Stärke und Macht bewiesen, ohne daß ein Schuß gefallen war, und Hitler hatte ein weiteres politisches Ziel erreicht. Wieder einmal also ein „Blumenkrieg".

Wesentlich schwerer hatten es damals deutsche Soldaten in einem anderen Land: In Spanien kämpften die Männer der Legion Condor im Bürgerkrieg auf seiten General Francos einen langwierigen und blutigen Kampf gegen die Republikaner, die ihrerseits ebenfalls aus dem Ausland unterstützt wurden.

Die Legion Condor verfügte auch über Panzereinheiten, die aber ausschließlich mit dem leichten Panzerkampfwagen I ausgerüstet waren, der sich im Einsatz als zu schwach gepanzert und bewaffnet erwies. Oberst von Thoma, der die deutschen Panzer in Spanien kommandierte, mußte mit seinen Kräften haushalten: Der Nachschub an Panzerfahrzeugen war nicht ergiebig, und Masseneinsätze – etwa in Divisionsstärke – waren auf diese Weise ausgeschlossen. Aus diesem Grund und wohl auch deshalb, weil der durchaus traditionell denkende General Franco die Panzer lieber möglichst gleichmäßig über viele Frontabschnitte als an einem einzigen schwerpunktmäßig konzentriert sah, konnten die Deutschen ihre moderne Panzertaktik im spanischen „Probekrieg" nicht ausreichend durchexerzieren. Tatsächlich erfolgreich geübt wurde allerdings die Technik der Zusammenarbeit zwischen Panzer- und Luftwaffenverbänden, und gerade diese Erfahrungen waren für die deutschen Erfolge in den Anfangsjahren des Zweiten Weltkriegs maßgeblich.

Seinen nächsten außenpolitischen Erfolg feierte Hitler im Herbst 1938 mit dem Abschluß des Münchener Abkommens, auf Grund dessen die Sudetengebiete an das Reich zurückfielen und unverzüglich von der Wehrmacht besetzt wurden. Und im März 1939 zerschlug Hitler schließlich die „Rest-Tschechei“. Diesmal hatte es keine internationale Konferenz gegeben wie in München im Herbst des vorangegangenen Jahres, sondern nur eindeutige deutsche militärische Drohungen den Tschechen gegenüber. Staatspräsident Hacha mußte nachgeben, und die Tschechoslowakei hörte auf, als selbständiger Staat zu bestehen. Wieder marschierte die Wehrmacht, und wieder fiel kein Schuß. Die Generale atmeten auf. Aber Hitler war schon zu weit gegangen. Er hatte seine internationale Glaubwürdigkeit verloren, und die Engländer und Franzosen begannen sich nun sehr energisch um die eigene militärische Aufrüstung zu kümmern.

Im Frühjahr 1939 besaß die deutsche Wehrmacht bereits sechs Panzerdivisionen. Das war – insbesondere wenn man die Möglichkeiten der taktischen Zusammenarbeit mit der Luftwaffe bedachte – an sich eine sehr beachtliche Streitmacht. Zumindest auf dem Papier. In Wirklichkeit sah die Lage auf dem Aufrüstungssektor allerdings wesentlich ungünstiger aus, aber gerade die

Besetzung der Tschechoslowakei brachte hier eine fühlbare Entspannung: Die Wehrmacht übernahm insgesamt 469 tschechische Panzerfahrzeuge, die sich durch große Robustheit, Verläßlichkeit und gute Bewaffnung auszeichneten.

Am 1. September 1939, als der Krieg gegen Polen begann, besaß die Wehrmacht schließlich insgesamt 3195 Panzerkampfwagen. Daß darunter allerdings nur 98 Panzer III und nur 211 Panzer IV waren, darf ebenfalls erwähnt werden: Rein zahlenmäßig überwogen also eindeutig die leichten und als Kampfpanzer eigentlich ungeeigneten Panzer I und Panzer II. Die Propaganda allerdings entwarf das Bild von der mächtigen und unbesiegbaren deutschen Panzerwaffe. Und hatte sie nicht recht? Waren nicht alle immer wieder vor Hitlers Genius zurückgewichen? Hatte der Führer nicht Stück um Stück alle nach dem Ersten Weltkrieg verlorenen Gebiete ins Reich zurückgeholt? Und Österreich? Und die Tschechoslowakei?

Auch der an sich recht vorsichtige und skeptische deutsche Generalstab begann allmählich seine Bedenken aufzugeben. Was würde der Führer als nächstes unternehmen?

Der Sommer 1939 war in Deutschland eine Zeit der hektischen Aktivität. Staatsbesuche, politische Gespräche, neue Forderungen Hitlers und viele Feiern und Aufmärsche. Das Militär dominierte: Am Himmel die Flugzeuge der Luftwaffe und am Boden die rollenden Panzerformationen des Heeres. Die Deutschen, an sich nicht besonders kriegswillig, wurden konsequent auf die kommenden militärischen Aktionen eingestimmt. Und während die Panzer noch zu den Paraden rollten, begann schon der Nervenkrieg gegen Polen. Nach der Wiedereingliederung des Memellandes in das Reich richteten sich die deutschen Aktivitäten nun endgültig gegen den Nachbarn im Osten.

Als die französisch-englischen diplomatischen Verhandlungen mit Sowjetrußland im August 1939 scheiterten und der deutsche Außenminister von Ribbentrop mit einem deutsch-russischen Nichtangriffspakt aus Moskau zurückkehrte, hatte Hitler endlich freie Hand gegen Polen.

Was die Franzosen und Engländer im Fall eines deutschen Einmarschs in Polen unternehmen würden, blieb abzuwarten. Hitler war davon überzeugt, daß sie stillhalten würden wie bisher. Aber er sollte sich ganz entscheidend täuschen.

Der Polenfeldzug

Als am 1. September 1939 der deutsche Angriff im Osten begann, verfügten die Polen über 38 Infanteriedivisionen, elf Kavalleriebrigaden und zwei motorisierte Brigaden. Dazu kamen noch 45 Grenzschutzbataillone.

Ihnen gegenüber standen 40 deutsche Infanteriedivisionen, fünf motorisierte Divisionen (noch nicht vollständig ausgerüstet), vier leichte Divisionen und sieben Panzerdivisionen. Während die Polen nur über etwas mehr als 500 Panzerkampfwagen verfügten, besaßen die Deutschen etwa 3200 Panzer. Bereits zahlenmäßig unterlegen, hatten die Polen auch der überlegenen deutschen Taktik nichts Vergleichbares entgegenzusetzen.

Wie in den meisten europäischen Staaten sahen auch die Polen die Aufgabe des Panzers als die einer reinen Unterstützungswaffe der Infanterie im Angriff und in der Verteidigung. Geschlossene Panzerverbände mit selbständigen operativen Aufgaben gab es im polnischen Heer nicht. Die Deutschen dagegen griffen mit überlegenem Konzept an: Es gab zwar die übliche Unterscheidung in schwere Unterstützungsfahrzeuge und leichte Aufklärungspanzer, aber die Panzer waren zu selbständig operierenden Großverbänden zusammengefaßt, und das sicherte ihnen ihre Überlegenheit.

Die Polen bauten ihre Verteidigung in sieben „Armeen“ auf, waren jedoch bereits von vornherein stark im Nachteil, weil die Grenzen zum Deutschen Reich einerseits sehr lang waren und andererseits nur von schwachen Kräften verteidigt werden mußten. Feste Verteidigungsanlagen besaßen die Polen nur im Norden um den Danziger Korridor und auf der Halbinsel Hela. Also mußte man sich auf schnell angelegte Feldstellungen und auf Flüsse als natürliche Hindernisse verlassen – beides war, wie sich bald im Kampf herausstellen sollte, für eine wirkungsvolle Verteidigung gegen die moderne deutsche Wehrmacht nur wenig geeignet.

Den deutschen Panzermassen konnten die Polen nur wenig entgegensetzen, denn ihre eigenen Panzer erwiesen sich als veraltet. Der polnischen Panzerabwehr fehlte es an Geschützen und an entsprechenden Zugmitteln zur Führung einer beweglichen Verteidigung. Das Verhältnis der beiden Luftwaffen war derart ungleichgewichtig, daß die Deutschen schon in den ersten beiden Kriegstagen nicht nur die Luftüberlegenheit erkämpften, sondern bald sogar die totale Luftherrschaft über Polen innehatten.

Für den Angriff gegen Polen bildeten die Deutschen zwei Heeresgruppen: Die Heeresgruppe Nord, die mit der 4. Armee von Pommern kommend nach Osten angriff, um den Korridor abzuschneiden, während gleichzeitig vom Norden her aus Ostpreußen die 3. Armee direkt in Richtung auf Warschau vorstieß. Die Heeresgruppe Süd verfügte zur Durchführung ihrer operativen Aufgaben über die 8., 10. und 14. Armee, die vor Angriffsbeginn in Schlesien und in der Slowakei aufmarschiert waren. Alle drei Armeen hielten eine ungefähr nordöstliche Stoßrichtung ein und bildeten damit den südlichen Teil der großen Zange, in der man die polnischen Heere zu erfassen, einzukesseln und zu vernichten beabsichtigte.

Die deutsche operative Planung war ausgezeichnet und selbstverständlich besonders auf den Einsatz von gepanzerten Großverbänden abgestellt. Das XIX. Armeekorps im Bereich der Heeresgruppe Nord verfügte über zwei Panzerdivisionen unter dem Befehl von General Guderian im Verband der 4. Armee. Das XVI. Armeekorps unter dem Befehl von General Hoepner im Verband der 10. Armee verfügte ebenfalls über zwei Panzerdivisionen.

Hier, bei der Heeresgruppe Süd, lag ein weiterer Schwerpunkt der Panzerkriegführung: Es war der kürzeste Weg nach Warschau, das bereits am 8. September 1939 von Vorausabteilungen der 4. Panzerdivision erreicht, allerdings aber nicht eingenommen werden sollte.

Trotz ihrer zahlenmäßigen Überlegenheit versuchten die deutschen Panzer, starke Feldbefestigungen meist nur flankierend anzugreifen oder zu umgehen, um unnötige Verluste zu vermeiden. Wo Direktangriffe unumgänglich notwendig waren – beispielsweise südlich von Danzig, wo Guderians XIX. Armeekorps auf heftigen polnischen Widerstand stieß –, griffen die Panzer in mehreren aufeinanderfolgenden Wellen an ziemlich schmalen Angriffsstreifen – meist nicht breiter als 4500 Meter – an.

Die Angriffe wurden von Sturzkampfverbänden der

Luftwaffe unterstützt, die vor den Panzern liegende Feindziele auf dem Boden bekämpften und gleichzeitig auch im Zusammenwirken mit der eigenen Artillerie feindliche Artillerie und Panzerabwehr an den Flanken der vorstoßenden Panzer niederhielten. Hinter den Panzern kam die Infanterie – die Schützen auf ihren Lkw. Aber in erster Linie hing der Angriffserfolg doch von den Panzern ab: Wenn die nachfolgenden Schützen auf stärkeren Feindwiderstand stießen, mußten sie absitzen und infanteristisch kämpfen, da die ungepanzerten Lastkraftwagen als Gefechtsfahrzeuge natürlich ungeeignet waren. Diese Gegebenheiten änderten sich erst, als die Schützen (später: Panzergrenadiere) im stärkeren Ausmaß mit gepanzerten Gefechtsfahrzeugen (Schützenpanzern) ausgestattet wurden, die den Angreifern erhöhten Schutz – zumindest gegen Infanteriewaffen – boten.

Wenn die angreifenden Panzer aber tatsächlich auf entschlossenen Widerstand stießen, stiegen ihre Verluste stark an. Wenn sich der Gegner nicht überrumpeln ließ und auch nicht umgangen werden konnte, blieb in solchen Fällen nur eines: Stehenbleiben und auf die nachkommende Infanterie warten. Die mußte den Gegner dann im klassischen Infanterieangriff – soweit möglich mit Artillerieunterstützung – zu besiegen versuchen, und erst dann ging der Vormarsch der Panzer weiter. Der klassischen Panzertaktik entsprachen solche Angriffe allerdings nicht: Wo es möglich war, umging man den Gegner und fuhr weiter, ohne sich um den eigenen Flankenschutz zu kümmern. Das mußten andere besorgen – die Panzer aber, so formulierte es Guderian, hatten „die Fahrkarte bis zur Endstation".

Schon der erste Feldzugstag wäre für Guderian beinahe sein letzter geworden: Der General, der die 3. Panzerdivision von seinem gepanzerten Befehlsfahrzeug aus führte, entging nur knapp dem Feuer der eigenen Artillerie, die versehentlich in den Angriffskorridor der deutschen Panzer schoß. Und ebenfalls noch am 1. September 1939 mußte Guderian feststellen, daß der Vormarsch an der Brahe ohne ersichtlichen Grund zum Stillstand gekommen war: Die deutschen Truppen schossen aus allen Rohren auf einen nur in ihrer Einbildung vorhandenen Gegner, und erst dank der energischen persönlichen Intervention Guderians kam der Vormarsch über den Fluß hinweg wieder ins Rollen.

Solche Ereignisse waren typisch für die ersten Kriegstage: Den deutschen Soldaten fehlte es noch an praktischer Einsatzerfahrung. Das führte dazu, daß sie im Feuer relativ leicht in Panik und Verwirrung gerieten und die Lage erst wieder durch die energische Intervention von erfahrenen Offizieren stabilisiert werden konnte.

Im großen und ganzen aber verlief der deutsche Vormarsch schon in den ersten Kriegstagen stürmisch und raumgreifend. Als der Widerstand der polnischen Fronttruppen erste Ermüdungserscheinungen zeigte, befahl General Guderian sein Korps zum Vormarsch – aber nicht durch das gut panzergängige Gelände in Richtung auf Bydgoszcz, sondern durch die dichten Tucheler Wälder, wo die Polen den deutschen Panzervorstoß nicht erwarteten.

Schon am 5. September 1939 waren die Polen im Danziger Korridor überrannt, und die im Verband der 4. Armee angetretenen Panzerkräfte hatten in Ostpreußen die Verbindung zu der von Norden her angreifenden deutschen 3. Armee hergestellt. Für die 3. Armee kam dieser Vorstoß gerade zur rechten Zeit: Sie verfügte mit Ausnahme einer einzigen selbständigen Brigade über keine Panzerkräfte und kam gegen den heftigen polnischen Widerstand aus diesem Grund auch wesentlich langsamer voran als die anderen deutschen Verbände.

Während die deutsche 4. Armee noch im Korridor gegen heftigen polnischen Widerstand weiterkämpfte, befand sich die zu der unter dem Befehl von General von Rundstedt stehenden Heeresgruppe Süd gehörende deutsche 10. Armee bereits auf dem zügigen Vormarsch in Richtung auf die polnische Hauptstadt. Von Rundstedt hatte in General von Manstein, der sich schon bald als einer der begabtesten Panzerstrategen des Zweiten Weltkriegs erweisen sollte, einen tüchtigen Stabschef. Aber nicht nur im Verband der 10. Armee griffen die deutschen Panzer geschickt immer dort an, wo sie der Gegner nicht erwartete, sondern auch weiter im Süden im Angriffsverband der 14. Armee.

Die unter dem Befehl von General von Thoma stehenden Panzerkräfte der 2. Panzerdivision traten nicht dort an, wo der Gegner mit ihnen rechnete: Der gepanzerte Hauptstoß verlief nicht über den Jablonka-Paß, sondern die Panzer quälten sich über dicht bewaldetes und bergiges Gebiet dem Gegner entgegen und vermieden die Paßstraßen. Das war mühsam, aber es lohnte sich. Von Thoma beschreibt das Ergebnis des mühsamen Marsches: „Als wir von den Bergen herabkommend in ein kleines Dorf einfuhren, waren die dortigen Bewohner gerade auf dem Kirchgang. Die

Überraschung war vollkommen, als sie nun meine Panzer daherkommen sahen. Ich hatte die feindliche Verteidigung umgangen, ohne auch nur einen einzigen von meinen Panzern zu verlieren – nach einem Nachtmarsch von 80 Kilometern!"

Das war das Prinzip, dem die Deutschen folgten: Wenige Panzer dort, wo sie der Gegner nicht erwartete, sind mindestens ebensoviel wert wie große Panzerkonzentrationen dort, wo der Feind mit ihnen rechnet und seine Verteidigung auf ihr Erscheinen vorbereiten kann.

Am 3. September 1939 erklärten Frankreich und England dem Deutschen Reich den Krieg. Das war zunächst nicht viel mehr als eine Geste, denn beide Staaten waren für ein entscheidendes militärisches Eingreifen zu dieser Zeit noch nicht entsprechend vorbereitet. Am 6. September 1939 zeichneten sich die deutschen Hauptstoßrichtungen auch für die Polen deutlich erkennbar ab: Während sich die deutsche 3. und 4. Armee entlang des nördlichen Weichselufers gegen die polnische Hauptstadt heranschoben, griff Guderians XIX. Armeekorps mit der 3. und 10. Panzerdivision weit ausholend östlich des Bugs vom Norden nach Süden an. Der deutsche Angriff richtete sich hier auf die Einnahme des wichtigen Verkehrsknotenpunktes von Brest-Litowsk.

Die Heeresgruppe Süd unter dem Befehl von General von Rundstedt, die zunächst mit Hauptstoßrichtung Osten vorgegangen war, schwenkte nun teilweise nach Norden ab und erreichte die Bzura. Die Polen waren vom Tempo des deutschen Vormarschs völlig überrascht. Die vor den angreifenden Verbänden der Heeresgruppe Süd liegenden Verteidigungsstellungen konnten zum größten Teil nicht einmal besetzt werden, weil die Deutschen einfach zu schnell waren. Nichts konnte die Angreifer mehr aufhalten: Bald erreichte die Heeresgruppe Süd vom Südwesten kommend die Weichsel. Bei den Polen zeigten sich deutliche Zeichen des militärischen Zusammenbruchs: Abertausende polnische Soldaten – entnervt von den ständigen Panzer- und Luftangriffen – gaben den Widerstand auf und zogen in die Gefangenschaft.

Die noch im Süden stehende deutsche 14. Armee unter General von List zog mit der 2. Panzerdivision an der Spitze in Richtung Lwow und erreichte schließlich – jeden Widerstand der Polen brechend – den Bug. Noch aber war der Gegner nicht geschlagen. Im Gegenteil: Während der zweiten Feldzugswoche versuchten die Polen, ihrerseits aktiv zu werden und den Deutschen das Gesetz des Handelns abzunehmen. Dazu bot sich das Gebiet westlich von Warschau an. Hier versammelten die Armee Pommern und die Armee Posen verhältnismäßig starke Truppenkräfte. Am Morgen des 9. September 1939 schließlich trat die polnische Armee Posen gegen die Infanterie der deutschen 8. Armee an. Die Deutschen, bereits im Hochgefühl des offenbar knapp bevorstehenden Sieges, reagierten zunächst verwirrt. Die Situation war schwierig: Eben zu der Zeit, als die Polen angriffen, war der deutschen 10. Armee infolge ihres raschen Vorstoßes in Richtung Warschau vorübergehend der Kraftstoff ausgegangen, und die motorisierten Verbände lagen im Gelände fest.

Als sich im Laufe des 9. September schließlich herausstellte, daß es sich bei dem polnischen Angriff keineswegs um ein Unternehmen von lokaler Bedeutung handelte, sondern um einen mit starken Kräften geführten Versuch einer echten Gegenoffensive, reagierten die Deutschen recht kräftig: Während die Infanterie noch an der Bzura im Abwehrkampf gegen die angreifenden Polen stand, zog sich über diesen schon eine militärische Katastrophe zusammen.

Von allen Seiten strömten nun schnell heranbefohlen deutsche gepanzerte und motorisierte Kräfte auf die verhältnismäßig schmale polnische Angriffsfront zu. An der südlichen Naht der Armee Posen baute General von Reichenau starke Truppenkonzentrationen auf, und vom Nordwesten her ließ General von Rundstedt seine Einheiten antreten, um die Polen gleichzeitig auch vom Rücken her zu fassen. Von Warschau und der Weichsel her rollten die deutsche 1. und 4. Panzerdivision heran. So schnell konnte das gehen, wenn der Feind über gepanzerte und motorisierte Truppen verfügte: Eben noch zeitweilig überlegene Angreifer, sahen sich die Polen plötzlich praktisch eingekesselt im Kampf gegen einen überlegenen Gegner. Und am Himmel erschienen die deutschen Zerstörer und Stukas in Massen.

In den nun bis zum 15. September 1939 folgenden Tagen erlebten die polnischen Streitkräfte eine geradezu katastrophale Niederlage gegen die angreifende Wehrmacht. Das Großgerät wurde praktisch vollständig zerstört, Tausende und Abertausende Polen fielen in deutsche Gefangenschaft, und die wenigen Soldaten, die sich schließlich am Ende der Kesselschlacht an der Bzura bis nach Warschau durchschlugen, hatten nicht mehr gerettet als das bloße Leben.

Die deutsche 4. Panzerdivision, die man zur Bereinigung der Situation an der Bzura von der Warschauer Angriffsfront schnell nach dem Westen zurückbefohlen hatte, traf am neuen Kampfort in stark geschwächtem Zustand ein. Denn beim Kampf in den Vororten der polnischen Hauptstadt hatten die deutschen Panzer unerwartet hohe Verluste erlitten. Schon damals, gleich zu Beginn des Zweiten Weltkriegs, stellte sich heraus, daß Panzerverbände im Straßenkampf stark im Nachteil sind, sofern sie nicht zusammen mit entsprechenden Infanteriekräften operieren: Der Verteidiger ist hier meist im Vorteil, weil er mit den lokalen Gegebenheiten gut vertraut ist. Und hinter jedem Fenster und hinter jeder Tür konnte ein Mann mit einer Panzerbüchse auf die vorbeirollenden Panzer lauern. An jeder Straßenkreuzung konnte eine gut getarnte Pak stehen.

Am 9. September allein verlor die 4. Panzerdivision innerhalb von drei Stunden während der Angriffskämpfe in den Warschauer Vororten 57 von insgesamt 120 angreifenden Panzern. Derartiges mußte zu denken geben – aber nicht immer hielten sich die Deutschen später an diese schon in Warschau gemachten bitteren Erfahrungen.

Nach dem Fehlschlagen der Gegenoffensive an der Bzura versuchten die Polen nun, zumindest im Osten des Landes eine einigermaßen stabile Verteidigungslinie aufzubauen. Aus Frankreich kamen Meldungen, die den Durchhaltewillen der Polen stärkten: Es hieß, die Franzosen wollten schon am 17. September einen Großangriff gegen das Reich beginnen. Wenn das stimmte, konnte sich die Situation sehr schnell zum Nachteil der

Deutschen ändern. Bis auf wenige Deckungsverbände kämpfte die gesamte Wehrmacht in Polen. Nicht eine einzige Panzerdivision war im Reich zurückgeblieben. Einem starken französischen Angriff auf die westdeutschen Industriegebiete hätte Hitler also zum damaligen Zeitpunkt nur unzureichende Kräfte entgegenzusetzen gehabt. Jedenfalls – und darauf hofften auch die Polen – hätte man, falls die Franzosen offensiv wurden, schleunigst starke deutsche Verbände aus dem Osten abziehen müssen.

Aber die Franzosen kamen nicht am 17. September – und sie kamen auch nicht später. Einige Schießereien an der Grenze, bedeutungsloses Geplänkel – nicht einmal eine symbolische Demonstration des Angriffswillens.

Schon am 14. September erreichte das XIX. Korps unter Guderian den bedeutenden Verkehrsknotenpunkt Brest-Litowsk am Bug weit östlich von Warschau. Zwei Panzerdivisionen und eine motorisierte Division schlossen Stadt und Festung ein – die Polen hatten keine Chance mehr.

Der Vormarsch der gepanzerten und motorisierten Verbände vollzog sich jetzt derart rasant, daß es für die Deutschen selber bereits gelegentlich zu Schwierigkeiten kam. Die Nachschub- und Troßeinheiten leisteten beinahe Übermenschliches: Tag und Nacht führten sie den weit vorstoßenden Panzern Granaten, Treibstoff und sonstige Ausrüstung nach. Pannen waren bei einem derartigen Vormarschtempo nicht immer zu verhindern.

So erreichten am 9. September Einheiten der 10. und 3. Panzerdivision das Nordufer des Narew. In der Nacht noch sollten Übergänge gebaut werden, denn der Vormarsch nach Brest-Litowsk duldete keine Verzögerung. General Guderian trieb seine Pioniere zur höchsten Eile an. Am Morgen aber standen die Panzer immer noch am Nordufer des Narew. Die 20. motorisierte Division hatte in Unkenntnis der Situation noch in der Nacht die fertigen Übergänge wieder abgebaut und für ihre eigenen Zwecke weiter im Süden neu aufgebaut. Guderian schäumte: Solche Stabsarbeit konnte man sich nicht leisten. Die deutschen Panzer aber lagen 24 Stunden lang untätig am Nordufer des Narew fest. Gegen einen stärkeren Gegner, als es die Polen waren, hätten solche Fehler dramatische Folgen haben können.

Die am Narew stehengebliebenen Panzer erzielten dann aber doch noch einen Erfolg: Sie stießen zufällig auf eine polnische Panzereinheit, die gerade beim Ausladen war, und zerstörten sie vollständig.

Am 14. September schließlich traf Guderian mit seinen Panzern vor Brest-Litowsk ein. Die Zitadelle der Stadt hielt bis zum 17. September den deutschen Angriffen stand. Zu diesem Zeitpunkt erschienen auch bereits die motorisierten Einheiten der 14. Armee, die den südlichen Teil der großen „Zange“ bildete, vor der Stadt.

Ebenfalls am 17. September 1939 marschierten zwei sowjetrussische Heeresgruppen in Ostpolen ein. Die deutschen Fronteinheiten waren darüber ebenso überrascht wie die nun gegen zwei Gegner gleichzeitig ebenso verzweifelt wie hoffnungslos kämpfenden Polen. Aber Hitler und Stalin hatten sich über Polen bereits in einem geheimen Zusatzabkommen zum deutsch-sowjetischen Nichtangriffspakt vor Beginn des Polenfeldzugs geeinigt.

Panzerkampfwagen I Ausführung B

Keine Attrappen mehr: Blick in die Montagehalle eines deutschen Rüstungswerkes

Panzer- und Kradschützen erfüllten das Konzept des modernen Bewegungskrieges

8,8-cm-Flak in Feuerstellung, daneben ein abgeschossener französischer „Char B“

Noch sind sie die Sieger

Die deutschen Generale Guderian (1), von Reichenau (2) und von Thoma (3) sowie General de Gaulle (4)

Das unglückliche Land wurde, wie schon oft in seiner Geschichte, wieder einmal zwischen den Siegern aufgeteilt.

Obwohl nun der Widerstand des polnischen Feldheeres ziemlich schnell zusammenbrach, hielt sich die Hauptstadt Warschau mit bewunderungswerter Kraft bis zum 27. September. Ostwärts der Weichsel bei Kock-Adamow (Demidow) kämpften polnische Verbände sogar noch bis zum 7. Oktober 1939 weiter, obwohl der Ausgang des Krieges bereits längst entschieden war. Für solche Geplänkel aber setzten die Deutschen ihre wertvollen Panzerdivisionen nicht mehr ein. Man zog die Panzereinheiten so schnell wie möglich zusammen und begann mit ihrer Rückführung nach Deutschland.

In der deutschen Führung machte man sich sogleich an die Auswertung der Erfahrungen. Polen war in einem vierwöchigen Feldzug vernichtend geschlagen worden. Welche Schlüsse konnte man aus den Ereignissen in Polen ziehen? Zunächst: die Panzerdivisionen hatten ihre militärische Kraft in überzeugender und feldzugentscheidender Weise bewiesen. Das System der „Führung von vorn“ hatte sich bewährt. Schnelle gepanzerte Verbände konnte man nicht vom „grünen Tisch“ der Stäbe her führen, das war den Frontkommandeuren klar. Bei der höheren Führung in den Armeen dachte man teilweise anders: Vielen in der traditionellen Schule des preußischen Generalstabs aufgewachsenen Offizieren war der moderne Panzerkrieg nach wie vor fremd. Sie verstanden ebensowenig von Panzertaktik wie von den technischen Notwendigkeiten und Problemen, wie sie in gepanzerten und motorisierten Verbänden herrschen.

Die Panzeroffiziere, allen voran General Guderian, fühlten sich im Polenfeldzug dagegen noch viel zu sehr „an die Kette gelegt“: Viel zu oft, so fanden sie, hatten sie sich in Polen nach den Forderungen der langsameren Infanterie richten müssen. Panzer als Unterstützungswaffe für die Infanterie – das paßte einfach nicht in das revolutionäre „Blitzkriegskonzept“ und in das selbständige operative Denken der Panzerführer. Natürlich hatten es auch die Infanteristen schwer: Wenn die stolzen „Schwarzen Husaren“ schon längst weitergebraust waren, begann für sie erst der eigentliche Kampf gegen die vielen Feldbefestigungen und Widerstandsnester, die die Panzer einfach „links liegengelassen“ hatten. Auch die Schützeneinheiten, die motorisierten Infanteristen innerhalb der Panzerdivisionen, hatten es schwer: Dort, wo ihre gepanzerten Kameraden leicht vorwärts kamen, war für sie schon oft Endstation. Die Lkw der Schützenregimenter waren an die Straße gebunden und konnten daher – anders als die Panzer – nicht frei im Gelände operieren. Darüber hinaus waren die Lastautos selbstverständlich auch nicht gepanzert und daher dem Infanteriefeuer gegenüber ziemlich empfindlich.

Technisch hatten sich die deutschen Panzer in Polen recht gut bewährt: Gleichzeitig waren nie mehr als 25 Prozent der vorhandenen Fahrzeuge aus technisch-mechanischen Gründen ausgefallen. Das war guter Durchschnitt. Daß aber dennoch fast alle Panzerkampfwagen nach dem Ende des Feldzugs stark überholungs- und wartungsbedürftig waren, war selbstverständlich.

Durch Feindeinwirkung selbst waren 217 Panzer verlorengegangen. Obwohl die Polen über keine entsprechend starke Abwehr verfügten, fielen viele Fahrzeuge – besonders der alten und unzureichend gepanzerten Panzer I – den gegnerischen Pakgeschützen zum Opfer.

Alles in allem aber konnte man zufrieden sein: Die Panzerwaffe hatte ihre Feuerprobe gut bestanden. Selbstverständlich durfte man die schnellen Erfolge nicht überschätzen, weil auf der anderen Seite ja ein inferiorer Gegner gestanden hatte. Große Panzerschlachten hatte es in Polen nicht gegeben. Die deutschen Panzerdivisionen hatten immer die Initiative behalten, und die Luftwaffe hatte sie bei allen Aufgaben tatkräftig unterstützt. Panzer und Flugzeuge im engen Zusammenwirken: Dieses Prinzip hatte sich in Polen glänzend bewährt. Die Luftwaffe klärte auf und lieferte der Führung wertvolle Hinweise über die Feindabsichten. Die Luftwaffe griff aber auch gegnerische Versorgungsanlagen und Truppenkonzentrationen im Hinterland an und erleichterte den eigenen Heeresverbänden ihre Arbeit dadurch beträchtlich. Und schließlich griff die Luftwaffe – und hier wieder besonders die Sturzkampfverbände – unmittelbar in den Erdkampf ein und schlug der stürmenden Infanterie und den anrollenden Panzern den Weg frei. Daß allerdings gerade auf dem Gebiet der taktischen Nahunterstützung die Zusammenarbeit zwischen Heer und Luftwaffe nicht immer ganz zufriedenstellend verlaufen war, ließ sich nicht leugnen. Hier mußte man noch einiges dazulernen.

Selbstverständlich hatte die beinahe vollständige Zerschlagung der hoffnungslos unterlegenen polnischen Luftwaffe schon in den ersten Tagen des Feldzugs entscheidend zum schnellen deutschen Sieg beigetragen. Auch die deutschen Panzerverbände hatten in Polen keinen wirklich gleichwertigen Gegner gefunden. Der Krieg in Polen bewies jedenfalls, daß das revolutionäre Konzept des Panzerkriegs, wie man es schon im Frieden theoretisch und im Manöver erarbeitet hatte, sicherlich auch im Kampf gegen stärkere Gegner richtig und erfolgversprechend sein mußte.

Ebenso wie die Panzerdivisionen hatten sich auch die motorisierten Infanteriedivisionen bestens bewährt. Im engen Zusammenwirken mit den Panzerdivisionen – wie beispielsweise im XIX. Korps von General Guderian, wo zwei Panzerdivisionen mit einer motorisierten Infanteriedivision weiträumig operierten – hatten sie beachtliche Erfolge erzielt. Nicht bewährt hatten sich dagegen die leichten Divisionen. Ihre Ausstattung mit Panzern war dürftig, die Aufgaben einer marschierenden Infanteriedivision konnten sie nicht übernehmen, und wirklich vollmotorisierte Infanteriedivisionen waren sie auch nicht. Ein ungesunder Kompromiß also, der sich im Einsatz nicht bewährte. Die marschierenden Infanteriedivisionen – die „Fußlatscher", wie sie von den „schnellen Truppen" oft ein wenig gutmütig-verächtlich genannt wurden – hatten in Polen die Hauptlast der Kämpfe zu tragen. Bei diesen Divisionen hatte sich seit den Tagen des Ersten Weltkriegs nicht viel geändert: Sie zogen zu Fuß und pferdebespannt in den Polenfeldzug, kamen daher nur langsam voran und waren im Kampf schwerfällig und wenig beweglich.

Die wenigen Kavallerieeinheiten, mit denen die Wehrmacht in den Polenfeldzug gegangen war, wurden hauptsächlich für Aufklärungsaufgaben eingesetzt und konnten sich in dieser Rolle einigermaßen bewähren. Klassische Kavallerieeinsätze wie noch zu Beginn des Ersten Weltkriegs gab es dagegen bei den Deutschen nicht mehr.

Die deutsche Wehrmacht hatte also in Polen einen überraschend eindeutigen und schnellen Erfolg errungen. Wie es zu dieser schnellen Entscheidung gekommen war, blieb vielen ausländischen Beobachtern ziemlich unklar. Die Briten und Franzosen führten den raschen Zusammenbruch der Polen hauptsächlich auf deren völlig veraltete und mangelhafte Ausrüstung zurück. Über die moderne deutsche Panzertaktik dagegen wußten die westlichen Alliierten nach wie vor viel zu wenig. Nur die Franzosen schienen doch allmählich zu begreifen, was sich in Polen abgespielt hatte: Sie begannen, ihre Panzer in eigenen „Divisions Cuirassés“ (DCR) – gepanzerte Divisionen – ungefähr nach deutschem Vorbild neu zu gliedern. Es war nicht mehr als ein erster Versuch, aber auch er kam bereits zu spät.

Der Westfeldzug

Obwohl sich die deutsche Panzerwaffe im Polenfeldzug glänzend bewährt hatte, stand ihr der deutsche Generalstab auch nach dem siegreichen Abschluß des Unternehmens weiterhin zum Teil mit Mißtrauen oder doch zumindest mit Unverständnis gegenüber. Was in Polen möglich war, so argumentierte man, könne nicht ohne weiteres auf eine militärische Auseinandersetzung mit Frankreich übertragen werden. Die Polen waren schlecht geführt und schlecht bewaffnet. Die Franzosen aber – das wußten die meisten Offiziere des deutschen Generalstabs noch aus den Erfahrungen des Ersten Weltkriegs – waren harte Kämpfer, die sich nicht so einfach überrollen lassen würden. Wie die Franzosen und Briten zweifelte auch das deutsche Oberkommando des Heeres (OKH) selbst an der Anwendbarkeit des „Blitzkriegprinzips" in der bevorstehenden Auseinandersetzung mit den Westalliierten. Man müsse daher, so hieß es in der deutschen Führung, auch diesmal so angreifen, wie man es schon bei Beginn des Ersten Weltkriegs praktiziert habe: Im Nordwesten über belgisches Gebiet nach Nordfrankreich. Nur so könne man die starke Maginot-Linie umgehen und gleichzeitig dem Gegner in die Flanke fallen. Das Konzept war nicht neu: Man hatte es nicht nur schon im Ersten Weltkrieg versucht, sondern es ging auf den alten Schlieffen-Plan zurück, der ebenfalls bereits den deutschen Angriff vom rechten Flügel her nach Nordfrankreich hinein vorsah.

Mit dieser deutschen Offensivplanung rechneten übrigens auch die Alliierten: Sie nahmen an, daß die Deutschen die Maginot-Linie wegen der zu erwartenden hohen Verluste nicht direkt anzugreifen wagten. Also mußten sie vom Norden her über belgisches Gebiet angreifen. Bereits dort, noch vor dem Eindringen auf französisches Gebiet, hoffte man die Deutschen entlang einer Reihe von natürlichen Flußhindernissen stoppen zu können. Die Franzosen und Engländer würden im Bedarfsfall auf belgisches Gebiet vorrücken und den deutschen Offensivstoß abfangen – daran gab es für die Alliierten keinen Zweifel. Sie waren den Deutschen nicht nur zahlen- und materialmäßig überlegen, sie besaßen zu dieser Zeit auch mehr Panzer, als die Wehrmacht aufbieten konnte.

Die alliierte Panzertaktik allerdings orientierte sich an den Erfahrungen des Ersten Weltkriegs und war der deutschen Taktik daher unterlegen. Was an Panzerverbänden vorhanden war, verteilte man ohne wirkliche Schwerpunktbildung entlang der ganzen Front. Im Einsatz hatten die Fahrzeuge entweder die Infanterie zu unterstützen oder aber Aufklärung zu betreiben – selbständige Operativaufgaben kamen den französischen und englischen Panzern nicht zu.

In Deutschland selbst setzte um diese Zeit – besonders nach den Erfolgen in Polen – ein starker Zudrang zur Panzerwaffe ein. Einer von jenen, die sich besonders für die neue Waffe interessierten, war der tüchtige General

Rommel. Im Polenfeldzug hatte Rommel mit seinen Soldaten für die persönliche Sicherheit des Führers im Feld zu sorgen gehabt. Eine hohe Ehre, welcher der General durchaus gerecht wurde. Seiner Ausbildung nach war der technisch höchst interessierte und neuen Entwicklungen aufgeschlossene Rommel Infanterist und hatte sich als solcher auch bereits im Ersten Weltkrieg an mehreren Fronten sehr bewährt. Daß ihm schließlich von Hitler das Kommando über die 7. Panzerdivision übertragen wurde, war ein Vertrauensbeweis Hitlers. Wie richtig diese Entscheidung war, sollte sich sehr bald erweisen. Die 7. Panzerdivision war eine von vier neuen Panzerdivisionen (6., 7., 8. und 9.), die nach dem Polenfeldzug aus den dort nur wenig zufriedenstellend kämpfenden leichten Divisonen gebildet worden waren.

Während man in der deutschen Führung nach der Beendigung des Polenfeldzugs an einer den neuzeitlichen technischen Gegebenheiten entsprechenden Modifizierung des alten Schlieffen-Planes arbeitete, überraschte General von Manstein, Chef des Stabes bei General von Rundstedt, die Führung mit einem völlig anderen Konzept für den bevorstehenden Westfeldzug.

Man solle, so sah es der Entwurf Mansteins vor, nicht dort angreifen, wo es der Gegner erwartete, sondern an einer ganz anderen Stelle. Was Manstein vorschlug, ließ die „Traditionalisten" in der deutschen Führung skeptisch die Köpfe schütteln. Nach Mansteins Plan sollten alle zehn vorhandenden Panzerdivisionen und die motorisierten Divisionen durch das waldige und mit schlechten Straßen versehene Gebiet der Ardennen angreifen und dann einen Brückenkopf jenseits der Maas sichern, von wo aus man anschließend – sozusagen im Rücken des überraschten Feindes – weiter operieren könne. Schlechte Straßen und dichte Wälder, so meinte von Manstein, seien ja für Panzer und motorisierte Truppen kein Hindernis – denn gerade dafür seien sie ja mit geländegängigen Fahrzeugen ausgerüstet.

Das war ein Plan nach dem Geschmack Guderians und auch vieler anderer deutscher Panzerführer. Das OKH dagegen hielt ihn für zu riskant. Es war eher dafür, die Panzer wie in Polen an mehreren Stellen zugleich angreifen zu lassen. General von Manstein gab nicht nach, machte sich mit seinem Plan mißliebig und verlor seine Stellung als Stabschef bei General von Rundstedt.

Aber jetzt kam das Schicksal dem kühl denkenden General zu Hilfe: Ein deutsches Kurierflugzeug verflog sich in schlechtem Wetter über belgischem Gebiet und mußte notlanden. Was der deutsche Kurier in der Maschine in seiner Aktentasche hatte, war brisanter als eine Bombe: Es war der gesamte deutsche Aufmarsch- und Operationsplan für den Westfeldzug. Und der belgische Gendarm, der diese Pläne dem unglücklichen deutschen Kurier abnahm, leitete sie unverzüglich an die zuständigen militärischen Dienststellen weiter ... Damit war der modifizierte Schlieffen-Plan den Alliierten bekannt, und die Deutschen mußten schleunigst umplanen. Jetzt wurde der Manstein-Plan plötzlich wieder aktuell. Hitler persönlich zeigte sich höchst interessiert. In mehreren Kriegsspielen stellte sich heraus, daß die Sache durchaus nicht so unmöglich war, wie man ursprünglich angenommen hatte. Am Ende setzte sich Manstein durch: Hitler gab dem Plan seine Zustimmung, gleichzeitig aber wurde beschlossen, daß deutsche Truppen dennoch auch über Holland, Belgien und Luxemburg angreifen sollten, um den Gegner in dem Glauben zu lassen, die ursprüngliche operative Planung – also der modifizierte Schlieffen-Plan – sei auch weiterhin aufrecht. Dadurch, so hofften die Deutschen, würden sich die Alliierten veranlaßt sehen, ihre Elitetruppen auch weiterhin in Belgien zu belassen, um den zu erwartenden deutschen Offensivstoß aufzufangen.

Wenn dieser Bluff gelang, konnten in der Zwischenzeit alle zehn deutschen Panzerdivisionen und weitere 34 Verbände in Divisionsstärke durch die Ardennen vorgehen, den Brückenkopf über die Maas bilden und von dort aus in weitem Bogen in den Rücken der in Belgien stehenden Franzosen und Briten stoßen. Ein kleinerer Teil des Westheeres sollte gegenüber der Maginot-Linie stehenbleiben, um die Franzosen abzulenken, und ein weiterer Teil der Wehrmacht würde durch holländisches und belgisches Gebiet vorgehen, um den von den Alliierten in diesem Gebiet erwarteten deutschen Massenangriff vorzutäuschen.

Für den Westfeldzug wurden folgende Panzerkorps gebildet: Das XVI. unter General von Hoepner, das XV. unter General Hoth und das XLI. unter General Reinhardt. Diese Korps verfügten jeweils über zwei Panzerdivisionen. Nur das XIX. Korps unter dem Befehl von General Guderian verfügte über drei Panzerdivisionen. Zu jedem Panzerkorps gehörten jeweils auch eine motorisierte Infanteriedivision, Pioniere, Brückenkolonnen, Nachrichteneinheiten, Fliegerverbindungspersonal und weitere Unterstützungseinheiten.

Für die erste Angriffsphase war der Einsatz des XXXIX. Panzerkorps unter General Schmidt und des XVI. Korps unter Hoepner im Norden geplant. Diese Verbände sollten zunächst zusammen mit Infanterie und Luftlandeeinheiten am ersten Angriffsstoß nach Belgien hinein teilnehmen, um die Alliierten in ihrer Annahme zu bestärken, daß die deutschen Hauptkräfte tatsächlich im Norden antraten.

Viele deutsche Generale standen nach wie vor dem geplanten Vorstoß durch die Ardennen skeptisch gegenüber. Man fragte sich, ob die Franzosen das schlecht panzergängige Gelände nicht mit relativ geringen Kräften erfolgreich gegen die Deutschen halten könnten. Die Natur begünstigte hier eindeutig die Verteidiger. Und wenn der Stoß durch die Ardennen gelang, würde man dann den geplanten Maasübergang ohne schwere Verluste erzwingen können? Guderian war zuversichtlich: Für ihn stand das Gelingen des Unternehmens nicht in Frage. Er beschäftigte sich schon damit, was nach der Bildung des Brückenkopfes an der Maas weiter geschehen sollte. Als ihn Hitler über seine weiteren Absichten befragte, meinte der Panzergeneral: „Sofern ich keine anders lautenden Befehle erhalte, werde ich schon am folgenden Tag (nach der Bildung des Brückenkopfes jenseits der Maas, Anm. d. Ü.) weiter nach Westen vorstoßen. Die oberste Führung muß dann entscheiden, ob mein Ziel Amiens oder Paris sein soll. Meiner Meinung nach wäre es richtig, über Amiens bis zum englischen Kanal vorzustoßen." Niemand von den anwesenden Offizieren widersprach Guderian – vielleicht nicht zuletzt deswegen, weil viele daran zweifelten, daß die Bildung eines

Brückenkopfes am westlichen Maasufer überhaupt gelingen konnte.

Ohne Zweifel waren die Deutschen den Alliierten bei Beginn des Westfeldzugs in der Panzertaktik weit überlegen. Bei den Panzern selber, bei den Werkzeugen, mit denen diese Taktik in die Wirklichkeit umgesetzt werden sollte, sah es dagegen schon weniger zufriedenstellend aus. Obwohl die deutschen Rüstungsbetriebe nun auf Hochtouren liefen und die Wehrmacht nach der Zerschlagung der Tschechoslowakei im Jahre 1939 zusätzlich ausgezeichnete Panzerfahrzeuge in die Hand bekommen hatte, war die Situation weiterhin alles andere als befriedigend. Am 9. Mai 1940, dem Tag vor dem Beginn der großen Westoffensive, ergab sich aus den Stärkemeldungen der deutschen Panzerdivisionen folgendes Bild: Von den ausgezeichneten Panzerkampfwagen III (mit 3,7-cm-KwK) und Panzerkampfwagen IV (7,5-cm-KwK kurz) hatten die Verbände insgesamt 627 Stück. Die übrigen insgesamt zur Verfügung stehenden Fahrzeuge waren – mit Ausnahme von 381 tschechoslowakischen Panzern 38 (t) und wenigen ebenfalls tschechischen Panzern 35 (t) – ausschließlich Panzer I und Panzer II, die den meisten Feindtypen bereits damals deutlich unterlegen waren.

Die Franzosen dagegen verfügten – die veralteten in Reserveverbänden befindlichen Fahrzeuge nicht mitgezählt – über 3000 Panzerkampfwagen. 1292 davon befanden sich entweder in den Leichten mechanisierten Divisionen (DLM) oder in den „Divisions Cuirassés“ (DCR). Der Rest war auf Infanterieverbände aufgeteilt. Das britische BEF (British Expeditionally Forces) hatte

210 leichte Panzer und 100 schwere Infanteriepanzer in Frankreich. Alle, auch die leichteren Fahrzeuge, waren für die Infanterie-Unterstützung bestimmt.

Die erste – und übrigens damals auch einzige – britische Panzerdivision stand in England zur Verschiffung nach Frankreich bereit. Diese Division verfügte über weitere 174 leichte und 156 schwere („Kreuzer") Typen. An der zahlenmäßigen Überlegenheit der Westalliierten konnte daher kein Zweifel bestehen. Von der Qualität her gab es zwischen den deutschen und den alliierten Panzern damals keine entscheidenden Unterschiede. Der wohl beste französische Panzerkampfwagen, der „Char B", verfügte über eine ausgezeichnete 4,7-cm-KwK im Drehturm und über ein 7,5-cm-Geschütz in der Wanne. Der „Somua" – etwa 20 Tonnen schwer – besaß eine 4,7-cm-Kanone als Hauptbewaffnung und war ein schnelles Fahrzeug von guter Formgebung. Neben diesen Haupttypen gab es in der französischen Armee noch viele weitere – teilweise bereits stark veraltete – Typen, die es aber zumindest zum Teil noch durchaus mit den deutschen Panzern aufnehmen konnten. Deutlich überlegen waren die Franzosen bei der Panzerung ihrer Fahrzeuge: Während die Deutschen hier nicht über 30 mm hinauskamen, waren die französischen Kampfwagen teilweise mit einer 40 bis 60 mm starken Panzerung versehen. Die britischen leichten Panzer waren etwa den deutschen Panzern I und Panzern II vergleichbar, die 100 in Frankreich verfügbaren Infanteriepanzer dagegen wiesen einen bis zu 70 mm starken Panzerschutz auf. Gegen eine derartige Panzerung war, wie sich bald herausstellen sollte, die deutsche

3,7-cm-Pak – das Standardgeschütz der Panzerjäger – auch auf geringe Entfernungen so gut wie machtlos. Wo dagegen das Zweipfündergeschütz der neuen englischen „Matildas“ – das BEF besaß 23 Stück dieses Infanteriepanzers – hinschoß, „wuchs kein Gras mehr“. Die Deutschen sollten dies sehr bald und auf sehr schmerzhafte Weise zu fühlen bekommen.

So gut die französischen Panzer grundsätzlich auch waren, besaßen sie doch einen sehr deutlichen Nachteil in der Konstruktion: Bei den Franzosen saß der Kommandant allein im Turm. Das bedeutete, daß er neben der Erfüllung seiner taktischen Führungsaufgabe gleichzeitig auch noch als Lade- und Richtschütze für das Turmgeschütz fungieren mußte; daß der Panzerkommandant auf diese Weise seinen sämtlichen Aufgaben oft nur unzureichend gleichzeitig nachkommen konnte, war klar. Bei den meisten deutschen und britischen Panzertypen befanden sich dagegen jeweils drei Mann im Turm, und der Kommandant konnte sich voll seiner Führungsaufgabe widmen.

Wesentliche Unterschiede zwischen Alliierten und Deutschen gab es außerdem im Führungsstil der Panzerverbände. Bei den Deutschen wurde grundsätzlich „von vorn“ geführt, das heißt, die Einheitsführer bis hinauf zum Divisonskommandanten fuhren mit ihren Befehlsfahrzeugen die Angriffe mit. Das stärkte nicht nur die Moral der Truppe, sondern gab auch die Möglichkeit zur schnellen Entscheidung und zur Ausnützung aller sich im Gefecht bietenden taktischen Möglichkeiten. Bei den Engländern nd Franzosen dagegen wurde „von hinten“ geführt, von den Divisionsgefechtsständen her. So gab es auch nur zu oft Irrtümer und Verspätungen bei der Befehlsvermittlung.

Noch bevor am 10. Mai 1940 der Westfeldzug begann, hatten die Deutschen Dänemark praktisch ohne Widerstand besetzt und Norwegen nach schweren Kämpfen gegen die durch Briten und Franzosen verstärkte norwegische Armee erobert. Einige Brückenköpfe, welche die Alliierten noch bis zum Mai 1940 hielten, mußten unter dem Eindruck der deutschen Westoffensive endgültig aufgegeben werden. Da beim deutschen Norwegen-Unternehmen keine größeren Panzerverbände beteiligt waren, wird es im Rahmen des vorliegenden Buches nicht näher behandelt.

In den ersten Morgenstunden des 10. Mai 1940 begannen die deutschen Angriffsoperationen im Westen. Wie nicht anders zu erwarten, konnten die Holländer den deutschen Truppen nur wenig Widerstand entgegensetzen. Innerhalb von vier Tagen drangen die Angreifer rasch durch das Land vor, während die Briten und Franzosen ihrer Planung entsprechend mit starken Kräften in Belgien einmarschierten, um dort den zu erwartenden gegnerischen Vorstoß in der Tiefe aufzufangen. An der Dyle kam es dann zu den ersten heftigen Kämpfen.

Die drei dem XXXIX. und XLI. Korps damals zur Verfügung stehenden Panzerdivisionen waren bereits im holländischen Kampfraum bei Gembloux und Hannut auf den Gegner gestoßen. Die anderen drei Panzerkorps aber bewegten sich um diese Zeit bereits mühsam durch die Ardennen, der Maas entgegen, wie es Guderians Plan entsprach. Die Franzosen leisteten hier nur mit schwachen Kräften hinhaltenden Widerstand.

Zu den ersten schweren Panzerkämpfen kam es erst am 13. Mai im Raum von Tirlemont und Huy, wo die beiden Panzerdivisionen des deutschen XVI. Korps – die 3. und 4. – auf starke, zu den DLM des französischen Kavalleriekorps gehörende feindliche Panzerverbände stießen. Die Franzosen, die ohne Offensivauftrag das Gelände nur zu sichern hatten, wurden durch die Angriffswucht der beiden deutschen Panzerdivisionen schwer erschüttert. Vor den Panzern noch kamen die deutschen Stukas: Wie große Raubvögel suchten sie sich ihre Beute, stießen dann blitzschnell in beinahe senkrechtem Sturzflug vom Himmel und warfen ihre Bomben genau auf die französischen „Somuas" und leichten Panzer, die diesen Angriffen praktisch wehrlos preisgegeben waren. Und am Boden rasselten die deutschen Panzer heran, stießen an den Franzosen vorbei und griffen sie dann flankierend von allen Seiten an.

Ihre stärkere Panzerung und bessere Bewaffnung nutzte den Franzosen nur wenig: Gleichzeitig von mehreren Seiten angegriffen, reagierten sie unsicher und zögernd. Wo immer die Deutschen antraten, waren sie zahlenmäßig überlegen: ein Vorteil der Führung „von vorn". Um 17.45 Uhr begannen sich die Franzosen zurückzuziehen, manche Einheiten geordnet, andere aber bereits mit deutlichen Zeichen von Panik. Die deutschen Panzer aber stießen rücksichtslos weiter in Richtung Perwez-Gembloux vor und schlugen die Franzosen, wo immer sie sich zum weiteren Widerstand zu formieren suchten. Erst das Eintreffen der französischen 1. Armee brachte die Deutschen an der Linie Wavre-Namur zum Stehen und stabilisierte die Lage vorübergehend.

Es ist nicht bekannt, ob die französischen Panzerlcute nach diesem verlustreichen Kampf in ihre Dienstvorschriften geblickt haben, um festzustellen, was nun eigentlich geschehen war. Die DLM, die Leichten Divisonen, so hieß es in der Vorschrift, verzögern nötigenfalls im hinhaltenden Kampf den Vormarsch des Gegners, während die eigenen Hauptkräfte die eigentlichen Verteidigungsstellungen beziehen. Das war ja nun offenbar geschehen. Und wenn die Dienstvorschrift recht hatte, trat man nun in die Phase der starren Verteidigung ein, während deren die leichten Panzerkräfte der DLM – eigentlich Kavalleriepanzer – keine selbständigen operativen Aufgaben mehr zu erfüllen hatten. Man konnte die leichten Panzer also nun nach den jeweiligen lokalen Bedürfnissen entlang der Abwehrfront der französischen 1. Armee verteilen. Der deutsche Angriff würde sich ja, so nahm man an, zunächst im wesentlichen auf belgisches Gebiet richten. Soweit die Theorie und die Annahmen. In welcher Verfassung sich aber die französischen Panzerleute, die sich nun zwei Tage lang im Kampf gegen die angreifenden Deutschen nur immer zurückgezogen hatten, tatsächlich befanden, läßt sich nur ahnen. Die taktischen Vorschriften waren graue Theorie. Die pausenlos und von allen Seiten angreifenden deutschen Panzer und die mit nervenaufreibendem Geheul vom Himmel herabstürzenden Stukas – das war die Wirklichkeit. Die Franzosen hatten große Verluste erlitten, die Deutschen dagegen viel geringere. Etwas stimmte da nicht – und die Männer der DLM begannen nach und nach das Vertrauen in die eigene Führung, in ihr Material und schließlich auch in sich selbst zu verlieren.

Der Erfolg, den das deutsche XVI. Panzerkorps an der Straße nach Gembloux erzielt hatte, gab den Franzosen einen ersten deutlichen Vorgeschmack auf die kommenden Dinge. Für die Deutschen aber war es letzten Endes ein Erfolg an einer unbedeutenden Nebenfront. Die wirklich entscheidenden Vorgänge vollzogen sich weiter im Süden, in den Ardennen. Das XVI. Panzerkorps griff auch die Front der französischen 1. Armee nochmals an, erzielte dort aber keinen entscheidenden Erfolg. Dann brachen die Deutschen ihre Panzerangriffe plötzlich ab. Für die Franzosen war dies ein sicherer Hinweis, daß die Deutschen jetzt weiter im Norden, nach Belgien hinein, angreifen würden. Sie irrten sich: Die Panzer schwenkten nach Süden ab, nach Dinant.

Die der Heeresgruppe A unter General von Rundstedt im Gebiet der Ardennen gegenüberliegende französische 9. Armee verhielt sich angesichts des deutschen Vormarschs durch die Ardennen verhältnismäßig inaktiv. Größere Schwierigkeiten als der Gegner machten den Deutschen Verkehrsprobleme: Hunderte von gepanzerten und motorisierten Fahrzeugen quälten sich über die kurvenreichen, schlechten Straßen der Ardennen. Innerhalb von drei Tagen rollten drei vollständige Panzerkorps hier dem Feind entgegen: Das XV. in Richtung auf Dinant, das XXXIX. nach Monthermé und das XIX. auf Sedan. Die Panzer schleppten Ersatzteile und volle Reservebenzinkanister für einen Marsch von 160 bis 200 Kilometer mit. Panzer und Zugmaschinen, Artillerie und Schützen zogen in endlosem Strom durch die Ardennen, und der Nachschub kam kaum noch durch. Aber schon am 13. Mai 1940 standen die Panzer zum entscheidenden Stoß über die Maas bereit. Hinter dem XIX. Korps, das seine Kräfte bereits aufgefächert hatte, standen die Divisionen des XXXIX. Korps bereit. Die Straßen der Ardennen waren überfüllt mit Kampffahrzeugen. Aber die Franzosen handelten nicht, ja, sie wurden sich offenbar der Größe der drohenden Gefahr nicht einmal richtig bewußt. General von Kleist, dem im Rahmen der Heeresgruppe A sämtliche Panzerkräfte in der Panzergruppe Kleist unterstanden, hatte kurzfristig einige Verwirrung ausgelöst, als er Guderians 10. Panzerdivision entgegen der ursprünglichen Planung gegen einen vermuteten französischen Kavallerieangriff einsetzen wollte. Im großen und ganzen aber verlief alles durchaus planmäßig und wie man es in den Kriegsspielen erarbeitet hatte.

Schon lange vor Angriffsbeginn waren sämtliche Operationen mit der Luftwaffe abgesprochen worden. Die Luftwaffe sollte während des gesamten Maasübergangs die Bodentruppen in unterbrochenen, rollenden Einsätzen unterstützen. Den Hauptstoß über die Maas sollte General Guderian führen. Die Generale Reinhardt und Hoth sollten dann nachstoßen. Obwohl ihre Panzerkräfte nicht wesentlich schwächer als die von Guderian waren, sollte sich die Luftwaffe dennoch bei ihrer Unterstützung hauptsächlich auf das XIX. Panzerkorps konzentrieren.

General von Kleist, ein Mann, der im Grunde seines Herzens den modernen Panzerdivisionen damals nicht allzuviel zutraute, griff noch knapp vor dem Angriffsbeginn an der Maas in die Planung ein: Die Luftangriffe, so forderte der General, sollten nicht laufend und wellenweise erfolgen, sondern in einem kürzeren, dafür aber um so massiveren Angriff, um die französischen Kräfte soweit wie möglich auszuschalten. Das paßte Guderian nicht ins Konzept: Der Panzergeneral verlangte lang andauernde, rollende Angriffe, um die französische Artillerie möglichst ständig niederzuhalten. Aber Kleist war der Vorgesetzte: Er kommandierte eine ganze Panzergruppe, und zu dieser gehörte auch das XIX. Panzerkorps des Generals Guderian. Sicherlich hatte Kleist nicht ganz unrecht mit seinen Bedenken. An den vorgesehenen Angriffsstellen fließt die Maas tief eingeschnitten durch bergiges Gelände. Die Verteidiger waren im Vorteil und konnten – gute Nerven und Moral vorausgesetzt – den angreifenden Panzern enorme Verluste zufügen. Wie auch immer: Von Kleists Befehle kamen zu spät. Am Luftwaffeneinsatz änderte sich nichts mehr. Guderian atmete auf, aber das Verhältnis zwischen ihm und General von Kleist blieb auch in Zukunft getrübt.

Am Morgen des 13. Mai 1940 setzten die Infanterieverbände aller drei deutschen Panzerkorps über die Maas. Die deutsche und die französische Artillerie lieferten einander heftige Duelle. Die Luftwaffe griff erkannte Ziele mit Bomben und Bordwaffen an. Die deutschen Panzer feuerten über den Fluß und schossen mit ihren Granaten ein französisches MG-Nest nach dem anderen zusammen. Die Franzosen mußten sich im wesentlichen darauf beschränken, die vermutlichen deutschen Übersetzstellen unter beständigem Feuer zu halten. Das nützte aber nur wenig: Schon am Nachmittag des 13. Mai 1940 hatten alle drei deutschen Panzerkorps

Brückenköpfe am jenseitigen Maasufer gebildet. Die Infanteristen von Guderians XIX. Panzerkorps hielten ihren Brückenkopf gegen französische Gegenstöße, während die Pioniere hinter ihnen mit der eigentlich wichtigsten Aufgabe beschäftigt waren: mit der Errichtung einer auch für Panzer und schweres Gerät tragfähigen Kriegsbrücke. Das Panzerkorps Reinhardt stieß bei Monthermé auf recht heftigen Widerstand der Franzosen. Hier kamen die Deutschen nicht weiter, und der Gegner verhinderte vorübergehend auch alle Anstrengungen zum Aufbau einer Brücke über den Fluß. General Hoths Panzer gingen nördlich von Dinant über die Maas, und die 7. Panzerdivision von General Rommel wurde im Verlauf des weiteren Vorstoßes schon bald in heftige Kämpfe mit französischen Panzereinheiten verwickelt.

Bereits am Abend des 13. Mai stand fest, daß der deutsche Maasübergang im wesentlichen gelungen war. Guderians und Hoths Brückenköpfe wurden ständig stärker und hielten sich gegen französische Gegenangriffe. Nur Reinhardt hatte zunächst noch große Schwierigkeiten, denn in seinem Abschnitt gelang der Brückenbau noch nicht. Für die Franzosen war die Situation ernst, aber noch nicht katastrophal: Wenn sie einen Ausbruch der Deutschen aus den Brückenköpfen verhinderten und die schnell geschlagenen Kriegsbrücken über die Maas durch Luftangriffe oder Artillerie beschädigten oder zerstörten, konnten die Deutschen nicht wirklich offensiv werden. Die französische 9. Armee aber reagierte konfus und konnte sich vor allem zu keinen konzentrierten Gegenunternehmungen entschließen. General Corap, der französische Armeekommandeur, erhielt von allen Abschnitten her Meldungen über deutsche Angriffe und eigene Verluste – und gab in der Nacht des 14. Mai 1940 den entscheidenden Rückzugsbefehl.

Damit war die Lage für die Deutschen stabilisiert. In schneller Folge entstand jetzt eine Kriegsbrücke nach der anderen, und schon am 15. Mai 1940 befanden sich die meisten deutschen Panzer am gegenüberliegenden Ufer der Maas.

Was jetzt den Alliierten noch blieb, waren Luftangriffe zur Zerstörung der Brücken. Aber es war bereits zu spät: Die Deutschen bauten an den Übergängen so starke Flak-Konzentrationen auf, daß gezielte Bombenabwürfe praktisch unmöglich wurden. Und jetzt blieben die Deutschen selbstverständlich in ihren Brückenköpfen auch nicht mehr stationär, sondern stießen weiter vor. Besonders aktiv wurden die 1. und die 7. Panzerdivision unter dem Befehl von General Rommel. Das zur 7. Panzerdivision gehörende 25. Panzerregiment beispielsweise stieß in einem Zug 46 Kilometer bis Philippeville hinaus vor. Das Unternehmen war mehr als riskant, und die Franzosen hätten die deutschen Panzer bei dieser Gelegenheit sehr leicht abschneiden und schwer dezimieren können – aber die Franzosen kamen nicht. Rommel begriff schnell, wie verwirrt und unsicher der Gegner war. Die Meldungen der angreifenden Panzer bestätigten es: Oft genügten ein paar Maschinengewehrgarben aus den angreifenden deutschen Panzern, um den Gegner zur Aufgabe zu veranlassen. „Pardon, Kamerad“ – hoch erhobene Hände, weiße Taschentücher als

Zeichen der Aufgabe. Schon zogen die Franzosen kolonnenweise an den weiterrollenden Panzern der Wehrmacht vorbei in die Gefangenschaft. Viele hatten nicht einmal einen einzigen Schuß abgegeben. Der „Panzerschreck“ saß den Franzosen in den Gliedern.

Die Panzergruppe Kleist hatte im Verlauf von nur sechs Tagen alles realisiert, was man vor dem Angriffsbeginn in vielen Kriegsspielen durchexerziert hatte. Die Panzerdivisionen – in den kritischen Angriffsphasen nur durch die Luftwaffe unterstützt – hatten sich also auch gleich zu Beginn des Westfeldzugs glänzend bewährt. Der Vorstoß durch die wegarmen Ardennen war klaglos verlaufen, der entscheidende Übergang über die Maas gelungen, und jetzt traten die Panzerdivisionen aus ihren Brückenköpfen heraus neuerlich zu weiträumigen Operationen an. Aber sie hatten diesen Erfolg gegen einen Feind erzwungen, der ihrer Taktik nichts Vergleichbares entgegenzusetzen hatte.

Selbst die deutsche Führung war über die Geschwindigkeit des eigenen Vorstoßes überrascht und begann schon am 15. Mai 1940 besorgt auf die bedenklich lang werdenden, eigenen ungedeckten Flanken zu blicken. Man befürchtete, die Franzosen könnten die weit vorgeprellten Panzer und motorisierten Verbände mit einer entschiedenen Gegenoffensive „abkneifen“. Wenn der Nachschub aber nicht mehr durchkam, konnten die Panzer nicht mehr fahren und schießen.

Das XIX. Panzerkorps war mittlerweile so weit vorgestoßen, daß Guderian nach einer Entscheidung verlangen mußte: Sollten seine Panzer auf Paris vorstoßen oder über Amiens zum englischen Kanal? Die Führung mußte bald entscheiden, denn auch das XXXIX. Panzerkorps von General Reinhardt ging jetzt weiter im Norden nach seinem anfänglichen Zurückbleiben zum zügigen Vormarsch über, und noch weiter im Norden, im Verband des XV. Panzerkorps (General Hoth), stand die 7. Panzerdivision unter General Rommel ebenfalls schon sehr tief im Feindgebiet.

Noch am Abend des 15. Mai kam die Entscheidung: General von Kleist befahl, daß die Panzer ihren Vormarsch vorübergehend einstellen sollten, bis die langsamere Infanterie aufgeholt habe. Diese Entscheidung entsprach auch den Bedenken des Chefs der Heeresgruppe A, General von Rundstedt, und den Überlegungen Hitlers. Man hatte Angst vor dem eigenen Vormarschtempo bekommen. Wie schon vor dem Maasübergang stießen die Meinungen von Kleist und Guderian heftig aufeinander. Guderian sah keinen Grund für die Einstellung des Vormarsches. Es kam zu einem Kompromiß. Man erlaubte General Guderian einen weiteren Vorstoß nach dem Westen. Nochmals 24 Stunden, dann sollten die Panzer endgültig anhalten und das Nachrücken der Infanterie abwarten. Guderian nützte die Chance: Mit allen Kräften stieß er nochmals 65 Kilometer weit vor und erreichte Marle und Dercy, während General Reinhardt bis nach Hirson vorrückte. Die 7. Panzerdivision von General Rommel aber kam noch weiter voran: Ein Panzerregiment stieß bis nach Clairfayts vor und geriet dort mitten in den mit Bunkern und befestigten Feldstellungen versehenen Bereich der sogenannten „verlängerten Maginot-Linie“. Obwohl die Schützen in ihren ungepanzerten Lastkraftwagen immer wieder weit hinter den angreifenden Panzern zurückblieben, nahmen Panzer, Artillerie und Panzerjäger der 7. Panzerdivision sofort den Kampf mit den Franzosen auf und schalteten ein Widerstandsnest nach dem anderen aus. Hielt eine Befestigung den deutschen Granaten stand, griffen die Pioniere mit Handgranaten und geballten Ladungen an.

Als die Nacht des 15. Mai 1940 anbrach, hatte es Rommel geschafft: Der französische Widerstand war im wesentlichen gebrochen, Panzersperren und Drahthindernisse waren zerstört, und der Gegner war offenbar zum organisierten Widerstand bereits unfähig geworden. Sollte man diese Gelegenheit ungenützt vorbeigehen lassen? Rommel entschied sich für den weiteren Vormarsch. Zwischen brennenden belgischen und französischen Gehöften trat die gesamte Panzerdivision erneut zum Angriff an. „Fahren, schießen und durchbrechen!" hieß die Parole. Obwohl genaues Zielen im diffusen Licht der nur durch die Brände erhellten Nacht unmöglich war, rasselten die deutschen Panzer weiter. Bevor die Franzosen noch recht begriffen hatten, was eigentlich geschehen war, standen die Panzer der 7. Panzerdivision bereits in Avesnes.

Um 7.30 Uhr am Morgen des 17. Mai 1940 hatte die 7. Panzerdivision die Außenbezirke von Le Cateau erreicht, 80 Kilometer hatten die Panzer innerhalb kurzer Zeit im stürmischen Vormarsch zurückgelegt. Das bedeutete aber auch 80 Kilometer lange, ungedeckte Flanken. Wenn die Franzosen ihre Möglichkeiten nun wahrnahmen?

Aber nichts geschah. Man fing, wie die Landser damals

sagten, die Franzosen „mit dem Taschentuch". Hunderte und Tausende „Poilous" zogen in die Gefangenschaft.

Rommels kühner Vorstoß im Norden war nichts anderes als ein Manöver zur Flankendeckung für Guderian und Reinhardt, die mit dem XIX. und dem XXXIX. Panzerkorps die eigentlich entscheidenden operativen Unternehmen zu führen hatten. Schon am Morgen des 17. Mai 1940, als Guderians 1. Panzerdivision bereits die Oise erreicht hatte, traf ein neuer Haltebefehl ein. Guderian war außer sich. Er teilte von Kleist mit, daß er sich von seinem Kommando ablösen lassen wolle, und der Vorgesetzte – durch Guderians brüske Art nun ebenfalls äußerst gereizt – nahm sofort an. General von Rundstedt griff als Oberbefehlshaber der Heeresgruppe A ein: Wieder gab es einen Kompromiß. General Guderian sollte sein Kommando behalten und außerdem, so ließ von Rundstedt durch General von List schließlich Guderian mitteilen, solle er auch den Vormarsch weiter fortsetzen. Allerdings nicht unbeschränkt, sondern in Form eines Aufklärungsunternehmens – allerdings mit starken Kräften. Das war nicht ganz nach den Wünschen Guderians, aber immerhin mußte er seine Panzer nicht untätig stehenlassen und den Franzosen die Initiative überlassen.

Die Auseinandersetzungen zwischen von Kleist und Guderian waren auch für den in der obersten deutschen Führung herrschenden Meinungsstreit typisch: Während eine Gruppe von hohen Offizieren ganz klar erkannte, wie hilflos die Franzosen der neuartigen deutschen Panzertaktik ausgeliefert waren, blickte eine andere, eher konservative Gruppe mit wachsender Sorge auf die von Tag zu Tag länger werdenden offenen Flanken. Sicher, die Panzer stießen offenbar unaufhaltsam immer tiefer nach Frankreich hinein, aber wenn sich die Franzosen endlich zu einer konzentrierten Gegenoffensive in die offenen Flanken aufraffen sollten – was dann?

Aber der große französische Gegenschlag kam nicht. Die Franzosen kämpften dort, wo die deutschen Verbände sie erreichten. Die französischen Panzerwagen rollten einzeln und zusammen mit Infanterieverbänden in Gefechte, deren Ausgang gegen einen an den entscheidenden Punkten stets zahlenmäßig überlegenen Gegner von vornherein feststand. Gegenstöße von gepanzerten Großverbänden blieben selten und waren unzureichend koordiniert. So war es beispielsweise, als die 3. DCR (französische Panzerdivision) südlich von Sedan angriff: Die Franzosenpanzer brachen zwar zunächst durch die deutsche Verteidigung, wurden dann aber von der deutschen 10. Panzerdivision in der Flanke gepackt und zurückgeworfen. Die unter dem Befehl von General de Gaulle stehende 4. DCR griff die Deutschen bei Laon an. Obwohl sich die Franzosen mit Bravour schlugen, konnten sie sich auch in diesem Fall nicht durchsetzen: Die deutsche 1. Panzerdivision wies den Angriff ab und zwang die Franzosen im Gegenstoß zum Rückzug.

Nichts schien die drei auf dem schnellen Vormarsch nach dem Westen in Richtung Abbeville und zum Kanal befindlichen deutschen Panzerkorps mehr aufhalten zu können. Im Norden des deutschen Angriffskeils zog sich das BEF zusammen mit der belgischen Armee und der französischen 1. und 7. Armee jenseits des Flusses Scarpe nach Nordosten zurück. Auch die Reste der französischen 9. Armee wichen in diese Richtung aus. An der südlichen Flanke des deutschen Offensivbereichs versuchten die Franzosen um die gleiche Zeit, eine neue Front aufzubauen, um die Lage nördlich von Paris zu stabilisieren. Mehr war nicht möglich: Reserven für eine Offensive standen nicht zur Verfügung. An den Nordflanken des deutschen Angriffskeils standen die englisch-französischen Einheiten zusammen mit den Belgiern ebenfalls ausschließlich im Abwehrkampf. Anders als im Süden drohte den im Norden kämpfenden Divisionen aber noch eine weitaus größere Gefahr, nämlich die Einkesselung zwischen den Armeen der deutschen Heeresgruppen A und B.

Am 20. Mai 1940 hatten das XIX., XXXIX. und XV. Panzerkorps eine Linie von Arleux am Fluß Sensée nach Péronne an der Somme erreicht. Das XVI. Panzerkorps, das nach den ersten Angriffsoperationen aus Belgien planmäßig abgezogen war, folgte nach. Und gemeinsam mit den Panzern des XVI. Korps kam nun auch endlich die Infanterie. Im OKW atmeten manche Generalstäbler erleichtert auf: Das waren nun endlich jene Kräfte, mit denen man die schon längst gefährlich überdehnten Flanken der weit nach Westen vorgeprellten drei Panzerkorps absichern konnte.

Noch am Abend des 20. Mai sahen die Männer der 2. Panzerdivision von ihren vorgeschobenen Positionen bei Abbeville zum erstenmal von ferne den englischen Kanal. Die 1. Panzerdivision hatte Amiens genommen, und die 6. und die 8. Panzerdivision lagen zwischen Le Boisle und La Bassée. Die unter dem Befehl von General Rommel stehende 7. Panzerdivision hatte ihren Vormarsch in nun schon gewohnt waghalsiger Weise fortgesetzt und lag am 20. Mai vor Arras. Schon in Frankreich bewies damit der später als „Wüstenfuchs“ legendär gewordene Rommel seine taktischen Qualitäten. Nicht zu Unrecht bezeichneten die Franzosen Rommels 7. Panzerdivision als „Gespensterdivision“: Sie erschien immer dort, wo man sie nicht vermutete, und verwirrte den Gegner durch ihren rasanten Vormarsch.

Die 5. Panzerdivision befand sich um diese Zeit bei Cambrai. Dort, wo im Ersten Weltkrieg britische Panzer die Deutschen das Fürchten gelehrt hatten, schlugen nun die Deutschen zurück. Die Geschichte schien sich – mit anderen Vorzeichen – zu wiederholen.

In der ersten Phase des Westfeldzugs hatte sich die Wehrmacht – der operativen Planung entsprechend – zunächst einmal in erster Linie um einen schnellen Vorstoß zum Kanal bemüht. Das bedeutete: Vormarsch nach dem Westen ohne viel Rücksicht darauf, was rechts und links geschah. Umfassungsmanöver größeren Stils waren bei einer derartigen Form des Angriffs kaum möglich. Nach dem geglückten Vorstoß bis zum Kanal boten sich nun ganz andere Möglichkeiten: Man konnte umfassend nach Norden vorgehen und die in Nordfrankreich und Belgien stehenden Feindkräfte einzukesseln versuchen. Dazu mußten allerdings die Panzer von Abbeville her nach Norden eindrehen und die gesamten Kanalhäfen zwischen Boulogne und Dünkirchen in Besitz nehmen. Wenn das gelang, saß der Gegner in einer riesigen Falle und mußte in absehbarer Zeit den aussichtslosen Kampf einstellen.

Das konnte durchaus funktionieren: Im letzten Maidrittel des Jahres 1940 besaßen die Alliierten keine ausreichenden Offensivkräfte, um die Deutschen aufzuhalten. Man konnte nur versuchen, den weit vorgestoßenen Gegner in seiner langen Flanke zu packen und auf diese Weise die Initiative zurückzugewinnen.

Obwohl ihre Kräfte mehr als beschränkt waren, versuchten sich die Briten zunächst in einem Angriff mit zwei schweren Panzerbataillonen und zwei Infanteriebataillonen gegen Rommels 7. Panzerdivision. Der britische Angriff traf die Division in ungünstiger Lage: Rommel hatte die Einheiten nach Norden zum Angriff auf Lille befohlen. Während das 25. Panzerregiment schon weit vorgestoßen war, folgten die Schützen auf ihren Lastkraftwagen den Panzern nur langsam. Und genau in die beiden Schützenregimenter der Division stieß der Angriff von 70 schweren britischen Panzern. Die deutschen Panzerjäger mit ihren 3,7-cm-Geschützen kämpften einen ebenso verzweifelten wie aussichtslosen Kampf gegen die anrollenden Briten: Die 3,7-cm-Granaten prallten an der starken Panzerung des Gegners wirkungslos ab. Und die Engländer nützten ihre Chance. Sie griffen die auf ihren Lkw praktisch völlig schutzlosen deutschen Infanteristen rücksichtslos an und fügten den Schützen schwerste Verluste zu. Der britische Panzerangriff wurde erst knapp vor den deutschen Artilleriestellungen durch ihre 8,8-cm-Flakgeschütze aufgehalten. Die 8,8 lehrte die Engländer das Fürchten. Ihre Granaten durchschlugen auch die dickste Panzerung des Gegners mühelos, und die Deutschen entdeckten bei dieser Gelegenheit, daß sich die 8,8 auch für den Erdkampf ausgezeichnet eignete.

Als das 25. Panzerregiment, welches auf die Nachricht vom britischen Panzerangriff kehrtgemacht hatte, schließlich auf dem Kampfplatz eintraf, war die deutsche Infanterie bereits schwer dezimiert. Auch die deutschen Panzer selbst erlitten massive Verluste, da sie an eine britische Pakfront gerieten: Im Verlauf einer halben Stunde blieben mehr als 20 deutsche Kampfwagen brennend im Gelände liegen.

Die Panzer der 5. Panzerdivision, die in höchster Eile aus Cambrai heranrollten, kamen zu spät. Sie trafen nur noch auf die britische Infanterie, die gegnerischen Panzer hatten sich bereits in Sicherheit gebracht. Diese – für die Entscheidung des Feldzugs allerdings unwesentliche – Niederlage der Deutschen blieb, obwohl an sich nur von lokaler Bedeutung, nicht ohne Folgen für das zukünftige Vorgehen der Wehrmacht. Wieder wurden warnende Stimmen laut, die von einer gefährlichen Überdehnung der Flanken sprachen. Was war, wenn die Alliierten derartige Angriffe mit stärkeren Kräften wiederholten? Die deutschen Panzereinheiten, so wurde argumentiert, seien durch das rasche Vorgehen und infolge der Feindeinwirkung bereits gefährlich geschwächt, so daß man nun jeden zukünftigen Schritt sehr genau überlegen müsse, um nicht den Erfolg des gesamten Feldzugs aufs Spiel zu setzen. Wenn man die Panzerverbände rücksichtslos weiter nach Norden angreifen ließ, konnte es im dicht bebauten, teilweise aber auch sumpfigen und von vielen Kanälen durchzogenen – also jedenfalls für Panzer nicht günstigen – belgischen Gebiet leicht zu hohen Verlusten kommen.

Das deutsche Vormarschtempo wurde daraufhin tatsächlich verlangsamt. Wohl war man weiterhin zur Einnahme der wichtigen Kanalhäfen Boulogne und Calais entschlossen, aber man führte die Angriffe zögernder und vorsichtiger als bisher. Die Alliierten bekamen dadurch eine vorübergehende Atempause und konnten ihren Rückzug in Richtung Dünkirchen unter günstigeren Umständen durchführen als erwartet.

Alles in allem aber konnten die deutschen Panzergenerale mit dem bisherigen Operationsverlauf im Westen durchaus zufrieden sein. Die Panzer hatten sich gut bewährt, und jedes taktische Gefechtsmanöver, von der Versammlung über den Angriff und Durchbruch bis zur Verfolgung, war zur vollen Zufriedenheit durchgeführt worden. Noch nicht praktisch erprobt hatte man allerdings den Rückzug – aber dafür sollte es im Westfeldzug auch keine Gelegenheit mehr geben. Die kam erst später...

Bei Arras hatten die deutschen Panzer allerdings zum erstenmal so etwas wie „undurchdringlichen Widerstand“ erlebt. Hier zeigte sich der Gegner überlegen: Die deutsche Panzerabwehr erwies sich gegen die starke Panzerung der schweren britischen Kampfwagen als wirkungslos, und die deutschen Panzer selbst mußten gegen die überlegene Kanonenbewaffnung der Britenpanzer spürbare Verluste hinnehmen. Aber gerade auch bei Arras erkannte General Rommel, wie wichtig die enge Zusammenarbeit zwischen Panzern und der Panzerabwehr sein kann: Die britischen Kampfwagen waren praktisch durch Zufall auf einige deutsche 8,8-cm-Flakgeschütze aufgelaufen, und diese hatten unter den eben noch so unbezwinglich scheinenden Gegnern schwer gehaust. Wenn man also überlegene Feindpanzer gegen eine geeignete Abwehrfront – vorzugsweise 8,8-cm-Geschütze – fahren ließ, konnte sich trotz gegebener feindlicher Überlegenheit das Schlachtenglück sehr schnell zugunsten der Verteidiger wenden. Rommel begriff das umgehend und wendete dieses Rezept später in Afrika sehr oft und mit großem Erfolg gegen die Engländer an.

Nach ihrem endgültigen Durchbruch griffen die Deutschen – wenn auch langsamer und vorsichtiger als zunächst beabsichtigt – weiter nach Norden hin an. Am 26. Mai fiel Calais, und die Panzer des deutschen XIX. Korps rückten zusammen mit weiteren Kräften nach Norden vor. Ihr natürliches Ziel war Dünkirchen, der einzige den Alliierten noch verbliebene Einschiffungshafen am Kanal. Die Deutschen kamen aber weniger schnell voran als erwartet. Die Engländer und Franzosen verteidigten sich jetzt nicht nur erbittert, sondern auch die Angreifer waren vorsichtiger geworden. Es gab keine rasanten Panzervorstöße mehr, sondern hauptsächlich mit massivem Infanterieeinsatz verbundene Angriffe. Am 28. Mai 1940 stellten das XIX. Panzerkorps und auch die meisten anderen Panzerverbände ihre Angriffe ein: Es galt nun, die teilweise stark angeschlagenen Panzereinheiten aufzufrischen, um sie für die nächste Phase des Westfeldzugs, den Stoß in den Süden, entsprechend vorzubereiten. Dünkirchen aber, so hatte es Hermann Göring versprochen, würde die Luftwaffe „erledigen“.

Man weiß, daß es anders kam: Die Luftwaffe fügte den alliierten Land- und Seestreitkräften bei Dünkirchen zwar schwere Verluste zu – die Engländer ließen fast ihr gesamtes Material und ihre Ausrüstung auf dem Kontinent zurück –, aber ihre „lebendige Wehrkraft“, die in Frankreich und Belgien von der Einschließung und Gefangennahme bedrohten Soldaten, brachten sie im wesentlichen heil auf die Insel zurück. Die langen Gefangenenkolonnen, die die deutsche Wochenschau wenig später zeigte, stammten aus jenen Verbänden, die die Einladung ihrer Kameraden auf die englischen Schiffe bis zuletzt im Gebiet von Dünkirchen gedeckt hatten. Die Deutschen aber hatten eine Schlacht verloren, ohne es zu merken.

Mittlerweile griff auch die britische 1. Panzerdivision in Frankreich ein, nicht im Norden, wo bereits alles verloren war, sondern im Süden, entlang der Somme; dort war die Front noch relativ intakt, und die Franzosen gedachten sie auch mit allen Kräften zu halten. Schon hatten sie einiges gelernt: Sie bauten an der Somme die Weygand-Linie, ein System von tiefgestaffelten Feldstellungen, in denen man die zu erwartenden deutschen Panzerangriffe aufzufangen hoffte. Das Konzept war gut, aber die für seine konsequente Durchführung notwendigen – insbesondere die gepanzerten – Kräfte fehlten bereits. Die französischen gepanzerten Verbände hatten sich hauptsächlich in Nordfrankreich und Belgien befunden. Viele der diesen Verbänden angehörenden Soldaten waren zusammen mit den Briten bis zur ersten Juniwoche nach England evakuiert worden, aber für die weitere Verteidigung Frankreichs waren sie jedenfalls im Augenblick verloren. Und das schwere Material, die französischen Panzergeschütze, Lkw und Zugmaschinen, standen zerstört auf den nordfranzösischen und belgischen Landstraßen.

Die Weygand-Linie war schwächer besetzt, als es notwendig gewesen wäre. Man hatte zwar jedes Dorf und beinahe jedes einzelne Gehöft möglichst schnell zur Verteidigung auszubauen versucht, die weiten Flächen zwischen diesen festen Stützpunkten aber lagen offen da. Man konnte den Feind zwar auch dort unter Artilleriefeuer halten, aber die schnellbeweglichen Kräfte für einen allfälligen Gegenstoß waren nicht mehr vorhanden.

Während die Franzosen am Ausbau der Stellungen an der Somme arbeiteten, versuchte man auf deutscher Seite erfolgreich, die bei den Panzer- und motorisierten Divisionen aufgetretenen materiellen und personellen Verluste möglichst schnell wieder aufzufüllen. Gleichzeitig wurden die deutschen Kräfte für den bevorstehenden Angriff über die Somme und gegen Paris umgegliedert. Man bildete fünf etwa gleich starke Panzerkorps. Am weitesten westlich, bei Abbeville an der Kanalküste, stand das XV. Panzerkorps mit der 5. und 7. Panzerdivision. Das XIV. Panzerkorps mit der 9. und 10. Panzerdivision lag bei Amiens dicht neben dem XVI. Korps, zu dem die 3. und die 4. Panzerdivision gehörten. Die beiden letztgenannten Korps gehörten zur Panzergruppe Kleist. Nördlich von Rethel standen das XXXIX. und XLI. Panzerkorps unter dem Befehl von General Guderian. Die beiden Korps, welche die 1., 2., 6. und 8. Panzerdivision umfaßten, waren bis zum 9. Juni 1940 angriffsbereit.

Die Deutschen eröffneten den Angriff gegen die

Weygand-Linie am 5. Juni 1940. Das XV. Panzerkorps unter General Hoth erzwang in der Nähe der Somme-Mündung im Westen der Front den Flußübergang. Die Franzosen wehrten sich verzweifelt, aber ohne Erfolg. Seit dem Maasübergang, weniger als einen Monat zuvor, waren die Franzosen schwächer und die Deutschen aufgrund ihrer praktischen Erfahrungen noch stärker geworden als bis dahin. Trotz des heftigen Widerstandes hatten die Hauptkräfte der deutschen 5. und 7. Panzerdivision das Flußhindernis bald mit ihren Hauptteilen überwunden und wurden südlich der Somme schnell wieder offensiv. Schon am 8. Juni 1940 standen beide Divisionen hart bei Rouen, während die deutsche Infanterie in Gewaltmärschen durch das bei Amiens in die französische Verteidigung geschlagene Loch nachströmte, um die ungedeckten Flanken der Panzerdivisionen zu sichern. Eine neue Phase des „Blitzkriegs“ hatte begonnen.

Die Korps der Panzergruppe Kleist hatten es dagegen wesentlich schwerer. Wohl bildeten sich bei Amiens und Péronne Brückenköpfe jenseits der Somme, die Franzosen verteidigten sich aber hier so energisch und erfolgreich, daß die deutschen Panzerverbände zunächst nicht aus den Brückenköpfen ausbrechen konnten und in ihrer Operationsfreiheit daher beschränkt blieben.

Das von den Franzosen an der Somme eingeführte Prinzip der Verteidigung in der Tiefe bewährte sich hier. Wo während der sich entwickelnden Panzerkämpfe deutsche und französische Kampfwagen aufeinandertrafen, erwies sich die stärkere Panzerung der Franzosen als überlegen. Die Deutschen mußten Verluste hinnehmen, denn die Franzosen verteidigten sich jetzt geschickt und mit überraschender Härte. Der Himmel allerdings gehörte der Luftwaffe. Wann immer möglich, griffen deutsche Kampffliegerverbände in die Erdkämpfe ein. Was nützte es, wenn die Franzosen bei Amiens und Péronne die Front hielten: Weiter im Westen, an der Kanalküste, waren die Deutschen längst über der Somme und griffen nach dem Süden an. Und am 9. Juni 1940 stießen Guderians Panzerdivisionen beiderseits Rethel vor, gewannen bald die operative Freiheit und bedrohten die französische Maginot-Linie vom Westen her.

Zunächst aber hielten die Franzosen den Vorstoß der Panzergruppe Guderian an der Aisne vorübergehend auf. Die exakt schießende französische Artillerie verhinderte alle deutschen Übergangsversuche, und die deutschen Infanteristen waren vollauf mit der Abwehr französischer Angriffe beschäftigt. Am Morgen des 10. Juni schließlich erzwangen die Deutschen den Flußübergang auch mit Panzern, und von diesem Zeitpunkt an gab es eigentlich kein Halten mehr. Noch in der Nacht des 10. Juni hatten weiter im Westen die Panzer von General Hoth bei St.-Valéry neuerlich die Kanalküste erreicht und damit wieder starke französische Kräfte eingeschlossen. Wie nun schon beinahe gewohnt, zeichnete sich die 7. Panzerdivision unter General Rommel bei diesem Vorstoß durch besonders kühnes Vorgehen aus. Die Korps der Panzergruppe Kleist, die bei Amiens und Péronne gegen starken französischen Widerstand nicht weitergekommen waren, nützten die weiter ostwärts im Angriffsabschnitt Guderians sich bietende günstige Situation, gingen bei Laon mit allen Kräften über die

Somme und stießen nun etwa parallel zur Panzergruppe Guderian vor, die sich mittlerweile bereits zur Umfassung der Stadt Reims anschickte.

Dieser Serie von deutschen Durchbrüchen zeigten sich die Franzosen nicht mehr gewachsen: Es gab keine ausreichenden mobilen Reserven mehr, um die Feindvorstöße aufzufangen. Nicht nur die Fronttruppen begannen nun zu resignieren, auch die militärische Führung und die Regierung gaben den Krieg allmählich verloren. Zumindest seit dem 10. Juni 1940 – wenn nicht schon vor diesem Zeitpunkt – hatten die Franzosen auf politischer und höchster militärischer Ebene aufgegeben. Immer mehr setzte sich die Auffassung durch, daß man mit den Deutschen zu irgendeiner Einigung und zu einem Waffenstillstand kommen mußte.

Paris, die französische Hauptstadt, lag mittlerweile bereits zwischen zwei mächtigen deutschen Panzerzangen, die jederzeit auf die Stadt eindrehen konnten. Am 11. Juni 1940 erreichte die Panzergruppe Kleist Château Thierry, überquerte die Marne und setzte den Vormarsch weiter nach Süden fort. Hoths Panzer dagegen hatten am 9. Juni in der Nähe von Rouen Brückenköpfe jenseits der Seine gebildet und konnten aus diesen jederzeit offensiv werden. Paris konnte schon in der nächsten Zeit von den Deutschen zumindest völlig umfaßt, wenn nicht sogar eingenommen werden.

Die Panzergruppe Guderian stieß am 9. Juni an Reims vorbei weiter in Richtung Châlons vor. Bei ihrem Vormarsch wurden die Deutschen aus Richtung der Argonnen nochmals von der französischen 3. DCR und der 3. DLM an der Ostflanke angegriffen. Obwohl die

Franzosen erbittert kämpften, blieb ihnen ein Erfolg versagt. Sie waren längst zu schwach geworden, um den Gegner entscheidend zu treffen.

Paris wurde am 13. Juni 1940 praktisch aufgegeben. Es gab keine Kämpfe in der Stadt, und am 14. Juni zogen die Deutschen in die französische Hauptstadt ein – ein Ereignis, das die Soldaten mit einigem Stolz und ungeheurer Genugtuung erfüllte.

Der Kampf aber ging dort weiter, wohin die deutschen Panzer rollten: in den Rücken der noch immer intakten Maginot-Linie und die den Franzosen noch verbliebenen Industriegebiete. Wie schnell der französische Widerstand jetzt jedoch bereits zusammenbrach, zeigte sich am deutschen Vormarschtempo: Schon am 19. Juni 1940 nahm Rommels 7. Panzerdivision Cherbourg ein. Die noch kampfkräftig gebliebenen Reste der britischen 1. Panzerdivision konnten gerade noch rechtzeitig entkommen.

Am 16. Juni 1940 erreichte Guderian die Schweizer Grenze: Was an Franzosen zwischen den deutschen Rheinbefestigungen und den deutschen Panzern stand, war damit in einem riesigen Kessel gefangen.

Am 10. Juni 1940 traten die Italiener auf deutscher Seite in den Krieg ein, erzielten jedoch gegen die bereits stark geschwächten Franzosen keine nennenswerten Erfolge. Am 20. Juni schließlich fiel die Hafenstadt Lyon in die Hände der Deutschen. Bereits am 17. Juni 1940 entschloß sich der greise Marschall Pétain, der Held des Ersten Weltkriegs, den die Franzosen an die Spitze der Regierung berufen hatten, zur Einstellung des sinnlos gewordenen Kampfes. Auch der französische Nationalheld hatte die Situation nicht mehr meistern können: Die Franzosen verfügten nicht mehr über die Mittel zur Fortsetzung des organisierten Widerstandes. Daß der Kampf dennoch weiterging, war eine andere Sache: Nicht nur im Mutterland selbst waren viele zur Fortsetzung des Krieges entschlossen, sondern auch in den französischen Überseebesitzungen, die ja nicht gelitten hatten. Die Deutschen aber waren Herren der Lage: Mit ihrer revolutionären Taktik und ihrer modernen und überlegenen Ausrüstung hatten sie der Widerstandskraft des Gegners das Rückgrat gebrochen. Nicht nur die Panzer- und motorisierten Divisionen bewegten sich nun – unterstützt durch die zu diesem Zeitpunkt fast allmächtige Luftwaffe – im Feindesland praktisch nach Belieben, sondern auch die marschierende deutsche Infanterie. Das 38. Infanteriekorps von General Manstein beispielsweise legte die etwa 500 Marschkilometer zwischen Somme und Loire in nur dreizehn Tagen kämpfend zurück. Nur viermal wurden die deutschen Infanteristen in dieser Zeit in größere Gefechte verwickelt: Die Franzosen waren durch die längst an den Flanken der vormarschierenden Infanterie vorbeigebrausten Panzer so erschüttert, daß sie die Kraft zu wirklich entschlossenem Widerstand nicht mehr aufbrachten.

Nach der Unterzeichnung des Waffenstillstands am 22. Juni 1940 – die Deutschen hatten sich hierzu den in Compiègne aufbewahrten historischen Eisenbahnwaggon ausgesucht, in dem die Vertreter des kaiserlichen Deutschland im Jahre 1918 vor den Franzosen hatten kapitulieren müssen – schwiegen ab 25. Juni die Waffen im Westen endgültig. Frankreich war besiegt!

Die ganze Welt stand völlig überrascht vor diesem unglaublich schnellen Zusammenbruch einer europäischen Militärmacht erster Ordnung. Für die Deutschen war es ein leichter Sieg gewesen: Die Wehrmacht hatte insgesamt etwas mehr als 56 000 Mann verloren. Und das Bemerkenswerte daran war, daß die Verluste bei der Panzerwaffe keineswegs überproportional hoch waren, obwohl sie pausenlos im Einsatz gewesen war.

Am deutschen Panzermaterial allerdings hatten sich deutliche Mängel gezeigt: Die alten Panzer I und die Panzer II, das stellte sich immer deutlicher heraus, waren für den Fronteinsatz nicht mehr geeignet. Sie waren zu schwach gepanzert und unzureichend bewaffnet. Die Panzer III und IV hatten sich dagegen gut bewährt, wenngleich sich die starke Panzerung vieler französischer Kampfwagen und auch die der englischen „Matildas" gelegentlich als allzu widerstandsfähig erwiesen hatten. Dennoch war es klar, daß man für die weiteren noch zu erwartenden Auseinandersetzungen sowohl Bewaffnung als auch Panzerung der deutschen Kampfwagen würde verstärken müssen. Daneben wurde immer deutlicher, daß die Schützenregimenter der Panzerdivisionen dringend eigene gepanzerte und voll geländegängige Kampf- und Transportfahrzeuge brauchten, da sie in ihren verwundbaren Lastkraftwagen den Panzern im Gelände nicht folgen konnten und immer wieder empfindliche Verluste hinnehmen mußten.

Wer nach dem Polenfeldzug im stillen noch an der Bedeutung und Leistungsfähigkeit der Panzereinheiten gezweifelt hatte, war im Westfeldzug wohl endgültig eines Besseren belehrt worden. Panzer und Flugzeuge –

das waren die überlegenen Werkzeuge des „Blitzkriegs" – und Hitler sollte sie auch bald wieder einsetzen . . . Der Traum von der Unterwerfung des europäischen Kontinents rückte scheinbar immer weiter in den Bereich des Möglichen. Die Wehrmacht war stärker als je zuvor.

Der Balkanfeldzug

Noch lange nach dem Sommer 1940 wurde der Zusammenbruch Frankreichs allgemein auf die Annahme zurückgeführt, die Franzosen seien vor allem deswegen unterlegen, weil ihre militärische Führung unzureichend gewesen sei und weil die Deutschen weitaus mehr Panzer besessen hätten. Außerdem nahm man an, daß die französischen Panzer, die Panzerabwehr und auch die französische Luftwaffe der deutschen Wehrmacht auch qualitativ unterlegen gewesen seien. Solche Umstände hätten allerdings den schnellen deutschen Sieg im Westen zu erklären vermocht – aber sie trafen nur teilweise zu. Erst viel später stellte sich heraus, daß die britisch-französische Panzerwaffe der deutschen zahlenmäßig eindeutig überlegen gewesen war. Wie auch immer: Im Hochsommer 1940 stand einzig und allein Großbritannien den deutschen Armeen noch einigermaßen kampfbereit gegenüber. Wenn es Hitler gelang, die Wehrmacht auf die Insel überzusetzen, war auch das Schicksal der Engländer besiegelt. Daran konnte es kaum Zweifel geben.

Wenngleich man auch in vielen Staaten das revolutionäre deutsche Kriegskonzept noch nicht recht begriff, kannte man nun doch die Werkzeuge, mit denen es in die Wirklichkeit umgesetzt wurde: Flugzeuge, Panzer und

Pakgeschütze. Schon im Jahre 1940 beschloß man in England den Aufbau von zunächst zehn Panzerdivisionen. Das war ein ziemlich ehrgeiziges Ziel, wenn man bedachte, daß die erste – und bis dahin auch einzige – britische Panzerdivision gegen ihre Absicht ihr schweres Material fast vollständig in Frankreich hatte zurücklassen müssen.

Auch in der Sowjetunion begann man umzudenken: Man begriff, daß man Panzer nicht nur als Unterstützungswaffen für die Infanterie einsetzen konnte, und begann mit dem Aufbau von Panzer- und mechanisierten Divisionen nach deutschem Vorbild.

Die USA schließlich, wo es um diese Zeit praktisch überhaupt keine geschlossenen Panzerverbände gab, begannen ebenfalls, aus dem europäischen Krieg zu lernen: Aus der Kavallerie heraus wurde mit dem Aufbau einer modernen Panzerwaffe begonnen. Was den Amerikanern an praktischer Erfahrung und militärischer Begabung fehlte, konnten sie in gewisser Weise durch ihre riesenhafte Industriekapazität ausgleichen. Als die amerikanische Rüstungsproduktion nach dem Kriegseintritt der USA allmählich voll anlief, wurden in Nordamerika Produktionsziffern erzielt, denen die Deutschen nichts Vergleichbares entgegenzusetzen hatten.

In Deutschland selbst wußte man am besten über die entscheidende Rolle der Panzerwaffe im Westfeldzug Bescheid. Hitler verlangte eine Verdoppelung der Panzerdivisionen. Das war ein verständlicher und logischer Befehl – aber wie sollte man ihn in die Wirklichkeit umsetzen? Es fehlte an den geeigneten Mitteln. Also behalf man sich zunächst, indem man die bestehenden Panzerdivisionen einfach halbierte. Die auf diese Weise neu entstehenden Panzerdivisionen benötigten allerdings sehr viel zusätzliches Material und vor allem Fahrzeuge. Da aber gleichzeitig auch der Bestand an motorisierten Infanteriedivisionen vergrößert werden sollte, kam die Rüstungswirtschaft in Schwierigkeiten. Wem immer man das Material zuteilte – ein anderer kam auf diese Weise immer zu kurz und beschwerte sich dort, wo er sich durchzusetzen hoffen konnte.

Man versuchte, die Situation zu entschärfen, indem man das im Westen erbeutete englisch-französische Material den deutschen motorisierten Einheiten zuteilte. Das mochte bei Personen- und Lastfahrzeugen noch einigermaßen angehen, obwohl die dadurch bald entstehende Typenvielfalt die Arbeit der Instandsetzungseinheiten recht bald erschwerte. Die Ausrüstung von deutschen Einheiten mit Beutepanzern hatte aber noch ungünstigere Folgen. Es gab zuwenig Ersatzteile, die fremden Waffenkaliber stimmten mit den deutschen nicht überein, und außerdem gab es taktische Probleme, weil die französischen Panzertypen aufgrund ihrer verhältnismäßig geringen Tankkapazität wesentlich beschränktere Reichweiten als die deutschen Kampffahrzeuge besaßen.

Im Jahre 1940 wurden im Deutschen Reich insgesamt etwas mehr als 1000 neue Panzer produziert. Dazu kamen noch jene Panzerjäger und Artillerieselbstfahrlafetten, die man auf veraltete Panzer-I- und Skoda-38-(t)-Chassis aufsetzte und der Truppe neu zuführte. Neu eingeführt wurden auch die sogenannten Sturmgeschütze. Dabei handelte es sich um gepanzerte Vollkettenfahrzeuge, die als Hauptbewaffnung ein Geschütz – meist vom Kaliber 7,5 cm – führten und hauptsächlich für die Infanterieunterstützung vorgesehen waren. Zum Unterschied vom eigentlichen Kampfpanzer war im Sturmgeschütz die Kanone nicht in einem vollbeweglichen Drehturm gelagert, sondern direkt in die Vorderfront des Fahrzeugs mit nur geringem Seitenrichtfeld eingebaut. Dadurch konnte der Aufzug des Fahrzeugs niedergehalten und gleichzeitig die Produktion vereinfacht und verbilligt werden. Die Sturmgeschütze gehörten organisatorisch nicht zur Panzerwaffe, sondern zur Artillerie und entstanden auf Wunsch der Infanterie nach einer gepanzerten schweren Unterstützungswaffe.

Aufgrund der in Frankreich gemachten Erfahrungen begann man nun auch den Panzer III mit einer kurzen 5-cm-KwK auszustatten, da sich die 3,7-cm-Kanone doch als zu schwach erwiesen hatte. Sowohl am Panzer III als auch am Panzer IV wurde außerdem die Panzerung verstärkt: Die schweren englischen Infanteriekampfpanzer hatten 1940 den Deutschen gezeigt, wie wichtig starker Panzerschutz im Einsatz sein konnte.

Bis zum Jahre 1942 kam es aber bei den deutschen Frontverbänden nicht zur Einführung eines völlig neuen Panzertyps, obwohl man bereits in den Jahren 1937 und 1939 mit Projektstudien für einen neuen mittleren und einen schweren Kampfpanzer begonnen hatte. Erst die bitteren Erfahrungen an der Ostfront zwangen hier die Deutschen zu radikal neuen Lösungen. Man erkannte allerdings bereits nach dem Frankreich-Feldzug die Bedeutung des Schützenpanzers als gepanzertes Trans-

Der Panzerkampfwagen PzKw 38 (t)

Auch im Westfeldzug wirkten Panzer und Infanteristen im Gefecht eng zusammen

Deutsche Panzer II beim Durchfurten eines griechischen Flusses

Sein Erscheinen traf die Deutschen unerwartet: Schwerer russischer Kampfpanzer KW-1

Erbeuteter britischer „Matilda“-Panzer

Panzer und Stukas arbeiteten auch im Wüstenkrieg eng zusammen

Panzerkampfwagen IV F2 (Sd Kfz 161)

Auf dem Vormarsch nach Ägypten

port- und Kampffahrzeug für die Infanterie- (Schützen-, später Panzergrenadier-) Verbände der Panzerdivisionen. Nur wenn die Schützen über ein gepanzertes und voll geländegängiges Kampffahrzeug verfügten, konnten sie ihre Aufgaben im Rahmen der Panzerdivisionen erfüllen; die Motorisierung mit Lkw hatte sich dagegen als völlig unzureichend erwiesen.

Die Nachschub- und Troßverbände der „schnellen Truppen" blieben allerdings auch weiterhin ausschließlich auf Räderfahrzeuge angewiesen – hier etwas zu ändern, überstieg die Produktionskapazitäten der deutschen Rüstungsindustrie.

Völlig unbemerkt von der deutschen Öffentlichkeit ging bis zum Spätherbst 1940 die Luftschlacht um England verloren. Der deutschen Luftwaffe war die für eine Invasion unbedingt notwendige Erringung der Luftherrschaft zumindest über Südengland nicht gelungen. Hitler mußte das „Unternehmen Seelöwe" verschieben, „auf unbestimmte Zeit" zunächst... Ob Hitler wirklich jemals eine Invasion Englands gewollt hat, bleibt fraglich. Man wird wohl eher annehmen dürfen, daß er mit den Briten einen für das Deutsche Reich günstigen Frieden schließen wollte. Nicht aus bloßer Friedensliebe allerdings, sondern um den Rücken frei zu haben für einen ganz anderen Krieg: für das „Unternehmen Barbarossa", den Feldzug gegen die Sowjetunion.

In der „Weisung Nr. 21: Fall Barbarossa" vom 18. Dezember 1940 hatte sich der Führer endgültig zum Kampf gegen Rußland entschieden. Und schon im Winter 1940/41 begann sich die Wehrmacht für die bevorstehende große militärische Auseinandersetzung im Osten vorzubereiten. Mittlerweile bemühte man sich sowohl diplomatisch als auch militärisch um eine Sicherung der südosteuropäischen Länder, einerseits um sie dem möglichen englischen Einfluß zu entziehen und andererseits – als Nahziel –, weil man sie als Aufmarschgebiete für „Barbarossa" benötigte.

Bereits 1940 traten allerdings Ereignisse ein, die nicht in Hitlers politisch-militärisches Konzept paßten. Mussolini, der italienische Achsenpartner Hitlers, verfolgte eigene und sehr ehrgeizige Ziele. Nach der nun sehr unbedeutenden Beteiligung der Italiener am Frankreich-Feldzug griffen sie – zahlenmäßig weit überlegen – im September 1940 in Afrika die Engländer an. Mussolini wollte nach Alexandrien und an den Suezkanal. Und im November 1940 begann von Albanien aus eine italienische Offensive gegen Griechenland.

Beide Unternehmen erwiesen sich sehr bald als katastrophale militärische Fehlschläge: In Ägypten gingen die Engländer unter General Wavell zur Gegenoffensive über und trieben die Italiener bis Anfang 1941 weit nach Libyen zurück. Und auch in Griechenland befanden sich die Italiener nach einigen unbedeutenden Anfangserfolgen schon sehr bald hoffnungslos in der Defensive. Im Gegensatz zu den Rückschlägen in Griechenland machte die italienische Niederlage in Nordafrika auch Hitler ernste Sorgen. Wenn die Engländer die Italiener vollständig aus Libyen verdrängten, konnte das ernste militärische und politische Folgen für den Achsenpartner und indirekt auch für Deutschland haben. Widerwillig – weil es ihn Kräfte kostete, die für Rußland bestimmt waren – stimmte Hitler der Schaffung eines deutschen Sperrverbandes für Afrika zu, dessen Stärke sich allerdings – mit dem zunehmenden Ausmaß der italienischen Niederlage – allmählich steigern mußte. Die deutschen Kräfte in Nordafrika, aus denen dann allmählich das berühmte Deutsche Afrikakorps wurde, sollte ein General führen, der sich bereits im Westfeldzug als ausgezeichneter und mutiger Panzerführer einen Namen gemacht hatte. Sein Name war Erwin Rommel.

Man entschied sich schließlich für die Entsendung von zwei Divisionen nach Nordafrika. Zunächst wurde die 5. Leichte Division verschifft. Ihre ersten Einheiten landeten am 14. Februar 1941 im Hafen von Tripolis. Die 5. Leichte Division war eines der typischen Ergebnisse der nach dem Ende des Westfeldzugs durchgeführten Divisionseinteilungen: Anstelle von zwei Panzerregimentern – wie bei den früheren Panzerdivisionen vor der Neuorganisation – besaß die 5. Leichte nur ein aus zwei Bataillonen bestehendes Panzerregiment. Jedes Bataillon besaß etwa 90 Panzer. Das war wenig. Vor der Neuorganisation hatte jedes der beiden Panzerregimenter einer Panzerdivision aus je drei Bataillonen bestanden.

Die ebenfalls für Afrika bestimmte Panzerdivision sollte ursprünglich drei Bataillone in ihrem Regiment haben, ging aber schließlich mit nur zwei Bataillonen in den neuen Kampfraum. Für Afrika gab es damals – wie auch später fast immer – keine Priorität.

Am 24. Februar 1941 kam es in Nordafrika zu den ersten Kämpfen zwischen Engländern und Deutschen. Das war der Beginn einer über zwei Jahre andauernden militärischen Auseinandersetzung, die den Deutschen große Triumphe, am Ende aber eine bittere Niederlage bringen sollte.

Noch aber war es nicht soweit: Die Deutschen waren vorsichtig. Man mußte sich erst allmählich an die neuen Bedingungen gewöhnen, die für die wüstenerprobten Engländer längst Selbstverständlichkeit waren. Die Wüste bot wenig Deckung und keine Unterkunftsmöglichkeiten, die Nächte waren bitterkalt, die Tage bald glühendheiß. Jeder Tropfen Wasser, den die Soldaten tranken, und jeder Liter Treibstoff für die Fahrzeuge mußte von langen Nachschubkolonnen mühsam an die Front gebracht werden. Und der Wüstensand zerfraß Waffen und Ausrüstung: Ein Panzermotor hatte in Afrika nur etwa die halbe Lebensdauer wie in Europa.

Die Eigenarten des afrikanischen Kampfraumes bestimmten nicht nur die Lebensgewohnheiten, sondern auch die militärische Taktik. Das wenig Deckung bietende Gelände erlaubte keine unbemerkte Annäherung. Die Panzergefechte wurden daher oft schon auf sehr weite Entfernung eröffnet. In solchen Fällen kommt es selbstverständlich besonders auf die Zielgenauigkeit des Feuers an, und hier mußten die Deutschen noch vieles lernen: Die vom Boden aufsteigende flimmernde Hitze ließ die Panzerschützen die Entfernungen oft falsch schätzen. Im endlos weiten, fast weglosen Gelände wurde die Sicherung des Nachschubs wichtiger als je zuvor.

Aber die Deutschen wurden in überraschend kurzer Zeit mit allen Problemen fertig: Gegen die Erwartungen der Engländer und auch gegen die Absichten der eigenen Führung wurden sie bei Mersa el Brega offensiv. Das war bereits am 31. März 1941. Innerhalb von 24 Stunden waren die Briten in ihren Stellungen zwischen der Mittelmeerküste und einigen Salzsümpfen im Süden überrannt. Die Deutschen erbeuteten Panzer und Lastkraftwagen und fuhren weiter.

Rommel trieb seine Männer zur Eile an. Der Gegner war überrascht, geschlagen und auf dem Rückzug. Rommel teilte seine nicht gerade sehr starke Streitmacht in drei Kräftegruppen auf und verfolgte die Briten teils direkt an der Küste entlang und teilweise flankierend weiter im Süden. Das war nicht ohne Risiko, da die begleitende Infanterie sehr leicht den Anschluß verlieren konnte. Im Gegensatz zum Westfeldzug konnte sich die Infanterie aber im losen Wüstensand auch nicht entsprechend eingraben, falls es notwendig wurde. In der Bewegung mußte die Infanterie immer möglichst knapp bei den Panzern oder in der Nähe von Panzerabwehrgeschützen bleiben, damit sie auftretenden Feindpanzern nicht völlig schutzlos preisgegeben war.

Die Briten zeigten sich Rommels Geschick gleich von Anfang an unterlegen: Sie waren der aus Bluff und Entschlossenheit eigenartig gemischten Taktik des Mannes aus Schwaben, der die Wüste noch nie zuvor gesehen hatte, einfach nicht gewachsen. Dazu kam als Nachteil für die Engländer, daß ihre Panzer und Ausrüstungen durch den schnellen Verfolgungskrieg gegen die Italiener stark verschlissen waren. Viele erfahrene Kommandanten und auch Fronttruppen waren nach Abschluß der Offensivkämpfe gegen die Italiener auch bereits wieder abgezogen worden, um anderweitig verwendet zu werden.

Innerhalb von nur wenigen Tagen fanden sich die meisten britischen Truppen im Raum zwischen Bengasi und Mechilli ausflankiert und umgangen. Was nicht in Gefangenschaft ging, zog sich entweder in die befestigte Hafenstadt Tobruk zurück, von wo man erst wenige Monate zuvor die Italiener vetrieben hatte, oder bis zum Halfayapaß an der ägyptischen Grenze. Rommel hatte dem Gegner und der beinahe ebenso verblüfften eigenen Führung gezeigt, wie man modernen Bewegungskrieg machte. Fahrend, schießend, nicht um ungedeckte Flanken besorgt – so lange, bis der erschöpfte Feind die Übersicht verlor, Fehler beging und am Ende zusammenbrach.

Aber nicht überall bewährte sich das Rezept des deutschen Generals: Bei Tobruk brachte es gegen die entschlossenen britischen und australischen Verteidiger keinen Erfolg. Hier kam die 5. Leichte nicht durch – der Siegeslauf hatte sein Ende gefunden. Der erste deutsche Angriffsversuch gegen Tobruk am 11. April 1941 schlug ebenso fehl wie alle folgenden. Auch am 2. Mai, als schon die ersten Teile der 15. Panzerdivision eingetroffen waren, kamen die Deutschen nicht zum Erfolg.

In der Zwischenzeit aber hatte sich jenseits des Mittelmeers in Europa die politische und militärische Situation nicht unwesentlich verändert. Nach der Einbeziehung Ungarns und Rumäniens in den deutschen Machtbereich und dem kampflosen Einmarsch deutscher Truppen in Bulgarien (ab 2. März 1941) versuchten sich die Jugoslawen nach einem am 27. März 1941 in Belgrad stattgefundenen Militärputsch dem deutschen Einfluß zu entziehen. Das brachte Hitlers Planungen völlig durcheinander. Der Balkan war, das wußten die Deutschen, höchst sensibel. Neben der Sicherung des Aufmarschraumes für „Barbarossa" ging es der deutschen Führung besonders darum, die Engländer vom Balkan fernzuhalten. Wenn Jugoslawien aus dem deutschen Einflußbereich herausfiel, hatten es auch die Griechen, die ja um diese Zeit erfolgreich bereits auf albanischem Boden gegen die Italiener kämpften, wesentlich leichter, weil sie in einem solchen Fall keine starken Kräfte an der griechisch-jugoslawischen Grenze zu halten brauchten. Die Griechen selbst hatten bereits im Januar 1941 Angebote zur Entsendung von britischen Hilfstruppen aus Sorge über eine mögliche deutsche Intervention abgelehnt, aber bereits Ende Februar 1941 hatten die Anfang des Monats wieder aufgenommenen britisch-griechischen Verhandlungen zu anderen Ergebnissen geführt: Die Griechen waren zu dem Schluß gekommen, daß die Deutschen ihren bedrängten italienischen Verbündeten wohl schließlich doch aus der Patsche helfen würden, und stimmten daher der Entsendung britischer Truppen nach Griechenland zu. Vier britische Divisionen wurden für die Griechenland-Expedition vorbereitet. Drei davon befanden sich Ende März 1941 bereits im Land und wurden an die Grenze mit Bulgarien und Jugoslawien verlegt. Die Planungen wurden von einem gemeinsamen griechisch-britischen Oberkommando geführt.

Die Landung der Engländer in Griechenland und der Militärputsch in Jugoslawien veranlaßten die Deutschen schließlich zum militärischen Eingreifen. Am 6. April 1941 begann der Balkanfeldzug. Es gab keine Zeit mehr zu verlieren: Die Südflanke für „Barbarossa“ war zu sichern, die rumänischen Ölfelder durften nicht unter englischen Einfluß gelangen, gleichzeitig mußte man die Briten vom Südosten des Kontinents, wo sie in Griechenland wieder überraschend Fuß gefaßt hatten, schnellstens entfernen.

Gleich zu Beginn des Feldzugs demonstrierten die Deutschen mit einem massiven Luftangriff auf Belgrad ihre Macht und Überlegenheit. Die Jugoslawen waren von vornherein den Angreifern hoffnungslos unterlegen: Mit Ausnahme von Griechenland grenzte Jugoslawien ausschließlich an von Achsenmächten beherrschte Staaten. Die jugoslawische Wehrmacht selbst war nicht nur schwach ausgerüstet, sondern auch durch den jahrhundertealten nationalen Konflikt zwischen Kroaten und Serben stark im Nachteil. Nur das gebirgige Gelände bot den Verteidigern einige Chancen: Man rechnete damit, daß die Deutschen in diesem Gebiet nur Infanterie und Gebirgsjäger einsetzen konnten. Tatsächlich aber kam es anders. Die deutsche 9. Panzerdivision trat am 6. April 1941 in Richtung Skoplje an, die 5. und die 11. Panzerdivision griff am 8. April nach Niš an, und die 8. und die 14. Panzerdivision rollten in Richtung Zagreb und Belgrad.

Der deutsche militärisch-technische Aufwand für den Krieg gegen Jugoslawien war also überraschend hoch – aber Hitler war im Zeitdruck, und der Gegner mußte daher möglichst rasch niedergeworfen werden. Die Rechnung ging für die Deutschen auf: Die jugoslawische Armee leistete nur geringen Widerstand. Die kroatischen Truppen gingen fast immer bei der ersten sich bietenden Gelegenheit zu den Angreifern über, und selbst die günstigsten natürlichen Verteidigungspositionen – schwer erreichbare Berggipfel oder winklige Täler – wurden von den Jugoslawen kaum zur Verteidigung genutzt. Die deutschen Panzerdivisionen hefteten neue – diesmal sehr leicht gewonnene – Siege an ihre Fahnen und erwarben neue Fronterfahrungen, die ihnen in Zukunft noch sehr nützlich sein sollten. Das Material und die Fahrzeuge aber wurden auf den schlechten Straßen und im steinigen und bergigen Gelände stark beansprucht; dies führte zu vielen Ausfällen.

Am 17. April 1941 kapitulierte die jugoslawische Armee. Nach der Zerschlagung Jugoslawiens traten die Deutschen unverzüglich gegen Griechenland an. Der griechische Widerstand vor Saloniki brach vor den von Osten her aus Richtung Skoplje in Jugoslawien angreifenden deutschen Verbänden bald zusammen und erlaubte den Angreifern den direkten Vorstoß durch Nordgriechenland. Damit standen die Deutschen im Rücken der in Albanien gegen die Italiener kämpfenden griechischen Armee. Am 16. April brach die gesamte griechische Nordfront zusammen, und am 20. April kapitulierte die griechische Epirus-Armee vor der deutschen Leibstandarte SS Adolf Hitler, die bis zum Metzovon-Paß vorgestoßen war und den Griechen den Rückzug abgeschnitten hatte. Die Briten versuchten, die Front am Aliakmon-Fluß zu halten. Das entsprach den ursprünglich getroffenen Vereinbarungen: Man hatte beschlossen, daß die schlecht motorisierten, aber berggewohnten Griechen die zentrale griechische Gebirgsregion verteidigen sollten, während sich die Engländer mit ihren mechanisierten Kräften auf die flachen Küstengebiete konzentrierten. Da die Griechen den Deutschen aber nicht standhielten, blieb auch den Engländern bald nur noch der rasche Rückzug nach dem Süden, dem rettenden Meer entgegen.

Man kämpfte auf historischem Boden: am Olymp und an den Thermopylen. Ob viele der deutschen, griechischen und englischen Soldaten dieser Tatsache gedachten, ist nicht überliefert. Den Engländern blieb jedenfalls bald nicht mehr viel Zeit dazu: Sie befanden sich auf dem Rückzug, der nur noch mit Mühe eine gewisse Planmäßigkeit behielt. Die Deutschen, die den Briten auf dem Fuß folgten, hatten es bereits sehr eilig: Daß es bald nach Rußland gehen sollte, wußte zwar niemand, aber daß die Führung offenbar keine Zeit zu verlieren hatte, merkten die Soldaten an ihren Befehlen.

Die deutsche 2. Panzerdivision, die mit ihren Fahrzeugen in panzerhemmendem Gelände in der Nähe des Olymp nicht weiterkam, ließ ihre Kradschützen abgesessen angreifen und hob die englische Verteidigung an der Küste von hinten aus den Angeln. Dieser Angriff traf die Briten völlig überraschend und führte zum gewünschten Erfolg. Der britische Rückzug ging ohne Unterbrechung weiter; so mußten sie auch Gelände aufgeben, das eigentlich zur Verteidigung gut geeignet gewesen wäre. An den Thermopylen bauten die Engländer eine mit Feldartillerie und Pakgeschützen ausreichend versehene Front auf und fügten den angreifenden Deutschen spürbare Verluste zu. 19 deutsche Panzer, mehr als eine Kompanie, fuhren sich in schlechtgängigem Gelände fest und wurden nacheinander von der britischen Panzerabwehr abgeschossen. Am Ausgang des Feldzugs konnten solche Einzelerfolge der Engländer allerdings nichts mehr ändern. Als die britischen Thermopylen-Stellungen schließlich von Gebirgsjägern angegriffen wurden, blieb auch hier nur noch der Rückzug: Am 24. April 1941 war die Thermopylen-Stellung durchbrochen, und gleichzeitig lief die englische „Operation Demon" zur Rückführung der britischen Verbände aus Griechenland auf dem Seeweg an. Am 27. April rückte die deutsche Wehrmacht in Athen ein, und schon am 30. April 1941 war die Besetzung des gesamten griechischen Festlandes abgeschlossen.

Wieder einmal hatten die Panzerdivisionen selbst in einem für sie recht ungeeigneten Gelände bewiesen, daß sie anscheinend mit allen Hindernissen und mit jedem Gegner fertigwerden konnten. Die deutsche Propaganda begann einen Mythos der Unbesiegbarkeit aufzubauen. Das war verständlich und zweckmäßig – aber allmählich begannen zu viele Menschen in Deutschland an diesen Mythos zu glauben. Hitler selbst, der ja nie eine höhere militärische Ausbildung genossen hatte, begann seine eigenen Kräfte zu überschätzen. Daß der Gegner auf dem Balkan eindeutig unterlegen gewesen war und vor allem nicht über moderne Panzer verfügt hatte, störte ihn nicht. Nur ein Beispiel: Von den 52 Wagen eines kompletten Panzerregiments hatten die Briten in kurzer Zeit alle verloren – einen hatten die Deutschen abgeschossen, und die restlichen 51 blieben während des Rückzugs mit technischen Gebrechen liegen.

Die Schlacht auf dem Balkan war für die Deutschen erfolgreich geschlagen, und die Panzerverbände wurden –

teilweise noch unter Verlusten während des Seetransportes – ins Reich zurückgeführt. Der Südosten Europas war für „Barbarossa“ gesichert. Aber die Zeit war knapp geworden, und die Panzer mußten für den bevorstehenden Rußlandfeldzug möglichst schnell wieder überholt und instand gesetzt werden.

Von allen deutschen Generalen hatte damals Rommel die meisten Erfahrungen im Kampf gegen englische Panzer gesammelt. Während des Frankreichfeldzugs waren sie seiner Division beinahe zum Verhängnis geworden. Ein Jahr später, bei Bengasi, nahm Rommel im April 1941 für seine damaligen Verluste an den Briten bittere Rache. Bei Tobruk waren die Deutschen nicht durchgekommen, aber am Halfaya-Paß standen sie an der ägyptischen Grenze und beabsichtigten, diese Position auch zu halten. Sie bauten den Paß zur Verteidigung aus und brachten 8,8-cm-Flakgeschütze in Stellung. Damals wußte man bereits, wie ausgezeichnet sich die 8,8 auch zum Einsatz gegen Bodenziele eignete. Das war im Juni 1941.

An ein weiteres offensives Vorgehen war um diese Zeit nicht zu denken, weil nach dem Eintreffen der deutschen 15. Panzerdivision der Nachschub in Nordafrika zeitweise überaus problematisch wurde und die Briten sich offenbar zu einer größeren Offensive entschlossen hatten.

Bisher hatten die deutschen Panzer meist nur in der Offensive gekämpft – jetzt in Afrika mußten sie sich erstmals auf Defensivaktionen vorbereiten. Rommel entwickelte auch hier seinen eigenen Stil: Während er eine Reihe von Defensivpositionen aufbaute und sie mit durch Panzerabwehrgeschütze verstärkte Infanterieeinheiten besetzte, hielt er seine Panzerverbände geschlossen hinter der Front in Reserve. Es kam darauf an, welche Ziele die Briten mit ihrer bevorstehenden Offensive zu erreichen suchten – Rommel jedenfalls rechnete mit einem Angriff in Richtung Tobruk.

Am 15. Juni 1941 wurden die Briten schließlich offensiv. Das Unternehmen „Battleaxe" lief an: Die Briten griffen die Deutschen am Halfaya-Paß direkt an und versuchten gleichzeitig weiter im Süden, den Gegner durch einen schnellen Panzervorstoß in der Flanke zu werfen. Der englische Angriff am Halfaya-Paß brach bald zusammen: Die gut gedeckten 8,8 schossen die angreifenden Britenpanzer zusammen. Im Süden dagegen kämpften sich die Briten zäh durch die deutsche Panzerabwehr, und erst als sie ihre Angriffskraft schon ziemlich verbraucht hatten, ließ Rommel seine eigenen Panzer angreifen. Die sich nun entwickelnden Gefechte Panzer gegen Panzer waren mit einer Seeschlacht vergleichbar: Plötzlich begegneten einander im endlosen Sandmeer der Wüste feindliche Panzerverbände, beschossen einander, ließen brennende Wracks zurück und verloren sich wieder. In solchen Gefechten den Überblick zu behalten, war nicht einfach. Beide Seiten mußten Verluste hinnehmen, aber am Ende blieb den erschöpften Engländern nichts anderes übrig, als sich wieder auf ihre Ausgangsstellungen zurückzuziehen.

Obwohl die Briten während der Offensive ihre neuen und schnellen „Crusader"-Panzer eingesetzt hatten, waren sie nicht zum Erfolg gekommen. Aber auch für die Deutschen war die Situation letzten Endes unbefriedigend: Ihre Panzer waren dem Gegner nicht überlegen. Wo deutsche und englische mittlere Kampfpanzer aufeinandertrafen, standen die Chancen gleich. Jeder konnte den anderen auf die gleiche Entfernung abschießen – es kam nur auf die Zielgenauigkeit der Ladekanoniere an. Einen großen Trumpf hatten die Deutschen allerdings in Gestalt der 8,8-cm-Flak. Ihre Granaten durchschlugen auch auf weiteste Distanz die stärkste Feindpanzerung. Wenn die 8,8 gut eingegraben in Stellung gebracht waren, hatten die Engländer nicht viele Chancen: Die Britenpanzer waren damals nicht mit Sprenggranaten ausgerüstet, die den deutschen Geschützbedienungen hätten gefährlich werden können, und die Zusammenarbeit zwischen englischen Panzern und der Artillerie, die die deutschen Stellungen mit ihrem Feuer hätten niederhalten können, funktionierte ebenfalls meist nur recht mangelhaft.

Auch die schwergepanzerten „Matildas" hatten gegen die 8,8 kaum echte Überlebenschancen. Den deutschen Panzern dagegen waren die „Matildas" mit ihrer schweren Panzerung eindeutig überlegen. Zwar ließ sich einiges durch die überlegene Panzertaktik ausgleichen, aber die Situation blieb unbefriedigend: Wenn die Deutschen ihre Granaten wirkungslos von den heranrollenden Britenpanzern abprallen sahen oder der Gegner im Rauch und Staub der explodierenden Granaten weiter auf sie zufuhr, mußten sie ihre Nervenkraft zusammennehmen, um derart einseitige Gefechte durchzustehen. Die deutschen Panzer brauchten bessere und stärkere Geschütze, mit denen sie den Gegner abschießen konnten, bevor er sie selber tödlich traf.

Der Rußlandfeldzug

Ein deutscher Panzeroffizier hat einmal den Sommer 1940 als den „glücklichsten des ganzen Krieges" bezeichnet. Frankreich war geschlagen und England allem Anschein nach dem Zusammenbruch nahe. Der Sieg der deutschen Waffen schien sicher. Auf dem europäischen Festland blieb nur noch Rußland als potentieller Gegner. Aber mit Rußland hatte das Dritte Reich einen Nichtangriffspakt abgeschlossen und sich anschließend die polnische Beute geteilt. Trotzdem: Rußland – das war die große Unbekannte in der Gleichung des Krieges. Man wußte nichts Genaues über die sowjetische Militärmacht, außer, daß sie dem Vernehmen nach ungeheuer stark war und über große Panzermassen verfügte. Dennoch entschloß sich Hitler schon im Sommer 1940 zum Angriff auf die Sowjetunion und legte in der „Weisung Nr. 21: Fall Barbarossa" im Dezember 1940 seine Absichten für den bevorstehenden Ostfeldzug eindeutig fest.

Wer Hitlers Buch „Mein Kampf" gelesen hatte, konnte davon nicht überrascht sein: Im „Lebensraum" im Osten sah der Führer die Zukunft des deutschen Volkes. Und im Jahre 1933 war er mit einem eindeutig antikommunistischen Programm an die Macht gelangt. Wen durfte es also wundern, wenn sich Hitler eines Tages offen gegen das Herz des Weltkommunismus wendete – gegen die UdSSR selbst? Hitler selbst sah das Jahr 1941 als günstigen Angriffszeitpunkt an: Frankreich war besiegt, die Briten – wenn auch nicht geschlagen – vom Kontinent vertrieben. Die Wehrmacht war stark wie nie zuvor. Und Sowjetrußland selbst, so glaubte Hitler, sei ein längst „verrottetes Gebäude“, das man mit einem einzigen entschlossenen Tritt zum Einsturz bringen könne. Man wußte, daß die Kraft der Roten Armee durch blutige Säuberungen in der höheren militärischen Führung stark geschwächt war, und glaubte auch aus diesem Grund nicht an einen entscheidenden Widerstand der Russen. „Wenn Barbarossa steigt, hält die Welt den Atem an und verhält sich still“, hatte Hitler gesagt – ob das stimmte, blieb abzuwarten.

Zahlenmäßig war die Rote Armee den Deutschen in jeder Beziehung überlegen. Die Russen verfügten über etwa 20 000 Panzer; über 1000 davon waren moderne T-34, die sich durch ausgezeichnete Formgebung und starke Bewaffnung auszeichneten. Die KW-1 waren noch schwerer – wahre Giganten, denen die deutsche Panzertruppe nichts Vergleichbares entgegenzusetzen hatte. Die Mehrzahl der russischen Panzer aber verfügte nicht – wie der T-34 und der KW-1 – über die ausgezeichnete 7,62-cm-Kanone als Hauptbewaffnung, sondern nur über kleinkalibrige Geschütze. Überdies waren viele russische Kampfwagen längst veraltet. Viele Fahrzeugtypen gingen auf britische Vickers-Vorbilder zurück, andere – wie die BT-Serie (BT 2, 3, 5 und 7) praktisch die Vorläufer des späteren T-34 – orientierten sich an Entwürfen des amerikanischen Konstrukteurs

Walter Christie (Christie-Laufwerk). Außerdem besaßen die Russen – wie auch die meisten anderen panzerbauenden Staaten der Welt – einige Serien von schweren, mit mehreren Panzertürmen ausgerüsteten Fahrzeugen (T-28, T-35), die zwar ungemein kampfstark wirkten, sich im Fronteinsatz jedoch nicht bewährten.

Die russischen Kampfwagen-Kanonen hatten verschiedene Kaliber, 3,7 cm, 4,5 cm oder 7,6 cm. Knapp vor Beginn des deutschen Angriffs waren etwa 60 Prozent der älteren russischen Kampfwagen nicht einsatzbereit. Das war teilweise auf die mechanische Unzuverlässigkeit der Fahrzeuge und zum anderen auf die mangelhaften technischen Dienste und die unvollkommene Ausbildung der Panzerbesatzungen zurückzuführen. Wesentlich besser und zuverlässiger als die alten Fahrzeuge waren die neu zur Truppe kommenden T-34 und KW-1, mit denen die Russen nun übereilt Panzer- und mechanisierte Verbände nach deutschem Vorbild aufzubauen versuchten.

Auf deutscher Seite war die Anzahl der Panzerdivisionen bereits vor Beginn des Ostfeldzugs auf Hitlers Wunsch verdoppelt worden. Tatsächlich verfügte die Wehrmacht im Juni 1941 vor dem Beginn des Rußlandkrieges über etwa 3580 Panzerkampfwagen – das waren nicht viel mehr, als im Frankreichfeldzug zur Verfügung gestanden hatten. Dennoch hatte sich die Ausstattung der Panzerverbände geändert: Die längst veralteten Panzer I wurden immer mehr als Chassis für Selbstfahrlafetten verwendet, und der Anteil der ausgezeichneten mittleren Kampfpanzer III und IV am Gesamtbestand hatte sich stark erhöht. Während der Panzer IV immer noch mit der kurzen 7,5-cm-KwK in den Ostfeldzug ging, waren die Panzer III bereits zum größten Teil von der 3,7-cm-KwK auf die 5-cm-KwK (kurz) umgerüstet worden.

Vom 3. bis zum 23. Juni 1941 wurden der Ostfront insgesamt zwölf Panzer- und zwölf motorisierte Divisionen zugeführt. Sechs Panzerdivisionen verfügten über nur zwei Panzerbataillone im Panzerregiment, sechs Divisionen verfügten über je drei Panzerbataillone. Bei Feldzugbeginn hatten die Deutschen im Osten insgesamt 19 Panzer- und motorisierte Divisionen.

Wie schon bisher waren die Panzerdivisionen meist in Panzerkorps gegliedert. Jedes Panzerkorps bestand aus zwei Panzer- und einer motorisierten oder Infanteriedivision. Meist bildeten je zwei Panzerkorps eine Panzergruppe, die im Verband der jeweiligen Heeresgruppe (in Rußland: Nord, Mitte und Süd) operierte. Wie im Westfeldzug unterstellte man also auch für „Barbarossa“ die Panzer den Heeresgruppen; das bedeutete, daß die Panzerdivisionen nicht selbständig operieren konnten und ihre Aufgaben vom Befehlshaber der jeweiligen Heeresgruppe erhielten.

Ob die Vermehrung der Panzerdivisionen die erwünschte effektive Stärkung bringen würde, blieb noch abzuwarten. Durch die Neugliederung kam es jedenfalls zu einer Erhöhung der Zahl der Stäbe und Befehlsstellen. Auch dieser Umstand konnte entweder die Einsatzbeweglichkeit der Einheiten erhöhen oder sie – falls die Befehlsstellen nicht ausreichend aufeinander eingespielt waren – herabsetzen. Genaue Prognosen konnten vor Feldzugbeginn nicht gemacht werden.

Hitler selbst – Oberbefehlshaber der Wehrmacht und seit dem Krisenwinter 1941/42 dann auch Oberbefehlshaber des Heeres – führte seine Feldzüge von der Lagekarte des Hauptquartiers aus. Schon bei der Planung für „Barbarossa", in die der Führer entscheidend eingriff, zeigte sich wieder deutlich, daß Hitler ein wohl ambitionierter, aber doch nicht mit entsprechend fundierten Kenntnissen ausgestatteter militärischer Laie war. Der Führer war in erster Linie Politiker, und als solcher traf er auch seine militärischen Entscheidungen. Er kalkulierte, aber der kühle, professionelle Scharfblick des ausgebildeten Generalstäblers fehlte ihm. Wie auch schon vor dem Frankreichfeldzug war Hitler sich über Schwerpunkte und militärische Zielsetzungen nicht ganz im klaren. Er schwankte und blieb in seinen Entscheidungen meist unklar. Das zeigte sich deutlich beim Planspiel für den kommenden Feldzug, das am 29. November 1940 vom OKH durchgeführt wurde, und dann auch später noch, als schon die Aufmarschstafetten des Heeres nach Osten in die Bereitstellungsräume rollten.

Die deutsche militärische Führung aber blieb teilweise dem ganzen Plan des Ostfeldzugs gegenüber skeptisch: Ob man es sich eingestehen wollte oder nicht – das Schicksal der Grande Armee des Kaisers Napoleon I. stand bei jeder Besprechung drohend und mahnend im Raum. Konnte die Wehrmacht den militärischen Giganten Rußland überhaupt jemals mit Erfolg in die Knie zwingen?

Der für „Barbarossa" erarbeitete Operationsplan sah vor, daß die Heeresgruppe Süd unter dem Befehl von Feldmarschall von Rundstedt nach Kiew vorstoßen sollte. An gepanzerten Kräften stand von Rundstedt für diese Aufgabe die Panzergruppe 1 (von Kleist) zur Verfügung. Ebenfalls im Bereich der Heeresgruppe Süd standen die rumänische und die ungarische Armee, die – wesentlich weniger gut ausgerüstet als die deutsche Wehrmacht – für Offensivaufgaben nur bedingt geeignet waren.

Der Schwerpunkt des Angriffs lag bei der unter dem Befehl von Feldmarschall von Bock stehenden Heeresgruppe Mitte. Hier standen auch die stärksten Panzerkräfte: die Panzergruppe 2 unter dem Befehl von General Guderian und die Panzergruppe 3 unter dem Kommando von General Hoth. Der Operationsplan für „Barbarossa" sah vor, daß die Heeresgruppe Mitte über Minsk und Smolensk direkt bis Moskau vorstoßen sollte.

Der Heeresgruppe Nord unter dem Befehl von Feldmarschall von Leeb war der Vorstoß nach Leningrad als operatives Ziel bestimmt. Dazu verfügte die Heeresgruppe über die unter dem Kommando von General Hoepner stehende Panzergruppe 4.

Die Hauptzielsetzung des Feldzugs – die Einnahme von Moskau und Leningrad – zeigt deutlich Hitlers Einfluß. Moskau und Leningrad waren die Geburtsstätten und wichtige Zentren des Kommunismus – und die wollte der Führer ausrotten. In der „Weisung Nr. 21: Fall Barbarossa" vom 18. Dezember 1940 heißt es unter dem Punkt I, „Allgemeine Absicht" wörtlich: „Die im westlichen Rußland stehende Masse des russischen Heeres soll in kühnen Operationen unter weitem Vortreiben von Panzerkeilen vernichtet, der Abzug kampfkräftiger Teile in die Weite des russischen Raumes verhindert werden.

In rascher Verfolgung ist dann eine Linie zu erreichen, aus der die russische Luftwaffe reichsdeutsches Gebiet nicht mehr angreifen kann. Das Endziel der Operation ist die Abschirmung gegen das asiatische Rußland aus der allgemeinen Linie Wolga-Archangelsk. So kann erforderlichenfalls das letzte Rußland verbleibende Industriegebiet am Ural durch die Luftwaffe ausgeschaltet werden."

Das war der Plan. Für die deutsche militärische Führung blieb das wichtigste und zunächst anzustrebende Ziel die Vernichtung der russischen Wehrmacht. Den Panzerdivisionen sollte dabei eine ganz entscheidende Rolle zukommen. Allerdings gingen die Meinungen auseinander, wie die vorhandenen Panzerkräfte verwendet werden sollten. Panzerstrategen wie die Generale Manstein und Guderian vertraten die Ansicht, man müsse die Panzerverbände in der Weite des russischen Raumes möglichst ungehindert und raumgreifend operieren lassen. Damit werde man den Feind verwirren, schlagen und demoralisieren, und die möglichst schnell nachkommende eigene Infanterie könne dann den ohnehin bereits schwer erschütterten Gegner einschließen und völlig ausschalten.

Vielen Männern in der obersten deutschen Führung waren solche Vorschläge zu kühn und zu riskant. Die Panzer, so stellten sie fest, seien zwar die wichtigsten Träger der schnellen und beweglichen Kriegführung, doch dürfe man sie nicht isoliert operieren lassen, weil das Risiko zu groß sei. Die Panzer müßten mit den übrigen Heeresverbänden eng zusammenwirken und so gemeinsam für die Vernichtung des Gegners sorgen.

Einig war man sich nur darüber, daß Panzerverbände allein und ohne Unterstützung der anderen Waffen eingekesselte Feindkräfte nicht lange halten konnten. Die Progressiven sahen die Aufgabe der Panzer in erster Linie in Operationen in der Tiefe des feindlichen Hinterlandes. Um den Flankenschutz machten sie sich dabei wenig Gedanken: „Der Schutz jedes Panzerverbandes liegt in seiner eigenen schnellen Beweglichkeit, die dem Gegner das entscheidende Zuschlagen unmöglich macht" – das waren Argumente, wie sie Manstein und Guderian vorbrachten. Die Konservativen dagegen waren der Meinung, daß die Panzerverbände – einmal zu weit vorgeprellt – leicht von den langsamer nachkommenden eigenen Hauptkräften abgeschnitten und vom Gegner vernichtet werden konnten.

Keine der von den verschiedenen Gruppen vertretenen Meinungen setzte sich vor dem Angriff gegen Rußland wirklich durch. Die Panzergruppen blieben schließlich an die jeweiligen Heeresgruppen gebunden – in der Praxis operierten die Panzer dann aber doch so, daß den übrigen Heeresgruppen bald nichts mehr anderes blieb, als den oft mit unglaublicher Geschwindigkeit vorstoßenden Panzerdivisionen möglichst schnell zu folgen.

Der Aufmarsch für „Barbarossa" im Frühsommer 1941 war ohne Beispiel in der bisherigen Kriegsgeschichte. Von Finnland bis zum Schwarzen Meer rückten die Truppen der deutschen Wehrmacht in ihre Bereitstellungsräume ein. Selbstverständlich mußte alles möglichst geheim und unbemerkt vor sich gehen. Meist wurde nur bei Nacht marschiert und gefahren. Wenn es

Tag wurde, waren Soldaten und Material fast immer bereits in den Wäldern oder Städten und Dörfern verschwunden – die Russen durften um keinen Preis vorzeitig merken, was sich da an ihrer Westgrenze anbahnte. Zu den zuletzt eintreffenden Einheiten zählten die deutschen Panzerdivisionen – ihre zahllosen Fahrzeuge waren kaum zu verbergen, und allein ihre Anwesenheit mußte den zukünftigen Gegner über die deutschen Angriffsabsichten aufklären. Die meisten Panzerdivisionen wurden direkt aus dem Reich in die Aufmarschräume verlegt. Viel Material – besonders die Fahrzeuge der Panzergruppe 1 (von Kleist) kamen aber auch direkt vom Balkanfeldzug nach Rußland. Daß viele Fahrzeuge nach den Mühen und Strapazen des Einsatzes in Südosteuropa stark wartungs- und überholungsbedürftig waren, ist klar.

Im Gegensatz zu den Kampfwagen waren die deutschen Panzermänner vor dem Angriff gegen Rußland in bester Verfassung: Man hatte bisher noch jeden Gegner geschlagen, und man vertraute auf die Güte und Überlegenheit des eigenen Materials und der eigenen Führung.

Bis zuletzt wurden die deutschen Angriffsabsichten möglichst geheimgehalten: Manstein beispielsweise erfuhr erst im Mai 1940 konkret vom bevorstehenden Angriff. Trotz aller deutschen Bemühungen und Freundschaftsbeteuerungen blieben den Sowjets die deutschen Absichten nicht verborgen. Da sie selbst um diese Zeit nicht offensiv gegen Deutschland vorgehen konnten, weil sie nicht über die nötigen Angriffskräfte verfügten, richteten sich die Russen in den Monaten vor Kriegsbeginn auf die Verteidigung in der Tiefe ein. Vom

Angriffstermin selbst waren die sowjetischen Frontverbände offenbar aber nicht informiert: Die deutschen Panzer trafen am 22. Juni 1941 teilweise auf einen vollkommen unvorbereiteten Feind, der auf ihr Erscheinen mit fassungslosem und ungläubigem Erstaunen reagierte. Auch die Luftwaffe flog ihre ersten Einsätze gegen einen Gegner, der nicht eine einzige Maschine zur Abwehr in die Luft gebracht hatte.

Nachdem der deutsche Angriff am 22. Juni 1941 – es war ein Sonntag – um 03.15 Uhr am Morgen begonnen hatte, schienen sich die Dinge zunächst entsprechend den Offensivabsichten zu entwickeln. Die Russen leisteten zwar nach Überwindung ihrer ersten Überraschung erbitterten Widerstand, die in überlegener Stärke angreifenden Deutschen konnten sie aber zunächst im Grenzbereich nicht allzu lange aufhalten. Und die Panzerdivisionen begannen schnell nach Osten vorzustoßen. Die russischen „Straßen" verdienten diesen Namen allerdings nicht. Meist waren sie unbefestigte Pisten, über die sich die Panzer in endlosen Staubfahnen ihren Weg ins Landesinnere bahnten. Die Infanterie marschierte staub- und schmutzbedeckt, mit angefeuchteten Taschentüchern vor dem Mund, den Spuren nach, die die Panzer hinterlassen hatten. Und wenn die Troßfahrzeuge schließlich nachkamen, existierten die „Straßen" oft nur noch auf den Kartenmappen der Einheitsführer. Schlimm traf es die Deutschen auch, daß die auf den Karten verzeichnete Autobahn nach Moskau kaum an einem einzigen Abschnitt wirklich fertig war. Das brachte die Vormarschplanung durcheinander und verringerte das Tempo der motorisierten Verbände.

Trotzdem aber schlugen die Truppen der Heeresgruppe Mitte bereits am 24. Juni 1941 bei Bialystok-Slonin ihre erste Kesselschlacht: Von Brest-Litowsk her stieß die Panzertruppe Guderian vor, und vor Grodno her kommend machten Verbände der Armee „den Kessel dicht." Als die Panzergruppe Hoth Wilna erreicht hatte und weiter auf Minsk vorstieß, zeichnete sich bereits die nächste große Kesselschlacht ab: Am 29. Juni trafen Hoths Panzer ostwärts von Minsk auf Fahrzeuge mit dem großen weißen G. G, das stand für Guderian: Die Panzertruppe Guderian war nach der Schlacht bei Bialystok-Slonin im weiten Bogen nach Osten vorgestoßen und vereinigte sich schließlich mit den Kräften der Panzergruppe 3 östlich von Minsk. Wieder saßen die Russen in einer riesigen Falle.

Was die Deutschen hier den verblüfften Sowjets vorexerzierten, war moderner Panzerkrieg. Was aber würde geschehen, wenn sich die Russen von ihrem Schock erholten und zu massiven Gegenangriffen ausholten? Die deutschen Panzerzangen waren gefährlich dünn.

Und die Russen kamen bald. Schon am 24. Juni, zwei Tage nach Feldzugbeginn, führten sie die ersten Gegenschläge. Noch kämpften sie schlecht geplant und koordiniert, aber sie waren so fanatisch, daß man diesen Feldzug nicht mit dem Frankreichfeldzug 1940 vergleichen konnte.

Wo deutsche und russische Panzer aufeinanderstießen, entschied meist die überlegene deutsche Taktik und das Kommandosystem über den Ausgang der Kämpfe. Außerdem war in der Aufmarschphase das russische

Material dem deutschen meist noch klar unterlegen. Das galt für die gesamte Ostfront: Wo der Boden trocken und fest war, schien nichts die deutschen Panzer aufhalten zu können. Auch der Nachschub kam nach gewissen Anfangsschwierigkeiten meist gut durch.

Wie bei den anderen Heeresgruppen ging auch der Vormarsch im Bereich der Heeresgruppe Nord zunächst flüssig voran. Die Panzergruppe 4 legte in nur vier Tagen eine Marschstrecke von 320 Kilometer zurück. Ein anderes Mal waren die 8. Panzerdivision und die 3. Division (mot.) beim Vormarsch auf Dangavpils nicht weniger als 80 Kilometer vor den langsamer nachkommenden restlichen Verbänden nach Osten vorgestoßen und hatten dabei drei komplette russische Korps umfahren. Die Russen reagierten verwirrt und uneinheitlich: Teilweise versuchten sie, sich nach Dangavpils zurückzuziehen, während andere Teile wieder den schmalen deutschen Angriffskorridor abzuschneiden versuchten, durch den General von Manstein vorgeprellt war und den die Deutschen nun für den Rest der nachkommenden Panzergruppe 4 unter General Hoepner offenzuhalten versuchten. Trotz der gefährlichen Situation blieb Manstein gelassen. Er wollte nur wissen, wohin er als nächstes vorstoßen sollte. An den Flußübergängen über die Düna stehenzubleiben und sie für die langsam nachfolgende 16. Armee zu halten, war nicht nach seinem Geschmack. Denn in diesem Fall konnten sich die Russen auf die stationären deutschen Verbände konzentrieren und ihnen mit ihrer Übermacht schwere Verluste zufügen.

Aber Mansteins Vorstoß stand auf einem Bein: Das links von Manstein befindliche Panzerkorps von General

Reinhardt kam nicht mit. Am 23. Juni waren zwei Kampfgruppen der 6. Panzerdivision durchgebrochen, dann aber ging es nicht weiter. Der Nachschub blieb aus. Das hatte seine Gründe: Ein einziger russischer KW-1 stand auf der Nachschubstraße und sperrte sie. Versuche, die Nachschubfahrzeuge über freies Gelände zu führen, schlugen fehl: Die Lkw blieben in den Wäldern und im Sumpf stecken. Also mußte der KW-1 weg. Zunächst versuchten Panzerjäger, diese Arbeit zu besorgen, vergeblich: Die Granaten der 5-cm-Pak schlugen auch auf nächste Entfernung nicht durch. Zwölf deutsche Pakgeschütze schoß der Russenpanzer nacheinander ab. Dann kam eine 8,8. Bevor sie noch in Stellung gehen konnte, hatte der Russe auch sie mit einer Granate aus seinem 7,62-cm-Geschütz vernichtet.

24 Stunden später saß der KW-1 immer noch auf der Straße... Dann endlich konnte man eine andere 8,8 hinter den Panzer manövrieren, ohne daß der Russe es merkte. Schuß. Treffer im Turm – und der KW-1 flog in die Luft. Die Russen gaben eben nicht auf und hielten stur jede Stellung, wenn sie auch oft längst abgeschnitten und eingekesselt waren. Später nahmen die Deutschen die russischen Widerstandsnester ein – aber diese Art des Kampfes kostete die Angreifer schwere Verluste, und das konnte sich die Wehrmacht auf längere Sicht nicht leisten. Bald bildeten die Deutschen Kessel um Kessel. Zehn-, ja Hunderttausende Russen gingen in die Gefangenschaft. Aber das sowjetische Militärpotential schien unerschöpflich. „Ist der Russe denn ein Stehaufmännchen?“ schrieb General Halder in diesen Tagen in sein persönliches Tagebuch – und fast schien es so zu sein.

Bei Minsk hatte die Heeresgruppe Mitte etwa dreißig russische Divisionen mit ihrem gesamten Material eingeschlossen. Der Kessel wurde ausgeräumt – aber viele Russen entkamen dort, wo die „Kesselwände" zu dünn oder undicht waren. Taktische Freiheiten, wie man sie sich im Kampf gegen die bald demoralisierten Franzosen hatte erlauben können, erwiesen sich im Ostfeldzug als fatal: Als die deutsche 3. Panzerdivision am 6. Juli 1941 an der Südflanke der Heeresgruppe Mitte zur Vorbereitung der sich abzeichnenden großen Kesselschlacht bei Smolensk vorstieß, blieben die Schützeneinheiten hinter den rasch nach vorn rollenden Panzern zurück. Etwa 40 deutsche Panzer fuhren in bewährter Weise – ohne sich um den Flankenschutz weiter zu kümmern – in Richtung Zlobin. Dabei passierten sie nicht nur eine gut getarnte russische Artilleriestellung, ohne sie zu bemerken, sondern stießen schließlich in den Außenbezirken von Zlobin auf etwa dreißig Russenpanzer, die die Deutschen unter gutgezieltes Feuer nahmen. Als die deutschen Kampfwagen daraufhin den Angriff abbrachen und sich in weitem Bogen von Zlobin absetzten, gerieten sie in den Feuerbereich der zuvor unbemerkt gebliebenen russischen Artillerie. Darauf hatten die Russen nur gewartet. Sie ließen die Deutschen geduldig näher kommen und eröffneten dann schlagartig das Feuer. Innerhalb kurzer Zeit standen 22 deutsche Panzer brennend auf dem Kampffeld. Bevor die Russen noch das Massaker beenden konnten, wurden sie allerdings überraschend von einer in ihrem Rücken aufgetauchten anderen deutschen Kampfgruppe angegriffen. Nun waren die Russen ohne Chance: Die Geschützbedienungen fielen im Maschinengewehrfeuer, und die Geschütze zerbrachen unter den Ketten der rücksichtslos vorwärts rollenden Deutschen. Aber: 22 Panzer waren verloren, mehr als eine Kompanie. Solche Fehler konnte man sich nicht leisten.

Südlich der ausgedehnten Pripjet-Sümpfe stieß die Panzergruppe Kleist im Verband der Heeresgruppe Süd mittlerweile ebenfalls immer weiter ins Feindgebiet. Die Russen versuchten sich im Süden zunächst entlang von fest ausgebauten Feldstellungen zu verteidigen. Damit blieben sie erfolglos wie schon die Franzosen ein Jahr zuvor: Die deutschen Panzer durchstießen die Stellungen, rollten weiter nach Osten, und die abgeschnittenen Russen wurden von der nachfolgenden deutschen Infanterie erledigt. Wer sich auf russischer Seite der Gefangennahme entziehen konnte, wich entweder in das nicht panzergängige Sumpfgebiet aus oder zog sich nach Kiew zurück, das die Russen damals noch hielten. Kiew, so schien es den Russen, war ein verhältnismäßig sicherer Platz: Die Deutschen, das wußte man, griffen mit ihren Panzerverbänden eine Großstadt kaum jemals an. Denn im Häuserkampf drohten den Kampfwagen unnötig hohe Verluste.

General von Rundstedt ließ die Panzer weder im Gebiet der Pripjet-Sümpfe operieren noch die Stadt Kiew angreifen. Das hatten die Deutschen gar nicht nötig: Sie blieben mit ihren Panzer- und motorisierten Divisionen im freien Gelände und schlugen die Russen, wo sich diese zum Kampf stellten: Bis zum 25. Juli 1941 war die sogenannte Stalin-Linie überall durchbrochen – der Versuch der Russen, sich im Süden stationär entlang einer Befestigungslinie zu verteidigen, war damit gescheitert. Vom 25. Juli bis zum 8. August 1941 wurde die große Kesselschlacht von Uman geschlagen, die erste im Bereich der Heeresgruppe Süd, und bis zum 19. September war auch die Schlacht um Kiew schließlich zugunsten der Deutschen entschieden.

Während die große Kesselschlacht bei Uman, in deren Verlauf große russische Heeresverbände vernichtet wurden, ihrem Ende entgegenging, begann man bei den Deutschen allmählich eine erste Bilanz zu ziehen. Es gab nicht nur Grund zur Euphorie: Nach sechswöchiger Feldzugdauer begannen sich am technischen Gerät und an den Fahrzeugen erste Ermüdungserscheinungen zu zeigen. Das hatte bei früheren Unternehmungen wenig ausgemacht: Nach dem sechswöchigen Feldzug gegen Frankreich hatte man die Panzer- und mechanisierten Verbände nach Deutschland zurückgeführt und die Fahrzeuge samt dem entsprechenden Gerät in zentralen Reparaturwerken schnell wieder instand gesetzt. In Rußland aber war alles anders: Nach sechswöchiger Kampfdauer waren die Russen noch lange nicht geschlagen, und der deutsche Vormarsch ging gleichzeitig ständig weiter ins Landesinnere hinein. Mit zentralen Reparatureinrichtungen in Deutschland war in diesem Fall nichts anzufangen. Die Panzer mußten möglichst knapp hinter der Front repariert werden – wenn man sie zu Reparaturzwecken aber erst ins Reich zurückführen mußte, fielen sie wochenlang für den Einsatz aus. Dazu kam noch, daß die deutschen Panzerverluste gegen die fanatisch kämpfenden Russen gleich ab Feldzugsbeginn unerwartet hoch waren. Um diesen Problemen abzuhelfen, mußte man dezentralisierte Reparatureinrichtungen schaffen, die – entsprechend motorisiert und ausgerüstet – die beschädigten Fahrzeuge möglichst im Feld wieder instand setzen konnten. Dazu aber fehlte es an Fahrzeugen, Ausrüstung und Personal.

Noch aber schien man diese Probleme bewältigen zu können. Der Vormarsch ging weiter. Die Heeresgruppen riefen pausenlos nach neuen Panzern, mehr Munition und nach Ausrüstung aller Art. Diesen Forderungen aber konnte die Rüstungsindustrie allmählich nicht mehr nachkommen: Man mußte beginnen, mit den Kräften energisch hauszuhalten. Gleichzeitig mit voller Kraft von allen drei Heeresgruppen geführte Vorstöße, wie sie zu Beginn des Ostfeldzugs noch möglich gewesen waren, sollten schon bald der Vergangenheit angehören.

Anfang August 1941 ging erstmals seit Beginn des Ostkrieges das deutsche Vormarschtempo etwas zurück. Die Russen waren zwar geschlagen, aber nicht besiegt. Der entscheidende Erfolg, mit dem man bis August 1941 gerechnet hatte, stand noch aus. Die Heeresgruppe Nord erreichte zwar am 16. August die Stadt Nowgorod, sah sich aber zunehmend stärkerem russischem Widerstand gegenüber, der sich im Gebiet des Ilmensees in bis dahin noch nicht gekannter Weise versteifte. Der Weg nach Leningrad aber, dem operativen Ziel der Heeresgruppe, war noch weit.

Im Bereich der Heeresgruppe Mitte hatten die Deutschen bisher entscheidende Angriffserfolge zu verzeichnen gehabt: Die große Doppelschlacht von Bialystok und Minsk war bis zum 10. Juli 1941 siegreich abgeschlossen, bis Mitte Juli war die russische Dnjepr-

Stellung durchbrochen, und in der ersten Augustwoche mußten die Russen unter dem Druck des deutschen Angriffes auch im Bereich der Heeresgruppe Mitte die Stalin-Linie aufgeben. Bis Mitte Juli hatten die Russen in einer großen Kesselschlacht bei Smolensk neuerlich unerhörte Verluste erlitten, und die Stadt selbst fiel am 20. des Monats in deutsche Hand. Bis zum 27. Juli war den Deutschen auch bei Jelnja der Einbruch in die russische Desna-Stellung gelungen.

Der Weg nach Moskau schien offenzustehen: Über 600 Kilometer war man nun schon kämpfend nach Rußland eingedrungen – und die restlichen 300 würde man wohl auch noch schaffen. Aber das OKH gab noch nicht „grünes Licht“ für den Stoß gegen die russische Hauptstadt. Man wollte zunächst einmal die zurückhängende Heeresgruppe Süd aufholen lassen. Der Stoß nach Moskau mußte warten – und so offen, wie die Deutschen glaubten, war der Weg zur russischen Hauptstadt in Wirklichkeit nicht. Als die Panzergruppe Guderian am 3. August mit zunächst nur schwachen Kräften weiter nach Osten vorfühlte, antworteten die Russen im Raum zwischen Roslawl und Smolensk mit einer Reihe von zwar wenig koordinierten, aber ungemein heftigen Gegenangriffen. Gegen den Rat vieler Generale hatte sich Hitler entschlossen, den Angriff nach Moskau zunächst nicht weiterzuführen.

Hitlers Aufmerksamkeit hatte sich in zunehmendem Maße auf den Großraum zwischen Gomel und Kiew gerichtet. Dort, im Bereich der Heeresgruppe Süd, lagen, von den ungestümen Stößen der Heeresgruppe Mitte und Süd bereits sehr schwer angeschlagen, vier russische

Armeen: Die 5., 21., 26. und die 37. Da diese russischen Kräftekonzentration nicht nur die Flanke der Heeresgruppe Mitte bedrohte, sondern Hitler auch die Möglichkeit zur Bildung eines neuen riesigen Kessels erblickte, in dem man die Hauptmasse sämtlicher vier feindlicher Armeen vernichten konnte, schwenkte die Heeresgruppe Mitte nach Süden ab. Die Umfassung gelang – und wieder marschierten Hunderttausende Russen in die deutschen Kriegsgefangenenlager. Anschließend, so befahl der Führer, solle die Heeresgruppe Mitte mit der Heeresgruppe Nord zusammenarbeiten und den Stoß nach Moskau fortführen.

Zunächst aber geschah sehr wenig: Den Panzern und motorisierten Kolonnen der Wehrmacht war praktisch der Kraftstoff ausgegangen. Der Nachschub kam nicht mehr mit, die Transportkolonnen mußten alles über immer weiter werdende Distanzen nach vorn bringen: Ersatzteile, Munition und Benzin. Vor allem Benzin. Die Panzer der Wehrmacht fuhren fast ausschließlich mit Benzin, während die Sowjets für den T-34 Dieselkraftstoff verwendeten. Die deutschen Panzerdivisionen verschlangen Unmengen an Kraftstoff. Die Eisenbahnen kamen als Nachschubmittel zunächst nur sehr bedingt in Frage, weil die Schienen von den Eisenbahnpionieren erst in mühevoller Arbeit von der russischen Breitspur auf die europäische Normalspur umgenagelt werden mußten. Frontnahe Depots einzurichten war beim raschen Tempo des Vormarschs kaum möglich. Also konnte man sich nur auf die endlosen Lkw-Kolonnen verlassen, die sich auf den schlechten Straßen mit dem Nachschub zur Front quälten. Erst in der letzten August-Woche war wieder so viel Kraftstoff an die Front geschafft worden, daß wieder an großräumige Panzeroperationen gedacht werden konnte. Und dann rollten die Panzer: Guderians Panzergruppe von Krichew über Nowgorod Severski nach Süden und die Panzergruppe Kleist aus der Nähe von Krementschug nach Norden über den Dnjepr. Wieder begann sich eine große Panzerzange zu bilden. Bei Operationsbeginn trennten die beiden Zangenarme etwa 650 Kilometer. Die Russen begriffen nicht rechtzeitig, was sich hier anzubahnen begann. Mit wütenden Angriffen versuchten sie die Panzergruppe Guderian aufzuhalten – vergeblich. Die Deutschen erlitten wohl Verluste, aber die Zangenbewegung ging weiter. Innerhalb des sich abzeichnenden Riesenkessels befanden sich etwa 650 000 russische Soldaten. Noch waren sie nicht geschlagen: Die sowjetische 21. Armee führte selbst eine Offensive zwischen Nowgorod Severski und Gomel, konnte aber auch hier nicht durchdringen.

Noch war die Wehrmacht überlegen – aber die Panzer- und motorisierten Divisionen stießen gleichzeitig in einen sich immer weiter öffnenden Raum hinein wie ins Bodenlose. Was unter solchen Bedingungen geleistet werden konnte, war bestenfalls eine Art Streifendienst – wenn die Russen an solch dünn besetzten Stellen durchbrachen, konnte sie niemand aufhalten. In Rußland Fronten in konventioneller Art dicht und durchlaufend zu besetzen, war schon im Jahre 1941 praktisch unmöglich, denn dazu fehlte es den Deutschen einfach an den materiellen und personellen Mitteln. Man konnte nur Schwerpunkte bilden und den Feind im beweglichen Kampf schlagen – andere Möglichkeiten standen kaum zur Verfügung. Und zur beweglichen Schwerpunktbildung eigneten sich selbstverständlich die Panzerdivisionen am besten.

Als schließlich die Panzergruppe Guderian und die Panzergruppe von Kleist am 15. September 1941 bei Lochwitsa den Kessel dicht machten, sahen sich die Russen einer neuen militärischen Katastrophe ungeheuren Ausmaßes gegenüber. Hunderttausende Russen wurden gefangengenommen. Riesige Mengen an Ausrüstung und Material wurden entweder zerstört oder fielen den Deutschen noch gebrauchsfähig in die Hände. Eine Niederlage, wie sie die Rote Armee in dieser bis Ende September 1941 abgeschlossenen Kesselschlacht von Kiew erlitten hatte, war ohne Parallele in der Militärgeschichte. Manche russische Einheiten durchbrachen im geschlossenen Einsatz allerdings den deutschen Umschließungsring und schlugen sich entweder nach Osten durch oder schlossen sich den Partisaneneinheiten an, die sich schon ab dem Spätherbst bemerkbar machten.

Hitler hatte mit seinem Befehl, die Heeresgruppe Mitte praktisch nach Süden abschwenken zu lassen, die Voraussetzungen für einen gewaltigen deutschen Sieg geschaffen. Aber dafür war der Stoß nach Moskau nicht geführt worden. Nicht im August und nicht im September ...

War die Eroberung der sowjetischen Hauptstadt im Oktober 1941 noch zu schaffen? Leningrad war schon seit August belagert und hielt immer noch stand. Und die Tage wurden kürzer. Die ersten Herbstregen setzten ein und verwandelten die russische Landschaft in ein trostloses Schlamm-Meer, das jede Bewegung erstickte. Nach dem Schlamm und dem Regen aber mußte der Winter kommen. Wenn der Boden gefror, konnten die Panzer wieder angreifen. Aber wenn Schneefälle einsetzten, war an eine Offensive nicht mehr zu denken. Es wäre also an der Zeit gewesen, sich allmählich für die Verteidigung einzurichten. Dies hätte bedeutet, daß 1941 nicht das groß angekündigte „Jahr des Endsiegs“ geworden wäre – andererseits aber hielt die Wehrmacht Ende September Positionen, die auch im Winter durchaus zu verteidigen waren und von wo aus man im Frühjahr 1942 offensiv werden konnte. Natürlich konnten auch die Russen die unerwartete Atempause nützen, ihre Verbände reorganisieren und vielleicht auch zu einer Winteroffensive antreten. Aber die Deutschen zweifelten nicht daran, sie aufhalten zu können. Außerdem bedurften auch sie dringend der Erholung.

Doch Hitler wollte von Defensivgedanken nichts wissen. Die Wehrmacht mußte offensiv bleiben. Schon am 30. September begann ein neuer Vorstoß der Heeresgruppe Süd. Die Ziele: Charkow, das Industriegebiet am unteren Don und der Vorstoß zum Kaukasus. Am 2. Oktober trat die Heeresgruppe Mitte mit drei Panzergruppen endgültig zum Angriff in Richtung Moskau an. Die Heeresgruppe Nord dagegen versuchte, Leningrad weiter abzuschnüren. Für die Einnahme der wichtigen Industriestadt reichten die Kräfte nicht mehr aus.

Sowohl die Offensive der Heeresgruppe Mitte als auch der Angriff der Heeresgruppe Süd brachte den Deutschen neue große Erfolge. Die Heeresgruppe Mitte fügte den Russen in der Doppelschlacht von Wjasma und

Brjansk eine weitere katastrophale Niederlage zu, welche die Russen vorübergehend nahe an den Rand des Zusammenbruchs brachte. Aber wieder wurden die Panzer- und motorisierten Divisionen auf ihrem Marsch nach Moskau aufgehalten, mußten Kesselränder halten, russische Ausbruchsversuche bremsen und im Gegenstoß bereinigen. Und die Zeit verstrich...

Die Heeresgruppe Süd rückte nicht weniger erfolgreich vor: Schon ab Mitte Oktober 1941 kämpfte sie siegreich bei Charkow Bjelgorod, und vom 17. November bis zum 21. November 1941 stießen die Deutschen bis nach Rostow am Don vor und nahmen die Stadt in Besitz. Dann aber war im Süden die deutsche Offensivkraft erschöpft.

Im Bereich der Heeresgruppe Mitte begannen die Russen mittlerweile mit dem Aufbau von Schutzstellungen, um Moskau gegen den zu erwartenden deutschen Angriff zu halten. Den Russen, die nach ihren letzten schweren Verlusten nun schon teilweise den Deutschen an Panzern sogar zahlenmäßig unterlegen waren, kam im zunehmenden Maße die Natur zu Hilfe. Es wurde immer kälter. Die deutschen Infanteristen in ihren dünnen Stoffmänteln froren. Auf den Winterkrieg war die deutsche Wehrmacht nicht vorbereitet. Trotzdem ging es weiter nach Osten, immer hinter den Panzern her, die sich über die bald schneeverwehten, bald nach jähen Temperatursprüngen sumpfähnlich aufgeweichten Pisten nach vorn quälten. Unter solchen Bedingungen waren die Russenpanzer eindeutig im Vorteil: Die meisten von ihnen – besonders die T-34 – verfügten über breite Stahlketten, mit denen sie auch dort noch mühelos durch Schnee und Schlamm rollten, wo die deutschen Kampfwagen mit ihren relativ schmalen Gleitketten längst hoffnungslos steckenblieben. Erst die deutschen Kampfpanzer der nächsten Generation, die „Tiger“ und „Panther“, die aber in größeren Stückzahlen erst im Jahre 1943 an die Front kamen, verfügten über ebenso breite Ketten wie die Russen.

Trotz der schlechten Wetterbedingungen ging der deutsche Vormarsch – wenn auch nun schon erheblich langsamer als im Sommer und Herbst – weiter. Wer von den deutschen Offizieren Zeit dazu fand, mochte während der letzten Offensive gegen Moskau das Buch des Franzosen Caulaincourt gelesen haben: „Napoleons Zug nach Osten“ – der Weg der Grande Armée vom Sieg in die Katastrophe. Aber Napoleon hatte es im wesentlichen nur mit einem Gegner aus Fleisch und Blut zu tun gehabt. Die deutsche Wehrmacht dagegen kämpfte nicht nur gegen einen gepanzerten Gegner, die deutschen Panzerverbände fanden sich auch, je weiter die Front nach Osten vorrückte, in immer größere Schwierigkeiten mit ihren eigenen Fahrzeugen verwickelt. Schon im Sommer und Herbst hatte man richtig erkannt, daß das System der zentralen Reparaturwerkstätten im Reich, wie es sich in den bisherigen Feldzügen recht gut bewährt hatte, für den Osten nicht praktikabel war. Also versuchte man, das Reparatursystem zu dezentralisieren und Feldwerkstätten einzurichten. Diese Umstellung verlief nicht ohne Schwierigkeiten: So wurden einmal dringend benötigte Panzerersatzteile an die Heeresgruppe Süd geliefert. Die Ersatzteile aber konnte man für die bei der Heeresgruppe Süd vorhandenen Panzer nicht verwenden. Kein Wunder: Die Teile hätten eigentlich zur Heeresgruppe Nord gehen sollen, wo man dringend auf sie wartete... Die Frontwerkstätten waren bald mit nicht mehr einsatzfähigen Panzern überfüllt. Zurück nach Deutschland konnte man sie wegen der angespannten Transportlage nicht bringen, und der Front fehlten die notwendigen Ersatzteile. Die Einsatzstärke der Panzerverbände im Osten nahm auf diese Weise ständig ab.

Im November 1941 hatten die deutschen Panzereinheiten im Osten einen Tiefpunkt erreicht. Die Truppe war ausgepumpt und erschöpft. Hitler aber glaubte nach wie vor, zumindest Moskau noch vor Beginn des Winters nehmen zu können; daß er damit Unmögliches von der Truppe verlangte, sah der Führer nicht ein. Es war bereits so kalt, daß das Kühlwasser in den Fahrzeugmotoren über Nacht einfror und die Motorblöcke sprengte. Und die Temperatur fiel noch weiter. Die Infanteristen froren erbärmlich, und auch den Panzerleuten in ihren eiskalten Stahlkästen ging es nicht viel besser. Aber Moskau mußte genommen werden. Feldmarschall von Kluge begab sich persönlich an die Front, um mit den Truppenoffizieren zu sprechen: Ging es noch? Konnte man die Männer noch einmal zum entscheidenden Einsatz mitreißen?

Es wurde versucht, aber die Offensive gegen Moskau scheiterte. Vom 26. Oktober bis zum 5. Dezember 1941 dauerten die Kämpfe an der Oka, Protwa und Nara, vom 1. November bis zum 5. Dezember 1941 kämpfte man um die Städte Jefremow und Tula. Bis zum 5. Dezember 1941 schließlich erreichte die Heeresgruppe Mitte den

Moskwa-Kanal, und schon am 3. Dezember 1941 wurde die russische Nara-Stellung beiderseits von Naro Fominsk durchbrochen. Die Deutschen übertrugen die Offensive bis in das Vorfeld von Moskau, und irgendwann einmal konnten Soldaten der 2. Panzerdivision sogar im diesigen Licht eines trüben Wintertages in der Ferne die Türme des Kreml erkennen... Die Infanterie, so wird berichtet, kam teilweise bis an die Endstation der Moskauer öffentlichen Verkehrsmittel heran.

Schon am 5. Dezember aber kamen alle weiteren Angriffe zum Erliegen, denn an diesem Tag begannen die Russen ihre Winteroffensive. Obwohl die Rote Armee mit Schwerpunkt vor Moskau gegen die deutsche Heeresgruppe Mitte antrat, blieb sie auch im Süden nicht untätig. Dort hatte die Heeresgruppe Süd gegen heftigen Widerstand des Gegners noch am 21. November 1941 die Stadt Rostow am Don erobert, mußte sie aber am 30. November wegen der heftigen Gegenangriffe der russischen 37. Armee wieder räumen. Die Deutschen mußten umdenken: So wie früher die Panzerdivisionen beim Angriff vorn gewesen waren, hatten sie jetzt den Rückzug der langsameren Verbände zu decken, bis sie sich schließlich als letzte vom nachdrängenden Feind lösten. Bei der Heeresgruppe Süd blieb die Lage übersichtlich, obwohl die Front begradigt worden war. Weiter im Norden aber, vor Moskau, sah es wesentlich schlimmer aus. Der russische Angriff traf hier auf einen ausgepumpten und durch die knapp vorausgegangene erfolglose Offensive überbeanspruchten Gegner. Die Russen versuchten nun, das nachzuahmen, was ihnen die Deutschen im Sommer und Herbst des Jahres vorexerziert hatten: Sie stießen an zwei Hauptschwerpunkten vor und versuchten, die Gruppen der deutschen Wehrmacht im Raum von Wjasna einzukesseln. Den Deutschen blieb nichts als der Rückzug. Hitler aber befahl, die Front um jeden Preis zu halten. Der Befehl war barbarisch hart, aber militärisch nicht so sinnlos, wie es zunächst den Anschein haben mochte: Hätten die Deutschen einen allgemeinen Rückzug angetreten, wäre nicht nur das meiste schwere Material – vor allem die Artillerie – liegengeblieben, sondern die zurückgehenden Truppen hätten darüber hinaus in der Weite des Raumes keine vorbereiteten Stellungen vorgefunden, in denen sie sich zu weiterem Widerstand hätten formieren können. Obwohl die Wehrmacht im bisherigen Kriegsverlauf noch keine Notwendigkeit zur Führung größerer Rückzugsbewegungen gehabt hatte, gelangen auch in dieser kritischen Phase den Russen keine entscheidenden Erfolge gegen die Deutschen. Die Panzerdivisionen gaben ihr Äußerstes, um der schwer ringenden Infanterie die Rückzugswege offenzuhalten. Neben den entsetzlichen Witterungsbedingungen bestimmte die Furcht vor den von der eigenen Propaganda als grausam hingestellten „ostischen Untermenschen" das Verhalten der Deutschen: Kein deutscher Verwundeter wollte den Russen in die Hände fallen. In schnell improvisierten Transporten auf Panje-Schlitten bewegten sich die Leidenszüge – oft genug von den überraschend auftauchenden Russenpanzern überrollt – nach dem Westen zurück. Auch kein deutscher Panzer durfte liegenbleiben – was nicht mehr fahrtüchtig war oder geborgen werden konnte, wurde verbrannt oder gesprengt.

Ein Beispiel für die zahllosen Rückzugskämpfe war der Einsatz der deutschen 1. Panzerdivision. Als die Fahrzeuge der Panzergruppe Hoepner den Rückzug aus dem Kampfraum nördlich von Moskau antreten mußten, fiel der 1. Panzerdivision die Aufgabe zu, die Straße bei Klin für die zurückgehenden eigenen Kräfte offenzuhalten. Die Panzerdivision erfüllte ihre Aufgabe: Obwohl die Russen pausenlos drängten, blieb die Straße für die sich nach Westen absetzenden Kräfte frei. Als sich die deutschen Panzer aber schließlich selbst zurückzuziehen versuchten, mußten sie feststellen, daß sie von den Russen abgeschnitten worden waren. Um die Russen abzulenken, mußte eine deutsche Infanteriekompanie von außerhalb des Einschließungsringes angreifen; daß sie nur „Lockvögel" waren, wußten die Infanteristen nicht. Die Russen fielen auf das Täuschungsmanöver herein: Während sie noch die von außen angreifenden Deutschen mit aller Kraft bekämpften, brach die 1. Panzerdivision aus der Umklammerung aus. Rücksichtslos schossen sich die Panzer – soweit es möglich war, von Artillerie unterstützt – durch den russischen Einschließungsring. Die 1. Panzerdivision, die während des Ostfeldzugs bereits einmal vom Gegner eingeschlossen worden war, führte den Ausbruch erfolgreich durch. Was immer fahren konnte, strömte über die freigekämpfte Rückzugsstraße nach dem Westen zurück: Panzer, Zugmaschinen und Lkw. Auch die Verwundeten kamen mit. Die Russen aber hatten an dieser Stelle das Nachsehen: Die 1. Panzerdivision kam fast vollständig durch und kämpfte 24 Stunden später bereits wieder an einer anderen Stelle der Front gegen den weiter angreifenden Feind.

Obwohl sich die Deutschen im Winter 1941 vor Moskau einer so ungünstigen Lage gegenübersahen, hielt die Front, wenn auch unter schweren Verlusten, stand. Die Landser waren deprimiert von den anscheinend unerschöpflichen Truppen- und Panzermassen des Gegners. Waren alle Erfolge des Sommers und Herbstes, die riesigen Kesselschlachten mit ihren astronomisch hohen Gefangenen- und Beutezahlen vergeblich und sinnlos gewesen? War die russische Wehrkraft unerschöpflich? Beinahe sah es so aus: Nach deutschen Unterlagen verfügten die Russen im Dezember 1941 an der Front über 200 Infanteriedivisionen, 35 Kavalleriedivisionen und 45 Panzerbrigaden. Und was dahinter noch an Reserveverbänden stand, war in dieser Rechnung noch nicht inbegriffen.

Mit ihrer zahlenmäßigen Überlegenheit versuchten die Russen während der Winteroffensive, ihre weiterhin bestehende taktische Unterlegenheit auszugleichen: Sie griffen frontal an und versuchten, den deutschen Widerstand ohne Rücksicht auf ihre eigenen Verluste zu brechen. Das konnte auch für die riesige Rote Armee allmählich gefährlich werden. Bei der deutschen Wehrmacht aber wogen die geringeren Verluste schwer, weil es sich bei den gefallenen, verwundeten und vermißten Deutschen fast immer um gut ausgebildete Soldaten handelte, die zu ersetzen sich in der Folge kaum als möglich erweisen sollte.

Nach den ersten, oft überaus teuer erkauften russischen Angriffserfolgen, begann sich die Lage auch im Bereich der Heeresgruppe Mitte langsam wieder zu stabilisieren. Die Deutschen mußten zwar vor den überlegenen Russen Boden aufgeben, aber die befürchtete Katastrophe blieb aus. Die Deutschen richteten sich, soweit es möglich war, in den stehengebliebenen Dörfern zur Rundumverteidigung ein und hielten diese Stellungen beharrlich gegen die Feindangriffe. Die Luftwaffe versorgte die teilweise abgeschnittenen „Igel" aus der Luft, soweit es möglich war. Und wo es notwendig war, warf man die Russen mit beweglichen Kräften im Gegenstoß zurück. Dazu bedurfte es allerdings des fast ununterbrochenen Einsatzes der vorhandenen Panzerkräfte, die auf diese Weise noch schneller verschlissen wurden als bei den vorangegangenen Angriffskämpfen im Sommer und Herbst 1941. Aber noch immer bewährte sich die überlegene deutsche Taktik gegenüber den meist schwerfällig operierenden Russen.

Die deutschen Verluste waren nicht nur beim Personal, sondern auch beim Material sehr schwer. Auch die katastrophalen Wetterbedingungen wurden den Deutschen oft zum Verhängnis: Als das Wetter einmal unerwartet von starkem Frost zu einer kurzzeitigen Tauperiode umschlug, verlor die 6. Panzerdivision fast alle ihre Zugmaschinen, als die Russen überraschend angriffen. Die Fahrzeuge blieben in einem undurchdringlichen Schnee- und Schlammgemisch stecken und mußten aufgegeben werden. Die 6. Panzerdivision aber kämpfte wochenlang zu Fuß.

Ende März 1942 war die Front im Osten wieder zum Stillstand gekommen. Die Russen hatten unter schweren Opfern Boden zurückgewonnen, waren nun aber durch die Anstrengungen der Winteroffensive erschöpft. Auf deutscher Seite hatte man einiges aus den katastrophalen

Ergebnissen der vergangenen Monate gelernt: Die Panzer, mit denen man in den Rußlandfeldzug gezogen war, zeigten sich den Anforderungen der Front nicht mehr gewachsen. Hier mußte einiges verbessert werden. Und wie immer, wenn es Fehlschläge zu verbuchen gibt, suchte man auch in der Wehrmacht nach Sündenböcken für die Niederlage: Schon am 16. Dezember 1941 hatte Hitler selber den Oberbefehl über das Heer übernommen und löste damit General Halder ab. Mit ihm gingen auch von Rundstedt und Guderian.

An der Panzertaktik selbst sollte sich allerdings auch in Zukunft nichts ändem: Sie hatte sich in ihrer Flexibilität auch in den scheinbar hoffnungslosesten Situationen bewährt und als überlegen erwiesen.

Der große Schock für die an der Ostfront kämpfenden Panzermänner war das völlig unerwartete Erscheinen des KW-1 und vor allem des T-34 gewesen. Besonders der T-34 war durch seine günstige Formgebung, hohe Geschwindigkeit bei starker Panzerung und mit seiner präzise schießenden 7,62-cm-KwK eine tödliche Gefahr für die Deutschen. Hier mußte schnell Abhilfe geschaffen werden. Zunächst dachte man daran, den T-34 einfach zu kopieren. Aber das ging nicht. Die deutsche Industrie verfügte nicht über geeignete Produktionstechniken zur Fertigung der Leichtmetall-Dieselmotoren, wie sie die Russenpanzer verwendeten. Außerdem hätte es große Schwierigkeiten mit der Erzeugung des notwendigen Panzerstahls gegeben. Auf die schon in den Jahren 1937 und 1939 auf dem Reißbrett entstandenen Entwürfe für Nachfolgefahrzeuge der Panzer III und IV zurückzugreifen, war sinnlos: Sämtliche Entwürfe waren mit ihrer ungünstigen Formgebung längst veraltet. Wenn man neue Kampffahrzeuge einführte, mußten sie so überlegen sein, daß sie auch noch gegen die zu erwartenden russischen Nachfolgemuster des T-34 mit Erfolg antreten konnten. Nur so konnte man an der Ostfront den Panzerdivisionen ihre frühere Überlegenheit zurückgeben.

Zunächst aber mußte man sich mit dem vorhandenen Material behelfen, um die Lage einigermaßen zu stabilisieren. Der Panzer III hatte – wie von Hitler schon seit langem gefordert – endlich eine lange 5-cm-KwK bekommen. Und bereits im Frühjahr 1942 erschien der Panzer IV, Ausführung F 2. Im Gegensatz zu den älteren Baureihen verfügte der F 2 erstmals über eine lange, mit einfacher Mündungsbremse ausgerüstete 7,5-cm-KwK, wodurch eine starke Leistungssteigerung erreicht wurde. Auch die Panzerung – eine der Schwachstellen der deutschen Kampfwagen – wurde sowohl beim Panzer III als auch beim Panzer IV verstärkt.

Aber derartige Maßnahmen genügten noch nicht. Man ging daher in noch stärkerem Ausmaß dazu über, Panzerabwehrgeschütze auf veraltete Panzerchassis aufzusetzen. Dadurch wurden die Panzerjägereinheiten schneller und vor allem im Gelände besser beweglich. Auch die Sturmgeschütze – bisher im wesentlichen als Unterstützungswaffe der Infanterie angesehen – wurden für die Panzerabwehr zusehends wichtiger. Die Sturmgeschütze, die billiger und schneller zu produzieren waren, da sie keinen Drehturm hatten, bewährten sich bereits 1942 ausgezeichnet, obwohl sie erst für 1943 als reguläre Ausstattung der Panzerdivisionen vorgesehen waren.

Für die gegen die ständig zahlreicher werdenden Russenpanzer hart und verlustreich kämpfenden Infanteristen bedeuteten die Sturmgeschütze eine unschätzbare Hilfe.

Ebenso wichtig wie die Produktion von neuen Panzerfahrzeugen war selbstverständlich die Vorsorge für ausreichende Wartung und Reparatur der schon im Einsatz befindlichen Panzer. Hier stellte sich aber heraus, daß die deutsche Rüstungsindustrie bereits mehr als ausgelastet war. Hitler verlangte ständig nach der Bildung neuer Panzerdivisionen und nach höheren Produktionszahlen. Wenn man aber den Ausstoß an Neufahrzeugen erhöhte, konnte man nicht auch gleichzeitig die Ersatzteilproduktion steigern. Und ohne Ersatzteile wieder konnten die Feldwerkstätten die beschädigt von der Front zurückkommenden Fahrzeuge nicht instand setzen... Es war ein Teufelskreis. Man mußte improvisieren: Ältere und schwerer beschädigte Panzer wurden in den Frontwerkstätten rücksichtslos ausgeschlachtet, um mit den dadurch gewonnenen Ersatzteilen andere Fahrzeuge wieder verwendungsbereit zu machen. Man lebte sozusagen von der Hand in den Mund. Das trieb gelegentlich kuriose Blüten: Manchmal wurden – wenn sich zufällig die Möglichkeit dazu ergab – defekte Fahrzeuge zum Rücktransport nach Deutschland vorgesehen. Was die erstaunten Mechaniker dann in den Reparaturwerken in der Heimat bei der Ausladung vorfanden, waren leere Wracks. Alles andere war irgendwo ausgebaut und von findigen Frontmechanikern organisiert worden... Die Situation wurde so unhaltbar, daß im Mai 1942 die Neuproduktion von Fahrzeugen zugunsten der Ersatzteilfertigung eingeschränkt wurde.

Letzten Endes aber konnte die Situation nur entscheidend verbessert werden, wenn man wirklich überlegene neue Panzertypen an die Front brachte. Soweit aber war es Anfang 1942 noch nicht. Was das neue Jahr der Wehrmacht im Osten bringen sollte, war noch nicht abzusehen. Das kam auf den Führer an, auf das Wetter, auf die Russen und auch darauf, wie sich die Situation an den anderen Fronten entwickelte.

Afrika: Die nächste Runde

Schon seit Beginn des Afrikakrieges hatte das Deutsche Afrikakorps (DAK) einen „Krieg des armen Mannes" geführt: Nordafrika war für die deutsche Führung ein Nebenkriegsschauplatz ohne wesentliche Bedeutung; der Nachschub dorthin besaß daher auch keine besondere Priorität. Man behalf sich mit Improvisation und List: Während des gesamten Afrikafeldzugs waren die Deutschen zu einem nicht geringen Teil mit erbeutetem Material ausgerüstet – englischer Verpflegung, englischen Waffen und Transportfahrzeugen. Manchmal konnte man nur an den Uniformen und Hoheitsabzeichen erkennen, ob man nun Engländer oder Deutsche vor sich hatte. Aus der 5. Leichten machte man zwar die 21. Panzerdivision – aber mehr Nachschub kam trotzdem nicht, entweder, weil er einfach nicht vorhanden war, oder weil ihn die von Malta aus mit Flugzeugen und U-Booten überaus aktiv operierenden Engländer während der Überfuhr nach Afrika versenkten. Die 15. und 21. Panzerdivision – die beiden einzigen damals in Nordafrika operierenden deutschen Panzerdivisionen – erhielten beispielsweise erst im Mai 1942 die Ausstattung für die 4. Kompanie in jeder ihrer Panzerbataillone...

Nach dem Fehlschlagen des Unternehmens „Battleaxe“ im Juni 1941 suchten die Briten nach neuen Möglichkeiten zur Offensive. Sie wollten vor allem den Belagerungsring um Tobruk sprengen und die Deutschen möglichst weit nach Westen zurücktreiben oder wenn möglich sogar überhaupt vom afrikanischen Kontinent vertreiben. Die britische Offensivplanung führte schließlich am 18. November 1941 zur Auslösung der Operation „Crusader“, einem der verwirrendsten Großunternehmen des gesamten Afrikakrieges. Die Schlacht begann mit einem von drei starken britischen Angriffsgruppen um die Südflanke der deutschen Front geführten massiven Vorstoß gegen Tobruk. Der Angriff traf Rommel überraschend: Noch beim Vorstoß der 21. Panzerdivision nach Ägypten im Sommer 1941 war von irgendwelchen gegnerischen Offensivvorbereitungen nichts zu merken gewesen. Und jetzt wurde der Gegner plötzlich und unerwartet aktiv. Trotzdem war die Lage für die Deutschen nicht ungünstig: Bei Angriffsbeginn standen beide deutsche Panzerdivisionen östlich von Tobruk. Von dort aus konnten sie sehr leicht in den Kampf eingreifen, falls der Gegner – was ja auch geschah – einen Entsatzangriff gegen die belagerte Hafenstadt begann.

Rein zahlenmäßig waren die Briten um diese Zeit in Nordafrika deutlich überlegen: Den 569 deutschen und italienischen Panzern standen auf diesem Kriegsschauplatz 756 englische Kampfwagen (zusätzlich gewisser Reservebestände) gegenüber. Qualitativ waren allerdings die Deutschen überlegen. Während die italienischen Kampfpanzer – meist völlig unzureichend gepanzerte Fiat M 13/40 – den Briten unterlegen waren, hatte

Rommel mit seinen eigenen Panzern III und Panzern IV ausgezeichnete Kampffahrzeuge. Dazu kam noch die bewährte 5-cm-Pak und bald auch erbeutete russische 7,62-cm-Pakgeschütze, welche man auf veraltete Panzerchassis aufmontierte und den Panzerjägern zuteilte. Die russische 7,62-cm-Pak – die Landser nannten sie „Ratsch Bumm" – war eine höchst präzise schießende Waffe mit großer Durchschlagskraft. Die dicke Panzerung der „Matilda"-Panzer wurde von der 7,62 und von der bewährten 8,8 mühelos durchschlagen.

Schon einige Tage nach dem Angriffsbeginn hatten die Deutschen einen Großteil der gegnerischen Panzerverbände äußerst geschickt kämpfend so weit dezimiert, daß der englische Angriff vor dem Zusammenbruch stand. Das Schicksal des Unternehmens „Crusader" schien sich südlich von Tobruk und besonders im Raum von Sidi Rezegh zu entscheiden, wo die gegnerischen Panzerverbände in einem scheinbar konfusen Hin und Her einander umkreisten und zu überraschen versuchten. Rommel gelang es, jede der britischen Panzerbrigaden jeweils mit überlegenen Kräften anzugreifen und schwer zu schlagen.

Gegen die zur gleichen Zeit an der Ostfront stattfindenden riesigen Panzerschlachten waren diese Gefechte in der Wüste zahlenmäßig selbstverständlich unbedeutend. Aber der Afrikakrieg hatte seine Besonderheiten. Man beschoß einander meist schon auf weiteste Entfernungen, in vielen Fällen allerdings ohne besondere Ergebnisse. Die Deutschen aber hatten auch hier die bessere Taktik: Während die Engländer – wohl um selbst ein schwer zu treffendes Ziel zu bieten – meist im Fahren feuerten, legten die Deutschen regelmäßig einen kurzen Schießhalt ein. Das war zwar nicht ungefährlich, weil man leichter getroffen werden konnte, dafür aber konnte man den Feind besser anvisieren. Neben der besseren Taktik hatten die Deutschen in ihren Fahrzeugen auch bessere optische Einrichtungen als ihre Gegner.

Mindestens ebenso schwer wie die Ausfälle durch Feindeinwirkung waren auf beiden Seiten die Einbußen, die durch technische Gebrechen an den Fahrzeugen auftraten. Die klimatischen Besonderheiten des afrikanischen Kriegsschauplatzes wirkten sich fühlbar aus: Der Motorverschleiß war wesentlich größer als in Europa, und der überall eindringende Wüstensand zerstörte gleichermaßen Optiken, Geschütze, Federung und mechanische Teile. Unter solchen Bedingungen konnte die Effektivität der Feldinstandsetzungswerkstätten von ganz entscheidender Bedeutung sein. Wenn ein Fahrzeug mit technischem Gebrechen auf dem Schlachtfeld liegenblieb, war es endgültig verloren; wenn man es aber – oft unter den abenteuerlichsten Bedingungen – bergen konnte, war es vielleicht bald wieder instand zu setzen. Gerade die Deutschen, die ja während des gesamten Feldzuges immer knapp an Nachschub waren, konnten sich Verluste am wenigsten leisten.

Als sich die Schlacht in der Wüste im letzten Novemberdrittel nach starken Verlusten der angreifenden Briten zugunsten der Deutschen zu entscheiden schien, versuchte Rommel, die sich schon abzeichnende gegnerische Niederlage in eine vollständige Katastrophe zu verwandeln. Am 24. November 1941 brachen die Deutschen den Kampf gegen die dezimierten britischen

Panzerbrigaden im Raum südöstlich von Tobruk ab und stießen mit gesammelter Kraft nach Osten vor. Rommel wollte – entlang der ägyptischen Grenze vorgehend – die britischen Nachschub- und Versorgungsbasen für die laufende Offensive direkt angreifen und vernichten. Der deutsche Plan war großzügig – vielleicht zu großzügig: Die schwer angeschlagenen britischen Panzerverbände südöstlich von Tobruk erhielten eine unerwartete Ruhepause, während der sie nicht nur viele beschädigte Kampffahrzeuge wieder instand setzten, sondern ihren schon stark erschütterten Zusammenhalt wiederfanden.

Die entlang der ägyptischen Grenze vorstoßenden deutschen Einheiten aber waren überfordert: Rommel ging einfach zu schnell und zu großräumig vor. Die deutschen Verbände verloren während der schnellen Bewegung teilweise den Zusammenhang, es kam zu taktischen Pannen, und am Ende erlitten die angreifenden Panzer aus diesen Gründen empfindliche Verluste, ohne den Gegner entscheidend zu treffen.

Etwa zwei Wochen ging die Schlacht in der Wüste noch weiter. Beide Seiten erlitten schwere Verluste, die das DAK aber wesentlich schwerer trafen als die zahlenmäßig überlegenen Engländer. Obwohl die Deutschen das von den Engländern bereits freigekämpfte Tobruk bis zum 1. Dezember 1941 neuerlich einschlossen, mußte Rommel schließlich einsehen, daß er seine Kräfte überschätzt hatte. An Ort und Stelle weiterzukämpfen, war für die geschwächten Deutschen sinnlos geworden. Rommel gab den Rückzugsbefehl, und die Deutschen und Italiener begannen sich Anfang Dezember 1941 nach Westen abzusetzen.

Der durchaus planmäßige Rückzug endete schließlich bei El Agheila, von wo Rommel im Frühjahr 1941 zu seiner ersten Offensive aufgebrochen war. Das war ein schwerer Rückschlag, aber keine Katastrophe. Geländegewinn und -verlust bedeuten im Wüstenkrieg nicht allzu viel. Entscheidend war allein, daß die Verbände intakt blieben und keine hohen Verluste erlitten. Auch nach dem langen Rückzug blieb die Moral bei den Deutschen gut. Immer wieder griffen Nachhuten des DAK noch während der Absetzbewegungen die nachrückenden Engländer an und fügten ihnen schmerzhafte Verluste zu.

Der Kriegseintritt der USA im Dezember 1941 wurde zwar zur Kenntnis genommen, aber man regte sich an der Front nicht allzusehr darüber auf: Amerika war weit... Wer konnte schon sagen, ob die Amerikaner eines Tages vielleicht auch in Afrika erscheinen würden? Bei ihrem Kriegseintritt hatten die USA sicherlich ganz andere Sorgen: Die Japaner griffen massiv an und schlugen die Briten und Amerikaner in einer anscheinend durch nichts aufzuhaltenden Serie von siegreichen Schlachten.

Schon Mitte Januar 1942 begann Rommel eine neue Offensive. Diesmal hatten die Deutschen kürzere Nachschubwege als der Feind, und die massiven deutschen Luftangriffe, mit denen man seit Dezember 1941 die Insel Malta mit großem Erfolg niederhielt, zeigten Wirkung: Die britischen Marine- und Luftwaffenaktivitäten nahmen zur Jahreswende eindeutig ab, und der Nachschub kam – zum erstenmal seit vielen Monaten – beinahe ungeschoren aus Italien in den nordafrikanischen Nachschubhäfen der Achsenmächte an.

Entscheidend für die rasche Wiederaufnahme der deutschen Offensivtätigkeit war aber nicht nur das Erlangen größerer Nachschubmengen, sondern auch das uneingeschränkte Vertrauen, das die durch den langen Rückzug erschöpften Soldaten nach wie vor ihrer Führung entgegenbrachten. Wie Rommel selbst führten auch die meisten anderen deutschen Kommandeure von vorn. Sie fuhren mit ihren Männern in den Kampf – und allein dieser Umstand gab den Soldaten bereits Mut und Zuversicht. Selbstverständlich waren bei dieser Art der Kriegführung die deutschen Offiziers- und Führerverluste relativ hoch, aber das war in den Jahren 1941 und 1942 noch zu ertragen.

Die neue deutsche Offensive im Januar 1942 zeigte von Anfang an durchschlagende Erfolge. Rommel hielt sich an sein im Vorjahr so gut bewährtes Prinzip und brachte die vom vorausgegangenen langen Vormarsch erschöpften Engländer sehr schnell zum Laufen. Er begann seine Offensive gegen die vordersten britischen Stellungen bei Agedabia und Mersa el Brega, und schon Ende Januar 1942 hatten die Engländer auch Bengasi wieder verloren. Und der Rückzug ging weiter – zunächst allerdings nicht so weit wie im vergangenen Jahr. Die Briten hielten diesmal schon vor Tobruk in der sogenannten Gazala-Linie. Das war eine von der Küste des Mittelmeers bis tief nach dem Süden reichende Kette von gut ausgebauten und miteinander in Verbindung stehenden Feldstellungen, in denen man die Deutschen aufzuhalten hoffte.

Für Rommel stand viel auf dem Spiel: Noch waren seine Soldaten mit Nachschub versorgt, aber er erkannte klar, daß die Zeit für die Alliierten arbeitete. Zu den an sich schon beträchtlichen britischen Nachschublieferungen würde bald auch noch das amerikanische Material kommen und die Situation eindeutig zuungunsten der Deutschen beeinflussen. Wohl hatte man bisher sowohl in der Offensive als auch bei geschickt geführten eigenen Rückzügen die Oberhand über die Engländer behalten, aber die Situation mußte sich eines Tages entscheidend ändern. Was also notwendig schien, war ein entscheidender Offensivschlag, der mit der Einnahme von Tobruk beginnen und mit dem Vorstoß ins Nildelta enden mußte. Alles andere war sinnlos. Die deutsche Führung teilte die Ansicht Rommels nur bedingt: Man müsse – so entschied der Führer, der in diesem Fall bei Feldmarschall Kesselring entschiedene Unterstützung fand – das Nachschubproblem bedenken. Der deutsche Angriff dürfe daher erst über Trobruk hinausgehen, wenn man Malta erobert und die ungestörte Nachschubversorgung der in Afrika kämpfenden Achsentruppen auf diese Weise sichergestellt habe. Rommel war anderer Meinung. Er sah, daß die Engländer „weich" waren, und wollte, falls möglich, die einmal begonnene eigene Offensive nicht unnötig abbrechen.

Aber noch war es nicht soweit. Man stand nicht vor Tobruk, sondern erst vor der Gazala-Linie.

Rommel begann seinen Angriff gegen die britischen Verteidigungsstellungen am 26. Mai 1942. Wie immer versuchte er auch diesmal den Gegner zu täuschen: Während die Italiener die Briten mit Frontalangriffen an der Hauptfront ablenkten und ihre Kräfte banden, ließ Rommel seine Panzer- und motorisierten Einheiten im weiten Bogen die Gazala-Linie an ihrer südlichen, in der offenen Wüste endenden Flanke umfahren. Der Plan schien sich zunächst zu bewähren: Wie gewohnt, setzten die Briten ihre Panzer in der Verteidigung nicht geschlossen, sondern nur in Kleinverbänden ein, mit denen die überlegenen Deutschen leicht fertig wurden. Der südliche Eckpfeiler der Gazala-Linie, das festungsartig ausgebaute Bir Hacheim, hielt den Soldaten Rommels zunächst zwar stand, aber damit konnte man später fertig werden. Es kam nur darauf an, zunächst die Gazala-Linie ohne viele Verluste im Süden zu umgehen und dann nach Norden eindrehend den Gegner im Rücken zu fassen. Während die Umgehung im Süden gut gelang, stießen die Deutschen beim Eindrehen nach Norden auf unerwartete Hindernisse. Zunächst gerieten sie an einen ihnen bis dahin noch völlig unbekannten Gegner: Die Engländer hatten zu dieser Zeit bereits die ersten, aus amerikanischen Hilfslieferungen stammenden neuen „Grant"-Panzer erhalten. Diese Fahrzeuge, rein äußerlich den später im Lauf des Jahres 1942 an die Front kommenden „Sherman"-Panzern schon recht ähnlich, verfügten über eine 7,5-cm-Kanone und waren damit in der Bewaffnung selbst den deutschen Panzern IV gewachsen. Nachteilig wirkte sich allerdings aus, daß die 7,5-cm-KwK nicht im Drehturm, sondern im Panzerkasten montiert war und dadurch nur über einen äußerst geringen Seitenschwenkbereich verfügte. Dennoch aber fügten die „Grants" den hinter der Gazala-Linie angreifenden Deutschen empfindliche Verluste zu. Nicht genug damit, geriet das DAK nach dem Kampf mit den „Grants" auch noch an einen britischen Pak-Sperriegel.

Die Pakgeschütze – von den Briten damals neu eingeführte Sechspfünder und der deutschen 5-cm-Pak etwa gleichwertig – fügten den Deutschen ebenfalls schwere Verluste zu.

Der schwierigste Teil des Kampfes um die Gazala-Linie stand allerdings erst bevor. Mitten zwischen den Minenfeldern der britischen Verteidigungslinie geriet das DAK an die bis dahin von der deutschen Aufklärung nicht erkannte „Box" (Verteidigungsstellung) der britischen 150. Brigade, die den weiteren Vorstoß der Angreifer aufhielt. Dies brachte die deutschen Pläne durcheinander: Zu den nach der unerwarteten Begegnung mit den „Grant"-Panzern und im Kampf gegen die britischen Pakgeschütze aufgetretenen Verlusten kam nun die unvermeidliche Auseinandersetzung mit den die befestigte „Box" erbittert haltenden englischen Verteidigern. Während Rommel nun – zwischen Minenfeldern hilflos eingeklemmt – den Widerstand der britischen „Box" um jeden Preis zu brechen versuchte, bemühten sich vom Westen her deutsche Pioniereinheiten fieberhaft um die Freimachung eines minenfreien Weges, damit man den kämpfenden Verbänden endlich den so dringend benötigten Nachschub zuführen konnte. Am 30. Mai 1942 trat die Schlacht in eine äußerst kritische Phase: Die zwischen den Minenfeldern und der „Box" der 150. Brigade eingeklemmten deutschen Panzer waren fast ohne Treibstoff, Munition und Verpflegung. Da die Kräfte zu einem weit ausholenden Rückzug über die Südflanke nach Westen – also genau den Weg entlang, den die Verbände ursprünglich vorgestoßen waren – nicht mehr reichten, mußten die Deutschen bleiben, wo sie waren. Wenn der Nachschub nicht bald auf kurzem Weg vom Westen nachkam, war alles verloren.

Aber schon am 1. Juni trat die große Wende ein: Die den Vormarsch sperrende britische „Box“ fiel nach verheerenden Stuka-Angriffen, der Nachschub erreichte die kämpfende Truppe, und die Briten, welche die kritische Situation des noch kurz vorher vor dem Zusammenbruch stehenden Gegners nicht richtig erkannt hatten, erreichten bei ihren nun endlich langsam und nur wenig koordiniert einsetzenden Angriffen nichts mehr. Rommel hatte seine Bewegungsfreiheit wiedergewonnen – und die Deutschen nutzten sie entsprechend. Die Situation auf dem Schlachtfeld wandelte sich vollständig: Wo die Deutschen noch wenige Tage zuvor wegen des Mangels an Treibstoff und vor allem an Trinkwasser ernstlich die Kapitulation vor den Briten erwogen hatten, fuhren nun die Panzer und motorisierten Kolonnen wieder an. Die turmhohen Staubfahnen in der Wüste verrieten den Briten, was der Gegner vorhatte: Rommel stieß nach Osten, direkt in Richtung Ägypten. Noch bevor sich der Gegner aber auf die neue Situation richtig eingestellt hatte, bluffte Rommel die Briten neuerlich: Er ließ seine Verbände plötzlich anhalten und nach Westen umkehren. Wie die wilde Jagd brausten die deutschen motorisierten Kolonnen zurück, direkt auf das längst hinter ihnen liegende Tobruk zu. Und diesmal fanden die noch vom Kampf an der Gazala-Linie erschöpften Briten keine Zeit mehr, ausreichende Verteidigungsmaßnahmen zu treffen: In einem Zug überrollte Rommel den geschlagenen Feind. Am 21. Juni 1942 fiel Tobruk in deutsche Hände.

Für die Engländer war das ein schwerer Schlag. Ihre Panzer und motorisierten Verbände waren schwer dezimiert und befanden sich auf dem Rückzug. Die 8. Armee, unter welcher Bezeichnung die gegen die Deutschen und Italiener kämpfenden Briten organisatorisch zusammengefaßt wurden, suchte nach einer neuen Verteidigungslinie auf ägyptischem Boden. Man hoffte, die Achsentruppen bei Marsa Matruh aufhalten zu können.

Rommel, nach dem Fall von Tobruk von Hitler zum Feldmarschall ernannt, trat entschieden für eine Weiterführung der Offensive gegen den völlig ins Wanken geratenen Gegner ein. Malta konnte warten. Hitler und Mussolini stimmten zu: Das war die Chance, bis zum Suezkanal und ins Nildelta vorzudringen.

Schon am 30. Juni 1942 mußten die Briten auch ihre Verteidigungsstellungen bei Marsa Matruh aufgeben. Die 8. Armee erreichte einen noch nicht dagewesenen Tiefpunkt. Bei Marsa Matruh hatte die Zusammenarbeit zwischen den Einheiten nicht richtig funktioniert, und es hatte Mißverständnisse und unnötige Verluste infolge von fehlerhaften Befehlsübermittlungen gegeben. Zum Nachdenken aber blieb zunächst keine Zeit: Der britische Rückzug nach Osten, nach Ägypten hinein, ging weiter. In den englischen Stäben stellte man fest, daß man wegen der dort vorzufindenden günstigen Geländeverhältnisse nur noch bei El Alamein die Achsentruppen vor dem zu befürchtenden endgültigen Durchstoß nach Alexandrien noch einmal aufhalten könne. Hastig begann man, neue Verteidigungsstellungen anzulegen...

Mittlerweile erreichten die an der Front herrschenden Verhältnisse chaotische Formen: Sowohl Deutsche als auch Briten versuchten, möglichst schnell nach Osten zu kommen – die Briten auf dem Rückzug und die Deutschen im stürmischen Vormarsch. Es kam vor, daß britische und deutsche Verbände gleichzeitig nebeneinander fuhren, ohne einander als Gegner zu erkennen.

Staub und Hitze setzten Verfolgern und Gejagten gleichermaßen zu. Als die Deutschen schließlich bei El Alamein anlangten, hatten sie noch etwa 50 einsatzbereite Panzer – der Rest stand in der Wüste und entlang der Küstenstraße: abgeschossen oder aus technischen Gründen nicht mehr fahrbereit. Der Nachschub kam längst nicht mehr mit. Man versorgte sich aus britischen Beutebeständen, und auch ein Großteil der Troßfahrzeuge stammte vom Gegner. Die Artillerie, mit der die Deutschen wenig später bei El Alamein die Engländer im ersten Ansturm aus ihren Stellungen herauszuschießen versuchten, war teilweise britisch: Die Deutschen hatten während des Vormarsches viele gegnerische Geschütze erbeutet und setzten sie unverzüglich an der Front ein, da sie ausreichend mit Beutemunition versehen waren.

Zur allgemeinen Überraschung kam der deutsche Vormarsch bei El Alamein tatsächlich zum Stehen, da die etwa 65 Kilometer lange Verteidigungslinie bereits rechtzeitig von frisch aus Ägypten herangebrachten britischen Reserven besetzt worden war, bevor die angeschlagenen Reste der 8. Armee – fast gleichzeitig übrigens mit den nachfolgenden Deutschen – vor ihnen anlangten.

Rommel wußte, daß er die zwischen der Küste des

Mittelmeers im Norden und der undurchdringlichen Kattarasenke im Süden verlaufenden britischen Stellungen so schnell wie möglich durchbrechen mußte, um den Erfolg der gesamten Offensive nicht wieder aufs Spiel zu setzen.

Bis etwa Mitte Juli 1942 blieb die Situation an der Alamein-Front noch unklar: Rommel versuchte, die Briten in mehreren Angriffen vergeblich aus den Stellungen zu werfen, und die Briten ihrerseits fügten den Achsentruppen – besonders den Italienern der Divisionen „Trieste" und „Sabratha" – starke Verluste zu. Zu Beginn der zweiten Julihälfte war die Front der Achsentruppen bereits überdehnt – eine weitere Offensive kam mit den wenigen zur Verfügung stehenden Kräften nicht mehr in Frage. Die Intensität der Kämpfe nahm ab, und beide Parteien begannen sich zur Verteidigung einzurichten. Sowohl die Briten als auch die Deutschen legten Minenfelder an, in deren Schutz sie sich verhältnismäßig sicher fühlen konnten. Vor allem die Deutschen, die zusätzlich zu ihren eigenen Aufgaben auch den immer wieder vom Gegner gefährlich bedrängten Italienern aus der Patsche helfen mußten und dabei zusätzlich Material einbüßten, konnten in dieser Situation nicht an eine Fortsetzung des Angriffs denken. Die Panzerverbände befanden sich zum Teil in beklagenswertem Zustand: Die Fahrzeuge waren verschlissen und mußten immer wieder in die Frontwerkstätten, wo man sie mühsam wieder instand zu setzen versuchte.

Nachschub gab es nur wenig: Im August 1942, als die Schlacht um Stalingrad bereits im Gange war, ging fast der gesamte Ausstoß an neuen Panzern an die Ostfront.

So erhielt das DAK auch nur wenige Exemplare des nun endlich mit einer langen 7,5-cm-KwK ausgerüsteten Panzers IV, der sich auch 1942 noch jedem Feindpanzer gewachsen zeigte.

Am 31. August 1942 versuchte Rommel die Front nochmals in Bewegung zu bringen: Er umging die britischen Stellungen im Süden am Rand der Kattarasenke und griff mit Panzern und motorisierten Kräften an. Die neue Offensive drang jedoch nicht durch. Bis zum 2. September dauerte die Schlacht. Der Gegner war zu stark. Rommel hatte zudem genau dort angegriffen, wo General Montgomery, der neue Oberbefehlshaber der britischen 8. Armee, den Vorstoß erwartet hatte. Die Folge war, daß die Deutschen durch konzentrierte britische Panzerangriffe genau vor die Höhen von Alam Halfa gedrängt wurden, vor denen sie schließlich im Abwehrfeuer des gut eingegrabenen Gegners liegenblieben. Als den Deutschen auch noch der Treibstoff knapp wurde, blieb nur noch der Rückzug. Eine Woche nach Angriffsbeginn standen die Männer des DAK wieder in ihren Ausgangsstellungen. Die Verluste waren schwer gewesen: Obwohl die deutschen Jäger verzweifelt kämpften, beherrschten die Alliierten im Herbst 1942 den Himmel über Afrika immer mehr. Und gegen gut gezielte Bombenangriffe waren die Panzereinheiten auf dem Boden ziemlich wehrlos.

Rommel mußte Bilanz ziehen: Zum erstenmal seit ihrem Erscheinen in Nordafrika waren die Deutschen wirklich geschlagen worden. Es gab mehrere Ursachen dafür: Zum ersten standen die Deutschen bei El Alamein am Ende eines fast unerträglich langen Nachschubweges, über den sich alles, was die Front brauchte, in endlos langen Lkw-Kolonnen mühsam und langsam nach vorn quälte. Zum zweiten hatten die Alliierten in Nordafrika die Luftüberlegenheit erkämpft, und zum dritten – und das war vielleicht die bitterste Erkenntnis – hatte der Gegner nun nicht nur das Wesen der deutschen Panzertaktik begriffen, sondern begann diese Taktik allmählich auch selber mit Erfolg anzuwenden.

Das Ende der „Blitzkriegszeit", in der die deutschen Panzer und die Flugzeuge der Luftwaffe die Schlachtfelder beherrscht hatten und jeden zahlenmäßig auch noch so überlegenen Gegner scheinbar mühelos in die Knie zwangen, kündigte sich im Herbst 1942 gleichzeitig auch an der deutschen Ostfront an. Der Kampf um Stalingrad hatte begonnen...

Der allgemeine Umschwung zeichnete sich zuerst und am deutlichsten an der nordafrikanischen Front im Kampf gegen die überlegenen Briten und Amerikaner ab. Rommel ahnte, was auf die bis dahin scheinbar so unbezwingbare deutsche Wehrmacht zukam, und versuchte, die eigene Führung darauf aufmerksam zu machen.

Im OKW stießen solche Warnungen jedoch einstweilen noch auf taube Ohren: Afrika war immer ein Kriegsschauplatz gewesen, für den andere als die üblichen Bedingungen galten. Mißerfolgen in diesem Raum durfte man daher keine besondere Beachtung schenken.

In Rußland dagegen, wo der Hauptteil der Wehrmacht kämpfte, schien alles gutzugehen: Stalingrad stand vor dem Fall, und deutsche Soldaten waren bis zum Kaukasus und zum Terek vorgedrungen. Der Russe war am

Ende. Aber Afrika – das war ein Sonderfall. Was dort geschah, war ohne grundsätzliche Bedeutung für die Entwicklung an den anderen Fronten. Und im übrigen verlief alles programmgemäß. Wer die in der deutschen obersten Führung zu dieser Zeit herrschende Euphorie störte, wurde als unbequemer Mahner und als lästig empfunden.

Als Rommel im September 1942 zur Erholung nach Deutschland fuhr, war es an der Front bei El Alamein relativ still. Die Briten unter dem Befehl Montgomerys bereiteten sich für ihre kommende Offensive vor, und die Deutschen bauten ihre Verteidigungsstellungen aus. Man versuchte, die Infanteriestellungen durch ausgedehnte Minenfelder zu schützen, und hielt die verfügbaren Panzer hinter der Front als schnellbewegliche „Feuerwehr“ in Reserve. Auch die italienischen Panzerverbände waren teilweise durch deutsche Einheiten ergänzt worden, weil Rommel seinen Alliierten nicht allzuviel Widerstandskraft zutraute. Zur zahlenmäßigen Unterlegenheit der deutschen Panzer kam als weiterer Nachteil der chronische Mangel an Treibstoff, welcher großräumige Operationen von vornherein unmöglich machte. Nicht zuletzt aus diesem Grund und wohl auch, um im Ernstfall der bedrängten Infanterie möglichst schnell beistehen zu können, standen die Panzerverbände bei El Alamein auch näher hinter der Front, als es der sonst üblichen deutschen Taktik entsprach. Man hatte befohlen, Fahrzeugbewegungen auf das äußerste zu beschränken, um Kraftstoff zu sparen.

Am 23. Oktober 1942 begann der lang erwartete britische Angriff bei El Alamein. Da die deutschen

Verteidigungsstellungen im Norden am Mittelmeer begannen und bis zur Kattarasenke im Süden verliefen, war jedes flankierende Umgehungsmanöver ausgeschlossen: Montgomery mußte die Abwehr des Gegners frontal durchbrechen, um zum Erfolg zu gelangen. Eine derartige Angriffsweise entsprach auch durchaus der Auffassung des englischen Oberbefehlshabers: Montgomery hielt wenig von Bluffs und Tricks. Er verließ sich lieber auf zahlenmäßige Überlegenheit und bewährte Methoden: Artillerievorbereitung zur Ausschaltung feindlicher Widerstandsnester.

Bei Angriffsbeginn setzten die Briten bereits große Stückzahlen der neu an die Front gekommenen amerikanischen „Sherman"-Panzer ein, die über eine 7,5-cm-KwK im Drehturm als Hauptbewaffnung verfügten. Im Gegensatz zu den englischen Panzern konnten die „Shermans" nicht nur Panzer-, sondern auch Sprenggranaten verschießen und wurden damit der Infanterie und den Geschützbedienungen – vor allem natürlich der gefürchteten deutschen 8,8 – überaus gefährlich.

Trotz ihrer massiven Überlegenheit gelang den Truppen Montgomerys in den ersten Angriffstagen nicht der entscheidende Durchbruch. Die deutschen und italienischen Infanteristen hatten zwar im britischen Trommelfeuer schwere Verluste, aber die Front hielt im wesentlichen stand. Wo die deutschen Panzer zur Entlastung angriffen, büßten sie allerdings wertvolles – und vor allem zum damaligen Zeitpunkt praktisch unersetzliches – Material ein, da sie nicht großzügig operieren durften und schon wegen des Treibstoffmangels an vorbestimmte Verteidigungsabschnitte gebunden blieben.

General Stumme, der während der Abwesenheit von Feldmarschall Rommel die Panzerarmee Afrika befehligte, starb schon während der ersten Angriffsstunden an Herzversagen. An seiner Stelle übernahm General von Thoma das Kommando, bis Rommel schließlich am dritten Angriffstag aus Deutschland an die Front zurückkehrte. Aber auch der „Wüstenfuchs“ konnte die allmählich hoffnungslos werdende Situation nicht mehr meistern. Schon am 3. November hatte sich Rommel zum Rückzug entschlossen, wurde jedoch durch einen auf dem Funkweg eintreffenden drakonischen Haltebefehl Hitlers zunächst an der Ausführung seines Vorhabens gehindert.

Aber auch der „Führerbefehl“ konnte schließlich nicht mehr befolgt werden. Als alle Gegenangriffe nicht durchschlugen und die Briten schließlich auch mit Panzern durch die Front schlugen, gab Rommel den endgültigen Rückzugsbefehl. General von Thoma war inzwischen in feindliche Gefangenschaft geraten. Die Deutschen aber mußten nun endgültig zurück. Wieder verließen, wie schon im Jahre 1941, die Panzerdivisionen ägyptischen Boden. Diesmal aber war es ein Weg ohne Wiederkehr. Das Kriegsglück hatte sich geändert – nicht nur in Afrika . . .

Stalingrad: Die große Wende

In einem nach dem Ende des Zweiten Weltkriegs entstandenen Buch hat Freiherr von Mellenthin, ein überaus qualifizierter Panzerstabsoffizier der ehemaligen deutschen Wehrmacht mit Fronterfahrung in Frankreich, Afrika und Rußland, festgestellt, daß der beiderseitige Luftwaffeneinsatz wohl im nordafrikanischen Kampfraum eine bedeutende Rolle gespielt haben mag, nicht jedoch an der Ostfront. Die ungeheure Ausdehnung der Front und die relative Schwäche der von den kämpfenden Parteien verwendeten Luftstreitkräfte ließ die Bedeutung des Luftkriegs im Osten geringer werden als an anderen Fronten. In Rußland, so stellt Mellenthin fest, „waren Panzerarmeen die hauptsächlichen Instrumente des Sieges". So war es tatsächlich – und das wußten die Russen ebensogut wie die Deutschen. Und auf beiden Seiten richtete man die Planung für das Jahr 1942 nach diesen Grundsätzen aus. Die Russen nahmen an, daß die Deutschen 1942 ihren Angriff auf Moskau erneuern würden. Nachdem die großen Offensivanstrengungen der Russen mit einem letzten vergeblichen Großunternehmen gegen Charkow im Spätwinter und Frühjahr 1942 ausgelaufen waren, begann sich die Rote Armee nun auf die mit Sicherheit zu erwartende nächste deutsche Sommeroffensive vorzubereiten. Bald entdeckte die russische Aufklärung große Panzeransammlungen südlich von Brjansk und nahm an, daß es sich dabei nur um den südlichen Teil eines großen deutschen Aufmarschs gegen die sowjetische Hauptstadt handeln konnte.

Aber die Russen irrten sich gewaltig: Die deutschen Panzerkonzentrationen hatten sie wohl richtig erkannt, aber das vermutete Angriffsziel war nicht Moskau, sondern es lag anderswo.

Was hier im Raume von Brjansk aufmarschierte, war die 4. Panzerarmee von General Hoth, die die nördliche Flankendeckung für die geplanten Angriffsbewegungen der Heeresgruppe Süd bilden sollte. Die Heeresgruppe Süd aber würde nicht nach Nordosten in Richtung Moskau angreifen, sondern nach Südosten. Das Ziel, das Hitler dem deutschen Ostheer für das Jahr 1942 gesetzt hatte, war eindeutig: Vorstoß in die erdölreichen Gebiete der Sowjetunion bis zum Kaukasus. Wieder, wie schon im Spätsommer 1941, als er der Eroberung der Ukraine, der russischen Kornkammer, den Vorrang vor der Eroberung der sowjetischen Hauptstadt einräumte, ließ sich Hitler bei seiner Planung von politischen und wirtschaftlichen Motiven leiten. Ohne ausreichende Treibstoff- und Ölvorräte war der Krieg für das Deutsche Reich verloren, darüber ließ der Führer seine Generale nicht im Zweifel. Diese Erdölvorräte sollte sich die Wehrmacht durch einen gewaltigen Vorstoß in die russischen Förderzentren um Maikop sichern. Später wurde vielfach behauptet, Hitler sei auch von Stalingrad, der großen Industriestadt an der Wolga, geradezu magnetisch angezogen worden: Die Stadt, die Stalins

Namen trug – wollte sie Hitler um jeden Preis erobern? Als Symbol für den Triumph Großdeutschlands über den verhaßten Bolschewismus und jenen Mann, der sein politischer Exponent war: Josef Wissarionowitsch Dschugaschwili, der sich Stalin nannte?

Wie auch immer: Im Frühjahr 1942 standen die deutschen Planungen fest. Die Heeresgruppe Süd sollte in Richtung Kaukasus angreifen. Den zur Heeresgruppe Süd gehörenden Heeresgruppen A und B wies man zur Durchführung dieses Befehls genaue Aufgaben zu. Die Heeresgruppe A sollte zunächst bis Rostow vorstoßen, dann den Don überqueren und in Richtung Maikop vorgehen. Als Speerspitze stand der Heeresgruppe die 1. Panzerarmee von General von Kleist zur Verfügung. Die Heeresgruppe B, zu der die 4. Panzerarmee des Generals Hoth und die deutsche 6. Armee (einschließlich eines Panzerkorps) gehörten, sollte dagegen entlang der rechten Uferseite des Don vorgehen und über Woronesch nach Stalingrad angreifen.

Ihrem Auftrag gemäß mußte die Heeresgruppe B daher zunächst die russischen Verteidigungskräfte im Raum von Woronesch vernichten und anschließend die Flanken der weit ausholend nach dem Süden angreifenden Heeresgruppe A ausreichend decken. Dazu schien es zweckmäßig, am Don entlang vorzugehen. Der Raum von Stalingrad konnte dabei durchaus erreicht werden. Die Einnahme der Stadt war aber zur Erfüllung des operativen Auftrags nicht unbedingt notwendig.

Bei der Heeresgruppe B bildete die 4. Panzerarmee den gepanzerten Stoßkeil für die nachkommenden Kräfte. Panzerarmee – das war ein damals ziemlich neuer

Ausdruck im deutschen militärischen Vokabular. Bis 1942 hatte es fast ausschließlich Panzergruppen gegeben, die – zumindest theoretisch – nur sehr eng im Armee- und Korpsbereich operieren konnten. Eine Panzerarmee aber, das war etwas anderes: Endlich hatten die Panzergenerale größere Unabhängigkeit von den übrigen Heeresverbänden erlangt. Das zeigte sich deutlich in der operativen Planung für die Heeresgruppe B: Die 4. Panzerarmee spielte in jeder Beziehung die erste Geige – sie hatte die wichtigsten strategischen Manöver durchzuführen, und die zur Heeresgruppe gehörende 6. Armee sollte – bildlich gesprochen – den Spuren der gepanzerten Kameraden zu Fuß und mit ihren großteils bespannten Einheiten nachziehen. Nach Erfüllung der operativen Aufgaben sollte die 4. Panzerarmee aus der Front genommen werden und als Reserve bereitstehen, falls die Russen zu einer Gegenoffensive antraten. Und diese Offensive war zu erwarten. Auch wo sie kommen würde, konnte die deutsche Führung bereits vor Beginn der eigenen Sommeroffensive unschwer abschätzen: Vermutlich im Süden aus den offenen Steppengebieten mit Stoßrichtung zum mittleren oder unteren Don. Wenn die Russen aber bis zum Schwarzen Meer vorstießen, konnten sie die weiter im Süden, im russischen Erdölgebiet und im Kaukasus kämpfenden Deutschen abschneiden ...

Nach dem Auslaufen der Winteroffensive vor Moskau gelang den Russen im Frühjahr 1942 kein größerer militärischer Erfolg mehr. Im Gegenteil: Die von Mitte Januar 1942 im Kampfraum von Charkow geschlagenen Abwehrkämpfe brachten den Deutschen Erfolge und den Russen Menschen- und Materialverluste, die die Rote Armee stark erschöpften.

Als die 4. Panzerarmee schließlich am 28. Juni 1942 die deutsche Sommeroffensive im Süden mit einem massiven Angriff in Richtung Woronesch eröffnete, zeigten sich die noch ziemlich abgekämpften Russen in keiner Weise gewachsen. Die Russen waren „weich" – und die Deutschen nutzten die Chance. Viele Soldaten von Hoths Panzerarmee waren direkt von der Kavallerie zur Panzerwaffe gekommen. Der alte „Kavalleriegeist" schien in diesem Sommer 1942 neu aufzuerstehen: Praktisch ohne Unterbrechung rasselten die Panzerdivisionen weiter zwischen den verwirrten und fliehenden Sowjets hindurch, die ihre Stellungen nicht halten konnten – immer ihrem Ziel entgegen, der Stadt Woronesch. Der deutsche Vormarsch vollzog sich noch stürmischer als im Jahre 1941. Es war „fast wie in Polen", wie manche alten Veteranen, die den harten Winter 1941/42 überlebt hatten, meinten. Nach der Einnahme von Woronesch sollte die 4. Panzerarmee weiter am Don entlang vorstoßen, ohne jedoch den Fluß zu überqueren. Aber auch hier ging alles noch besser als erwartet: Nach der Einnahme von Woronesch Anfang Juli 1942 stießen die Deutschen zum mittleren Don vor. Eine Panzerkompanie entdeckte dabei eine nicht gesprengte Brücke über den Fluß. Kurz entschlossen befahl der Kompanieführer: „Panzer marsch!" Der erste Panzer rasselte über die Brücke. Nichts geschah. Dann folgten die anderen nach und öffneten den Weg für eine ganze Panzerdivision ...

Der rasche Panzervormarsch im Bereich der Heeresgruppe Süd barg natürlich auch Nachteile und Risiken in sich. Das Material wurde sehr stark abgenützt, und der Nachschub kam nicht mehr mit. Während in vielen Gebieten die Russen geschlagen und – soweit sie sich nicht rechtzeitig abgesetzt hatten – gefangengenommen wurden, hielten sie an anderen Stellen hartnäckig Uferbrückenköpfe und Widerstandsnester, welche die Panzer im Vorüberfahren einfach nicht zur Kenntnis genommen hatten. Die langsam nachkommenden Einheiten der 6. Armee aber fluchten: Sie mußten versuchen, mit den Russen in zähen und mühsamen Kämpfen fertig zu werden. Die nicht gerade beweglichen Einheiten der 6. Armee – marschierende Infanterie und viele pferdebespannte Einheiten – kamen so noch langsamer voran. Darüber beschwerten sich wieder die Panzereinheiten: General Hoth meinte, er hätte mit seinen Panzern schon im Juli 1942 Stalingrad „im Vorbeifahren" einnehmen können, wenn er nicht so sehr auf die eigenen, langsam nachkommenden Infanteristen hätte Rücksicht nehmen müssen.

Stalingrad fiel nicht, als es vielleicht noch leicht zu erobern gewesen wäre. Die Russen waren zwar nach den ersten massiven deutschen Angriffen des Jahres 1942 geschlagen, aber sie wichen geschickter aus als noch im Vorjahr. Die Zeit der großen Kesselschlachten, in denen man im Jahre 1941 die Rote Armee so katastrophal geschlagen hatte, schien vorüber zu sein. Wenn auch die Russen sich gegen überlegene deutsche Kräfte ohne viel Widerstand meist zurückzogen, ging doch nicht alles nach den Vorstellungen Hitlers: An den verbliebenen Don-Brückenköpfen erlitten die Deutschen teilweise unerwartet hohe Verluste, und die eigentlichen Angriffskämpfe gegen Stalingrad begannen erst am 17. August 1942.

Weniger gut als die Heeresgruppe B kam gleich von Anfang an ihr Nachbar zur Rechten, die Heeresgruppe A, voran. Bis Ende Juli 1942 stieß die Heeresgruppe nach heftigen Kämpfen im kohlereichen Donezbecken gegen den unteren Don vor und nahm schließlich Rostow und Bataisk ein. Im Donezbecken setzten sich die Russen entschiedener und hartnäckiger zur Wehr als gegenüber der Heeresgruppe B...

Hitler – vielleicht bereits ungeduldig und um den Erfolg der Offensive besorgt – entschied daraufhin, daß die zur Heeresgruppe B gehörende 4. Panzerarmee zeitweilig die Heeresgruppe A unterstützen sollte. Das war ein Befehl, der den Frontverbänden eher Nachteile brachte: Während sich die deutsche 6. Armee bei ihrem weiteren Vorstoß nach Stalingrad nun plötzlich und völlig unerwartet ihrer gepanzerten Speerspitze beraubt sah, beschwerte sich General von Kleist, der die zur Heeresgruppe A gehörende 1. Panzerarmee führte, über die offenbare Fehlplanung. Den Don-Übergang mußte die 1. Panzerarmee trotzdem allein bewerkstelligen, und als die Panzer der 4. Panzerarmee schließlich im Bereich der Heeresgruppe A anlangten, waren sämtliche Nachschubstraßen innerhalb kurzer Zeit katastrophal verstopft: Zwei knapp nebeneinander angreifende Panzerarmeen über das russische Straßen- und Schienennetz zu versorgen, war praktisch unmöglich. Die 6. Armee aber zog mittlerweile allein der Stadt Stalingrad entgegen. Ohne Unterstützung durch starke Panzerkräfte – die 4. Panzerarmee hatte Hitler ja in einen anderen Einsatzraum befohlen – kamen die Infanterieverbände von General Paulus noch langsamer voran als zuvor. Und die Russen nützten ihre Chance: Als die Deutschen Mitte August Stalingrad endlich angreifen konnten, war die Stadt bereits fieberhaft für die Verteidigung vorbereitet worden. „Es gibt für uns kein Land mehr hinter der Wolga", hatte man den in Stalingrad kämpfenden Russen gesagt. „Sieg oder Tod!" – das waren die Losungen, nach denen die Rote Armee in Stalingrad kämpfte. Die angreifenden Deutschen sollten es bald erfahren... Die Möglichkeit, Stalingrad praktisch im Handstreich zu nehmen – wie es noch der rasch vordringenden 4. Panzerarmee sicherlich möglich gewesen wäre –, war endgültig vertan.

Nach Abdrehen der 4. Panzerarmee standen nun im Bereich des unteren Don etwa 75 Prozent der in Rußland verfügbaren deutschen Panzerkräfte. Das war eine eindrucksvolle Zahl.

Daß die Verlegung der 4. Panzerarmee die gesamten Pläne der Heeresgruppe B durcheinandergebracht hatte, war klar. Dennoch schien zunächst alles gutzugehen. Mit nunmehr überproportional starken Panzerkräften ausgestattet, stieß die Heeresgruppe A weiter und erreichte den Kuban. Der Fluß wurde überschritten, und bis Mitte August 1942 waren die Deutschen im schnellen Vormarsch bis in das Erdölgebiet von Maikop gelangt. Wegen des raschen Vorgehens und der völlig unzureichenden Straßen- und Verkehrsbedingungen gab es allerdings große Nachschubprobleme: Treibstoff, Munition und Ersatzteile – an allem begann es bald in den deutschen Panzerverbänden zu mangeln. Die Instandsetzungsdienste und Frontwerkstätten arbeiteten Tag und

Nacht, aber wenn ein lebenswichtiges Ersatzteil fehlte, war meist auch mit der sprichwörtlichen Improvisationskunst der Techniker nicht viel zu machen.

Für Hitler aber sah die Situation anders aus: Er beurteilte die Lage nach den Fähnchen und Symbolen auf den großen Lagekarten. Und der bemerkenswert schnelle Fortschritt der Heeresgruppe A ließ Hitler wieder eine neue Entscheidung treffen: Wenn der Feindwiderstand vor der Heeresgruppe im Süden so schwach war, konnte man die 4. Panzerarmee doch wieder ihrer ursprünglichen Verwendung zuführen. Und bald war von Kleist mit seiner ersten Panzerarmee wieder allein: Die 4. Panzerarmee kehrte in den Bereich der Heeresgruppe B zurück, in den Großkampfraum von Stalingrad.

Damit zeichneten sich die Schwerpunkte der deutschen Offensive endgültig ab: Im Süden, im Bereich der Heeresgruppe A, ging der Vormarsch in die russischen Erdölgebiete und in Richtung zum Kaukasus weiter. Die Russen schienen am Ende zu sein. Sie wichen vor den Deutschen zurück, lieferten bestenfalls hinhaltende Gefechte und waren offenbar zu mehr als lokalen Gegenstößen weder gewillt noch fähig. Obwohl das russische Erdölgebiet nun allmählich in deutsche Hände gelangte, ging die Rechnung Hitlers nicht auf: Die Russen zerstörten meist rechtzeitig vor dem Eintreffen der Panzer alle Förderanlagen. Bohrlöcher wurden mit Beton verschlossen und die Fördertürme gesprengt oder verbrannt. Hitler aber befahl den Vorstoß nach Baku. Die Panzer setzten sich in Marsch. Führung und Fronttruppen waren sich einig: „Der Russe ist am Ende . . .“

Weiter im Norden bei Stalingrad sah die Situation weniger günstig aus. Obwohl die Deutschen in diesem Kampfraum im Sommer 1942 noch in beinahe jeder Beziehung den Russen überlegen waren, ging der Vormarsch langsamer vor sich als erwartet. Das lag einerseits am entschiedenen Widerstand der Russen vor Stalingrad und andererseits vielleicht auch daran, daß die Deutschen allmählich zu der Überlegung kamen, daß der Feldzug nun endgültig zu Ende ging – und wer wollte noch „fünf Minuten vor zwölf" fallen? In einer russischen Meldung heißt es: „Die deutschen Panzer greifen nur an, wenn sie Infanterie- und Luftwaffenunterstützung haben. Vom ‚Heldenmut' der deutschen Panzerbesatzungen ist nicht viel zu spüren. Sie gehen überaus zögernd, vorsichtig und wenig entschlossen vor." Derartiges hatte es noch nie gegeben. Sollte sich der Offensivgeist der deutschen Panzerwaffe abgenützt haben?

Am 22. August 1942 drang das deutsche XVI. Panzerkorps vom Norden her in die Außenbezirke von Stalingrad ein. Der russische Widerstand war heftig, mußte nach Ansicht der Angreifer aber bald nachlassen: Die Russen konnten nicht so unklug sein, den Kampf mit aller Kraft am Westufer der Wolga fortzusetzen, weil sie dort leicht abgeschnitten werden konnten. Zusammen mit den Panzern griff auch die 6. Armee an, und im Süden der riesigen Industriestadt stand die 4. Panzerarmee und deckte die angreifenden Kräfte gegen russische Gegenunternehmen ab.

Die nun vor Stalingrad versammelten deutschen Angriffskräfte waren sehr stark. Das Hinterland aber konnte die Wehrmacht längst nicht mehr besetzen oder auch nur ausreichend sichern. Es gab Infanteriedivisionen, die Abschnitte bis zu 65 Kilometer zu besetzen und zu sichern hatten. Derartiges war mehr als riskant: Wenn die Russen an solchen Frontstellen angriffen, waren sie nicht aufzuhalten. Mobile Reserven aber für in solchen Fällen sofort durchzuführende Gegenstöße gab es nicht. Alle Kräfte waren an der Angriffsfront vor Stalingrad gebunden.

Der Kampf um Stalingrad entbrannte mittlerweile mit voller Heftigkeit. Gegen alle Erwartungen gaben die Russen das westliche Wolgaufer nicht auf, sondern brachten ununterbrochen von Osten her Nachschub über den Fluß. Der Kampf wurde mit bis dahin noch nie dagewesener Erbitterung geführt: von Straße zu Straße, von Haus zu Haus und von einem Stockwerk zum nächsten. Langsam gewannen die Deutschen an Boden. Bis zum Beginn der russischen Gegenoffensive am 19. November 1942 hatten sie etwa neun Zehntel von Stalingrad erobert. Die russischen Wolga-Brückenköpfe aber waren nicht einzudrücken. Die Schlacht um Stalingrad, die zweifellos damals sowohl für Hitler als auch für Stalin zu einer Prestigeangelegenheit geworden war, fraß alle Reserven.

Die Deutschen mußten Verbände von der schon im Kaukasus kämpfenden Heeresgruppe A abziehen, um den Angriff gegen die große Industriestadt an der Wolga weiterführen zu können. Das blieb nicht ohne Folgen. Bald führte die erste Panzerarmee im Süden Klage darüber, daß es außer einigen Aufklärungsflugzeugen keine Luftwaffenverbände mehr im Süden gäbe. Die Stuka- und Kampffliegerverbände aber flogen nach

Stalingrad und versuchten, den fanatischen russischen Widerstand zu brechen. Tag und Nacht brannte die Stadt. Tag und Nacht schlugen die Bomben und Granaten ein, traten die ständig weiter zusammenschmelzenden deutschen Infanteristen zum Angriff im Häuserkampf an. Waren das die „kleinen Stoßtrupps", mit denen Hitler seinen eigenen Erklärungen nach in Stalingrad kämpfte, „weil die Zeit keine Rolle spielt" und weil er dort „kein zweites Verdun machen" wollte? Stalingrad war längst ein „zweites Verdun" geworden.

Die Heeresgruppe A kämpfte mittlerweile seit Beginn des letzten Augustdrittels im Kaukasus. Die Panzer hatten den Fluß Terek erreicht. Dann ging es nicht mehr weiter. Zu wenig Nachschub für die geschwächten Verbände und keine Luftwaffenunterstützung.

Anders als General von Kleist, der im Süden klassischen Panzerkrieg im weit offenen Gelände führte, kämpften die deutschen Panzer bei Stalingrad. Entgegen allen taktischen Grundsätzen mußten die Panzer und Schützenpanzer der Grenadiere ohne Rücksicht auf Verluste in den kräftezehrenden Häuser- und Straßenkampf eingreifen. Daß gerade Panzerfahrzeuge unter solchen Kampfbedingungen durch Nahkampfmittel oft unerträglich hohe Verluste erleiden, schien man zu vergessen. Hitler hatte die Einnahme von Stalingrad befohlen. General Paulus, der Oberbefehlshaber der deutschen 6. Armee, gehorchte und schwieg. Und die Panzerdivisionen verbluteten gemeinsam mit der Infanterie in den riesigen Häuserschluchten der Industriestadt. Die Generäle Wietersheim und Schwedler aber, denen das XV. und das IV. Panzerkorps unterstanden, schwiegen nicht. Sie beschwerten sich über eine Kampfführung, die ihre gepanzerten Verbände ohne sichtbare Erfolge sinnlos dezimierte. Es war vergeblich: Die beiden Generale wurden abgelöst.

Die Schlacht um Stalingrad aber ging weiter: verlustreich, ohne strategischen Sinn und mit täglich steigenden Verlusten.

Die massenhafte deutsche Kräftekonzentration auf schmalem Raum mit ungesicherten Flanken und offenem Hinterland bot noch dazu den Russen eine geradezu einmalige Offensivchance. Wenn sie die 6. Armee und die 4. Panzerarmee an den Flanken vorgehend umschließen und „abkneifen“ konnten, sahen die Deutschen bei Stalingrad einer Katastrophe entgegen.

Aber noch war es nicht soweit. Der Herbst kam und mit ihm die Regenfälle. Wieder verwandelte sich das russische Land in ein Sumpfmeer. Dann begannen die Schneefälle. Und in Stalingrad wurde immer noch gekämpft...

Am 19. November 1942 begann die russische Gegenoffensive. Aus den auch nach dem deutschen Vormarsch im Sommer in russischer Hand verbliebenen Don-Brückenköpfen und aus dem Raum südlich von Stalingrad traten insgesamt vier russische Panzerkorps zum Angriff an. Sowohl der nördliche als auch der südliche Teil der russischen Angriffskräfte trafen nicht auf Deutsche, sondern auf Verbündete. In beiden Fällen – im Norden waren es Italiener, im Süden rumänische Truppen – wurde die Front im ersten Ansturm durchbrochen. Die Russen nützten den Anfangserfolg und stießen – ohne sich weiter um die Flankendeckung zu sorgen – tief in das von den Deutschen völlig unzureichend besetzte Hinterland vor, bis sich die gepanzerten russischen Angriffskeile schließlich bei Kalatsch am Don vereinigten. Damit war schon am 23. November 1942 die deutsche 6. Armee mit Teilen der 4. Panzerarmee und Einheiten der Verbündeten – insgesamt mehr als 200 000 Mann – im Raum von Stalingrad eingeschlossen. Die 4. Panzerarmee hatte zwar versucht, die südlich von Stalingrad angreifenden Russen aufzuhalten, kam aber nicht zum Erfolg. Die deutschen Panzer wurden entweder abgeschossen oder nach Stalingrad in den sich abzeichnenden Riesenkessel hineingedrängt.

Mit ihrer Gegenoffensive hatten die Russen eine für die Wehrmacht sehr bedrohliche Situation geschaffen. Wenn man die 6. Armee nicht rechtzeitig einsetzen konnte oder sie nicht aus eigener Kraft nach dem Westen durchbrach, war sie verloren. Die in Stalingrad eingeschlossenen Soldaten aus der Luft zu versorgen, stellte sich schon bald als unmöglich heraus.

Da Hitler der 6. Armee den an sich vielleicht bald nach der Einschließung noch möglichen Ausbruchsversuch nach dem Westen verboten hatte, mußte man versuchen, den Kessel von außen aufzusprengen. Zu diesem Zweck wurde unter dem Befehl von Feldmarschall Manstein die neue Heeresgruppe Don gebildet. Man versuchte, für den bevorstehenden Entsatzangriff zusammenzuraffen, was nur irgend verfügbar war. Die nicht von der Umklammerung erfaßten Teile der 4. Panzerarmee, die rumänische 3. Armee, die sogenannte Armeeabteilung Hollidt und schnell aus zurückkehrenden Urlaubern zusammengestellte Armee-Einheiten traten schließlich zur Entsatzoffensive an. Der Angriff war nicht ohne Chance. Die Russen hatten bei ihrem weiten Durchbruch einiges an Kräften verloren, und der Nachschub kam auch bei ihnen nicht immer durch. Alles kam jetzt auf die deutschen Panzer an. Wenn sie den russischen Einschließungsring durchbrechen konnten und ihnen die 6. Armee kämpfend nach Westen entgegenstieß, war es vielleicht zu schaffen.

Im Süden beobachtete die Heeresgruppe A die Entwicklung in Stalingrad mit einiger Sorge: Wenn es den Russen gelang, bis zum Schwarzen Meer durchzubrechen, war der gesamten Heeresgruppe der Rückzug versperrt. Zunächst aber konnte man nicht allzuviel tun. Nur das LVII. Panzerkorps wurde nach dem Norden verlegt und sollte bei der Offensive zur Aufbrechung des Stalingradkessels mitwirken. So wie Hitler der Stalingrad-Armee den Ausbruch verboten hatte, mußte auch die Heeresgruppe A zunächst den eroberten Raum zu halten versuchen. Rückzug, so hatte Hitler entschieden, kam nicht in Frage.

Dabei begann sich nun auch die Lage bei der Heeresgruppe A ungünstig zu entwickeln. Am 5. Dezember 1942 meldete die an der Flanke der 1. Panzerarmee stehende 3. Panzerdivision den Aufbau stärkerer russischer Kräftekonzentrationen im Osten. Die Division bildete wenig später nach Erhalt entsprechender Befehle eine aus zwei Panzerkompanien, einer Grenadierkompanie auf Schützenpanzern und zwei Zügen Panzerspähwagen bestehende Kampfgruppe, um eine gewaltsame Aufklärung nach Osten durchzuführen. Die zusätzlich noch durch eine Batterie 10,5-cm-Feldhaubitzen verstärkte Kampftruppe stieß zunächst etwa elf Kilometer über die offene Steppe vor, ohne auf Feindwiderstand zu treffen. Dann, schon in der Abenddämmerung, gerieten die Deutschen an eine kleinere feindliche Infanterieeinheit und nahmen die überraschten Russen gefangen. Die verstörten russischen Soldaten berichteten, daß weiter im Osten stärkere Verbände stünden.

Am nächsten Morgen setzte die deutsche Kampfgruppe ihren Marsch nach dem Osten fort und wurde schon wenig später von den Russen angegriffen. Die Deutschen vernachlässigten bei dieser Gelegenheit die eigene Flankendeckung, so daß einige russische Panzer, die wenig später in der Flanke auftauchten, leichtes Spiel hatten. Sie griffen überraschend an und schossen mehrere deutsche Fahrzeuge ab. Die Deutschen gerieten in Verwirrung und zogen sich hastig zurück. Und die Russen taten, was ein deutscher motorisierter Verband in einer solchen Situation wohl niemals getan hätte: Sie blieben einfach stehen und ließen den Gegner abziehen.

Das war es: Die Russen hatten wohl vom Gegner die Taktik zum Teil bereits übernommen, sie hatten begriffen, daß schnelle Flankenvorstöße gepanzerter und motorisierter Einheiten überraschende Erfolge bringen konnten, aber oft blieben sie dann buchstäblich auf halbem Weg stehen, bekamen Angst vor dem eigenen Mut und nützten ihre Chancen nicht entsprechend aus.

Was die Kampfgruppe der 3. Panzerdivision hier weit im Süden erlebt hatte, erfuhren weitaus größere deutsche Panzerverbände um diese Zeit weiter im Norden bei den Vorbereitungen für das Unternehmen „Wintergewitter", der geplanten Entsatzoffensive gegen Stalingrad.

Bis zum 12. Dezember 1942 hatte die Heeresgruppe Don eine beachtliche Streitmacht im Raum von Kotelnikowo versammelt. Etwa 130 Kilometer waren es vom Aufmarschraum bis zum Rand des Kessels. Keine sehr weite Entfernung eigentlich, aber sie mußte im Angriff kämpfend überwunden werden. Schon hatten die Deutschen etwa eine Woche Verspätung: Man mußte auf das LVII. Panzerkorps warten, das sich langsam vom Kaukasus her nach Norden in Marsch setzte.

Und die Russen begriffen selbstverständlich, was sich im Raum von Kotelnikowo ereignete: Die Deutschen versammelten starke Kräfte für einen Gegenangriff. Um dem deutschen Angriff zuvorzukommen, versuchte die Rote Armee in ständigen Angriffen, die Front weiter nach Südwesten vorzutreiben. Ohne Rücksicht auf Flankendeckung ließen die Russen ihre Panzer vorstoßen. Am Tschir wurde die deutsche Front durchstoßen: Die weiß gekalkten Russenpanzer rasselten weiter ins Hinterland und griffen die Deutschen an, wo sie sie trafen. „Wilde Sau machen" nannten das die Landser. Die Infanterie hielt auch weiter ihre Stellungen an den russischen Durchbruchrändern am Tschir. Die 11. Panzerdivision schlug sich im Westen der weit ostwärts ausgebuchteten Flußschleife des Tschir mit den Russen herum, schoß sie ab oder trieb sie wieder nach Osten zurück. Noch waren die deutschen Panzerdivisionen kräftig genug.

Der Entsatzangriff gegen Stalingrad begann schließlich mit zwei Panzerdivisionen (6. und 23. Panzerdivision) und rumänischen Kräften, zu denen dann noch eine dritte Panzerdivision (die 17.) trat. Zunächst kam der

Angriff gut voran. Die Russen wehrten sich, aber sie waren zu schwach, um die entschlossen angreifenden Deutschen und Rumänen aufzuhalten. Der Aksai wurde kämpfend überschritten, und der Vorstoß ging durch die Kalmückensteppe weiter – Stalingrad entgegen. Eine Woche lang schien alles gutzugehen. Aber der russische Widerstand wurde immer stärker.

Als die Entfernung bis zum Kesselrand von Stalingrad nur noch etwa 37 Kilometer betrug, war es aus: Die Russen hielten die Front. In Stalingrad hörten die Eingeschlossenen bereits das Rumpeln der Schlacht im Westen. Aber es war vergeblich. Die 6. Armee durfte den Entsatztruppen nicht entgegenstoßen. Außerhalb des Einschließungsringes blieb der Angriff liegen.

Schon am 24. Dezember griff die Rote Armee neuerlich an. Manstein mußte den unter schweren Opfern gewonnenen Boden aufgeben, und die Deutschen und Rumänen wichen wieder nach Westen zurück. Das „Wintergewitter" war vorbei – und mit ihm die Hoffnung auf Rettung für Stalingrad. Die 6. Armee und die verbliebenen Reste von drei deutschen Panzerdivisionen waren endgültig verloren. Radio Moskau hatte einen neuen Slogan für seine Propaganda-Sendungen: „Stalingrad – Massengrab ..."

Nach der erfolgreichen Einschließung von Stalingrad bemühten sich die Russen nun, ihren Angriff bis zur Schwarzmeerküste vorzutreiben. Wenn ihnen das gelang, war die gesamte, im Kaukasus kämpfende deutsche Heeresgruppe A verloren. Als auch Hitler den Ernst der Situation begriff und der Heeresgruppe die geplanten Absetzbewegungen genehmigte, war es fast schon zu spät: Während die Deutschen in der Zeit vom 31. Dezember 1942 bis zum 28. Januar 1943 vom Kaukasus auf den unteren Don zurückgingen, versuchten ihnen die Russen den Rückzug abzuschneiden. Feldmarschall Manstein hielt die Front östlich von Rostow mit dem Mut der Verzweiflung: Wenn die Russen den Korridor, durch den sich die Panzerarmee vom Süden kommend zurückzog, mit Gewalt verschlossen, saß der Rest der Kaukasus-Armee in einer riesigen Falle. Und die Russen versuchten alles, um den Deutschen eine möglichst umfassende Niederlage zuzufügen. Daß ihnen dies im Winter 1942/43 nicht gelang, war letzten Endes auf die noch immer überlegene deutsche Taktik und auf den unbedingten Widerstandswillen der nach Stalingrad mit dem Mut der Verzweiflung kämpfenden Wehrmacht zurückzuführen. Die Rote Armee hielt fast immer die gleiche Angriffstaktik ein: Nach massiver Artillerievorbereitung griffen die Panzerrudel an. Die deutsche Front – soweit sie nur von Infanterieverbänden gehalten wurde – war in den meisten Fällen kaum zu halten, da die Soldaten Ende 1942 im wesentlichen noch über keine geeigneten Mittel zur Panzerbekämpfung – wie etwa die erst später eingeführte Panzerfaust verfügten. Wo Pak- oder Sturmgeschütze standen, blieb der Gegner oft liegen. Aber meist kamen die Russenpanzer durch und rasselten weit in das Hinterland hinein. Die Deutschen verteidigten sich dann in Igelstellungen, Dörfern und kleinen Ansiedlungen, die man zur Rundumverteidigung eingerichtet hatte. Die Lage konnte nur durch Gegenstöße von Panzern und Sturmgeschützen bereinigt werden. Sie lauerten den Russenpanzern auf, schossen die Begleitinfanterie ab und trieben den durchgebrochenen Gegner meist wieder zurück, bis die Front wieder hergestellt war. Wo der Gegner zu stark war, nahmen die gepanzerten Kolonnen oft die Besatzungen von isolierten deutschen Stützpunkten auf und brachten sie nach Westen in Sicherheit. Der Ostfeldzug hatte ein neues Gesicht bekommen: Die Wehrmacht mußte ums Überleben kämpfen.

Für jene, die erst in den späteren Kriegsjahren in Zentraleuropa kämpften, waren die Dimensionen des Krieges in den endlosen Weiten des Ostens unvorstellbar. Jeder Fehler konnte zur tödlichen Katastrophe führen. Nur durch ihre überlegene Ausbildung und Führungskraft konnten die Deutschen die krisenhafte Lage im Süden der Ostfront Ende 1942 und Anfang 1943 meistern. Stalingrad war geschehen, aber die Siegeseuphorie der Russen nach der Ende Januar 1943 für sie siegreich abgeschlossenen großen Kesselschlacht war verfrüht. Die Rote Armee griff an, aber noch waren die deutschen Gegenschläge hart und konzentriert genug, um die Russen zurückzuschlagen. Es war eine Sache der kühlen Strategie, der Erfahrung und der Intuition: Man ließ die Russen angreifen, bis sie sich nach Geländegewinnen erschöpften und stehenblieben. Und dann kam der Gegenstoß: Panzer und Grenadiere, Schlachtflugzeuge und Artillerie – bis die Russen sich wieder zurückzogen oder vernichtet waren.

Trotzdem gewannen die Russen – wenn auch teilweise unter überaus großen Menschen- und Materialverlusten – an Boden. Bis zum Februar 1943 hatte die russische 6. Armee südlich von Charkow die Front in einem weiten

Bogen nach Westen vorangetrieben. Die Deutschen hatten Kursk und Charkow verloren, beides wichtige Nachschub- und Verkehrszentren. Und durch den gewaltigen russischen Frontvorsprung nach Westen waren der Dnjepr und die Stadt Dnjepropetrowsk bedroht.

Hitler, dem russischen Vordringen gegenüber schon nervös geworden, flog nach Rußland und verlangte von Feldmarschall Manstein die umgehende Rückeroberung von Charkow. Aber Manstein wollte noch nicht eingreifen: Der russische Angriff sollte sich zuerst totlaufen. Im Februar 1943 griffen die Russen pausenlos an und erzielten weitere Geländegewinne.

Mittlerweile bereitete Manstein schon den kommenden großen Gegenschlag vor, mit dem er den bereits siegessicher gewordenen Russen einen verheerenden Schlag beizubringen hoffte. Wieder versammelte man im Bereich der Heeresgruppe Süd bedeutende deutsche Panzerkräfte. Nördlich des weit nach Westen vorgetriebenen russischen Frontbalkons versammelte sich das 1. SS-Panzerkorps in der Nähe von Krasnograd. Nach dem Plan Mansteins sollte das Korps im Rahmen der bevorstehenden Offensive in südöstliche Richtung auf Pawlograd angreifen und dabei den nördlichen Zangenarm bilden, gegen welchen die insgesamt fünf Panzerdivisionen des III. Panzerkorps, der 4. und 1. Panzerarmee, vom Süden her angreifend, die russischen Hauptkräfte im Frontvorsprung drücken sollten. Der südliche Arm der Panzerzange war für die bevorstehenden Aufgaben tatsächlich gut vorbereitet: Fünf Panzerdivisionen – das war eine Streitmacht, die die russische Front aus den

Angeln heben mußte. Die vom Süden her antretenden Panzer kamen aus dem Raum westlich von Krasnoarmeyskoje und sollten über Lozowaya schließlich nach Charkow vorstoßen.

Als Feldmarschall Manstein seinen konzentrisch geführten Angriffsschlag am 20. Februar 1943 begann, stieß er genau in eine ebenfalls gerade beginnende russische Offensive hinein: Die Rote Armee wollte endlich den Dnjepr erreichen. Die Russen fühlten sich sicher, da sie die Deutschen für völlig erschöpft hielten. An eine mögliche deutsche Gegenoffensive dachte damals niemand. Noch bis knapp vor Angriffsbeginn ließ Manstein den Feind glauben, daß er nur hinhaltenden Widerstand zu leisten beabsichtigte, und erst unmittelbar vor Beginn der Offensive rollten die deutschen Panzer- und motorisierten Verbände in ihre frontnahen Versammlungsräume. Mit unglaublichem Geschick traf Manstein die Russen in einem für sie kritischen Zeitpunkt: erschöpft vom eigenen Angriff, mit nur geringen Kraftstoffreserven versehen und schon längt allzu siegessicher geworden. Der deutsche Schlag traf die Russen mit vernichtender Gewalt: Der gesamte Monat März 1943 war im Süden der Ostfront von der neuen Offensive der Wehrmacht gekennzeichnet. Schon am 15. März fiel Charkow wieder in deutsche Hand.

Für Manstein war das Unternehmen aber auch ein Wettlauf mit der Zeit: Noch war Winter – ein wesentlich strengerer Winter als der des vorangegangenen Jahres –, und der gefrorene Boden war gut panzergängig. Wenn aber die Schneeschmelze einsetzte, mußten alle Bewegungen wieder zum Erliegen kommen.

Der Frühling kam in Rußland ziemlich früh in diesem Jahr, aber doch zu spät für die Russen: Als die Kämpfe im Großraum Charkow Ende März 1943 zum Abschluß kamen, waren die russische 6. Armee und die russische 3. Panzerarmee vollständig vernichtet. Der gefährliche russische Frontvorsprung zum Dnjepr war beseitigt. Zwölf deutsche Panzerdivisionen hatten den Russen bewiesen, daß die Wehrmacht das Zuschlagen noch nicht verlernt hatte.

Den Plan, die Russen auch im weit vorgetriebenen Frontvorsprung im Raum von Kursk abzuschneiden, konnte Manstein allerdings im Frühjahr 1943 nicht mehr realisieren: Der Frost brach, und die russischen Straßen verwandelten sich im Nu in Schlammseen. Man mußte warten.

Nach dem großen Erfolg bei Stalingrad hatte der Winter 1942/43 den Russen also im Bereich der Heeresgruppe Süd zwar zunächst weitere Raumgewinne gebracht, dann aber hatte sich die militärische Situation nach dem massiven deutschen Gegenschlag im Raum von Charkow wieder entschieden geändert. Im Bereich der Heeresgruppe Nord und Mitte war das ganze Jahr 1942 im wesentlichen durch eine ununterbrochene Reihe von Abwehrschlachten gegen die überall andrängenden Russen gekennzeichnet gewesen, ohne daß der Roten Armee ein wirklich entscheidender Durchbruch gelungen wäre. Was 1943 bringen würde, blieb abzuwarten. Die Russen jedenfalls waren stärker als je zuvor ...

Die neue Elite

Etwa gleichzeitig mit den für die Deutschen so verhängnisvollen Entwicklungen an der Ostfront zeichnete sich auch in Nordafrika eine entscheidende Wende zugunsten der Allierten ab. Nachdem die britische 8. Armee Anfang November 1942 die deutschen Stellungen bei El Alamein durchbrochen hatte, gab es kein Halten mehr: Die nun bereits auf dem Boden und auch in der Luft unterlegenen Deutschen zogen sich immer weiter nach dem Westen zurück. Obwohl die deutschen Verluste diesmal wesentlich höher waren als im Winter des vorangegangenen Jahres, waren sie doch wesentlich geringer als die der Italiener. Die italienischen Infanterieverbände waren bei El Alamein nur unzulänglich mit Transportfahrzeugen ausgerüstet gewesen. So blieb ihnen die Möglichkeit eines schnellen Rückzugs verschlossen. Außerdem nahmen die zurückgehenden deutschen Einheiten den Italienern manchmal noch ihre wenigen Fahrzeuge für ihren eigenen Bedarf weg. Das belastete das ohnehin nicht sehr herzliche deutsch-italienische Verhältnis noch weiter.

Die militärisch äußerst gespannte Situation in Nordafrika wurde durch die am 8. November 1942 beginnenden massiven anglo-amerikanischen Truppenlandungen in Französisch-Nordafrika noch wesentlich verschärft.

Die in Marokko und Algerien an Land gehenden alliierten Truppen hatten Befehl, Tunesien möglichst schnell zu erobern. Biserta und Tunis waren dabei die wichtigsten Ziele. Nach den alliierten Landungen in Nordafrika sah sich Rommel plötzlich in einen Zweifrontenkrieg verwickelt, den die stark abgekämpften Deutschen unmöglich durchstehen konnten. Die Alliierten wollten den Deutschen den Rückzug abschneiden, sie an einer möglichen Überführung der Truppen auf das europäische Festland hindern und möglichst vollständig gefangennehmen. Wenn aber die Achsenmächte aus Nordafrika vertrieben waren, konnte die Invasion von Südeuropa nur noch eine Frage der Zeit sein.

Um den in diesem Zusammenhang drohenden militärischen und politischen Gefahren vorzubeugen, entschloß man sich bei den Deutschen unmittelbar nach der alliierten Landung zur Entsendung starker Kräfte nach Tunesien. Der Brückenkopf Tunis, den Feldmarschall Kesselring schon als Kartenhaus bezeichnet hatte, wurde nun mit Soldaten und Material geradezu vollgepfropft. Sogar ein komplettes Bataillon Tiger-Panzer ging auf dem Seeweg nach Afrika. Mit der in Tunesien neu gebildeten 5. Panzerarmeee beabsichtigte Hitler aber nicht nur, dem vom Osten her zurückgehenden DAK eine sichere Auffangbasis zu schaffen, Hitler begann nun auch für Afrika zu fordern, was der Wehrmacht in den endlosen Weiten Rußlands mehr und mehr zum Verhängnis zu werden drohte. Keine Geländepreisgabe! Halten um jeden Preis!

Für die Kommandanten – von der Kompanie bis zur Armee aufwärts – wirkten sich solche Befehle katastrophal aus: Die Trupppe wurde in ungünstigem Gelände festgehalten und mußte weiterkämpfen, selbst auf die Gefahr hin, eingeschlossen und vernichtet zu werden. Gegen den Feind an der Front und gegen die sinnlosen Befehle Hitlers gleichzeitig zu kämpfen, war unmöglich. Ende Januar 1943 hatte das DAK Tunesien und die relative Sicherheit der Mareth-Linie erreicht. Die Mareth-Linie war eine alte französische Befestigungslinie, die nun von den Deutschen eilig bezogen und gegen den von Osten her nachstoßenden Gegner zur Verteidigung hergerichtet wurde.

Nicht ohne Bitterkeit sahen die alten Wüstenkämpfer nun, welche Materialmengen der Front in Nordafrika wie mit einem Schlag plötzlich zur Verfügung standen. Rommel konnte seine beiden stark geschwächten Panzerdivisionen zum erstenmal seit vielen Monaten wieder entsprechend auffüllen – zu spät allerdings, wie sich herausstellte. Hätten die Deutschen nur wenige Monate zuvor über vergleichbare Material- und Waffenmengen verfügt, wären sie vielleicht bis nach Alexandrien durchgestoßen.

Aber Anfang 1943 hatte sich die militärische Situation vollständig geändert. Mit den nun vorhandenen Panzerdivisionen – Rommels 15. und 21. Panzerdivision – und der neu in Afrika eingetroffenen und voll ausgestatteten 10. Panzerdivision konnte nun sogar an eine größere Offensive gedacht werden. Vor allem von den schweren Tiger-Panzern, denen die Alliierten nichts Gleichwertiges entgegenzusetzen hatten, versprach man sich große Erfolge, besonders im Kampf gegen die erstmals auftretenden Amerikaner, denen die kampferfahrenen Deutschen selbstverständlich auf dem Schlachtfeld taktisch weit überlegen waren.

Die Amerikaner hatten damals mit ihrer 1. Panzerdivision die Front östlich des Kasserine-Passes besetzt. Zusammen mit den Pässen bei Gafsa, Faid und Fondouk stellte der Kasserine-Paß einen der wichtigsten Übergänge dar, hinter denen sich die Alliierten Anfang 1943 langsam für den entscheidenden Vorstoß gegen den Brückenkopf Tunis vorbereiteten. Für die Deutschen war die Situation im Januar und Februar 1943 nicht ungünstig: Montgomerys 8. Armee war den von El Alamein zurückgehenden Truppen der Achsenmächte zwar bis nach Tunesien gefolgt, im Februar 1943 jedoch zu keiner größeren Offensivanstrengung fähig, weil es den durch den langen Vormarsch erschöpften Verbänden an Treibstoff und Munition fehlte. An der afrikanischen Westfront bereiteten sich die Amerikaner und die britische 1. Armee für den zu erwartenden Endkampf im Brückenkopf Tunis vor, waren aber ebenfalls für eine Offensive noch nicht stark genug.

In diese Situation stieß der am 14. Februar 1943 unter dem Befehl von General von Arnim beginnende Angriff starker deutscher Panzerkräfte. General von Arnim war aus Rußland nach Afrika gekommen. Er war ein tüchtiger Mann, dem allerdings die Brillanz und das taktische Geschick Rommels abgingen. Von Arnim hielt sich an den Befehl Hitlers: Der Brückenkopf war zu halten. An wirklich große Offensivunternehmungen war nicht zu denken. Mit dieser Auffassung stand von Arnim in starkem Gegensatz zu Rommel, dem die schnelle und rücksichtslose Ausnützung einer sich ergebenden günsti-

Russische T-34-Panzer in Stalingrad

General von Manstein, der Sieger von Charkow (links) und General Hoth

Schwerer Panzerspähwagen (Achtrad) mit 7,5-cm-Pak L/48

Deutscher Panzer III an der „Mareth-Linie“

Bei der „Wespe“ handelte es sich um eine auf das Chassis des Panzerkampfwagens II montierte 10,5 cm leichte Feldhaubitze

Zum Bahntransport verladene „Panther“-Panzer

Hitler und Guderian (links) in einem Rüstungswerk

gen Situation auf dem Schlachtfeld wichtigstes Gebot war.

Der deutsche Angriff verlief zunächst so erfolgreich, daß Rommel Generaloberst Ziegler, der die deutschen Verbände führte, zu einer unverzüglichen Fortführung der Offensive drängte. Ziegler wollte zunächst die Genehmigung seines Vorgesetzten von Arnim einholen. Auf diese Weise verstrichen 48 Stunden, bis der deutsche Angriff wieder ins Rollen kam. Obwohl sich die Alliierten in diesem Zeitraum vom ersten Schrecken bereits etwas erholt hatten, wichen sie vor den Deutschen nochmals etwa 40 Kilometer bis nach Sbeitla zurück, wo sie sich zur Verteidigung festsetzten. Das Angriffsziel der Deutschen war der Kasserine-Paß. Rommel, der die Schwäche und Verwirrung des Gegners richtig erkannte, wollte möglichst schnell über Tebassa in Richtung der alliierten Nachschubwege und vielleicht sogar bis zu den algerischen Ausladehäfen vorstoßen. Das Unternehmen lief unter dem Decknamen „Frühlingswind“ – und dieser Frühlingswind konnte nun sehr leicht zu einem für die Alliierten katastrophalen Orkan werden.

Am 19. Februar 1943 kam die Genehmigung zur Fortsetzung der deutschen Offensive vom Comando Supremo aus Rom. Rommel sollte führen. Gleichzeitig wurde aber befohlen, den Hauptstoß der Achsenkräfte in Richtung Thala zu führen. Das war falsch: Genau dort erwarteten die Alliierten den deutschen Angriff. Rommel wollte in Richtung Tebessa angreifen, dorthin, wo sich der Gegner sicher fühlte und mit dem Erscheinen deutscher Kräfte nicht rechnete.

Aber es war vergeblich. Der Angriff wurde nach

Norden in Richtung Thala geführt und gewann gegen äußerst zähen alliierten Widerstand nur langsam an Boden. Am 20. Februar 1943 war der Kasserine-Paß endlich in der Hand der Angreifer, und am folgenden Tag rückten die nunmehr schon stark abgekämpften Deutschen in Thala ein. An eine Weiterführung der Offensive war mit den geschwächten Kräften nicht mehr zu denken, und unter dem Druck der nun massiv einsetzenden alliierten Gegenangriffe mußten die Deutschen das eroberte Gelände sogar bald wieder preisgeben. Die Chance für „Frühlingswind" war vertan.

Am 6. März 1943 begann Rommel seine letzte Offensive in Nordafrika: Er griff bei Medenine die sich nun ihrerseits bereits für eine neue Offensive vorbereitenden Verbände der britischen 8. Armee an. Die Deutschen erlitten aber schwere Verluste und mußten die Offensive abbrechen.

Rommel, schwer erkrankt und von der völligen Aussichtslosigkeit der militärischen Lage in Nordafrika überzeugt, kehrte endgültig nach Deutschland zurück.

Das Schicksal der Achsenkräfte war nach dem Zusammenbruch der letzten Offensive endgültig besiegelt. Der vor kurzem noch so reichlich fließende Nachschub begann auszubleiben. Die Alliierten beherrschten das Mittelmeer und schossen die deutschen Transportmaschinen meist schon beim Überflug nach Afrika ab. Transportschiffe ließen die Italiener dagegen überhaupt kaum mehr auslaufen – die Royal Navy war zu diesem Zeitpunkt bereits viel zu stark. Die Amerikaner, Briten und Franzosen engten mittlerweile den Brückenkopf Tunis unter ständigen Angriffen immer weiter ein.

Obwohl sie vielfach überlegen waren, operierten die Alliierten dabei wesentlich vorsichtiger, als es eigentlich den militärischen Gegebenheiten entsprochen hätte. Die noch vorhandenen wenigen deutschen Panzer deckten den Rückzug, so gut es ging.

Als die Briten schließlich nach schweren Kämpfen die deutsche Verteidigung entlang der Mareth-Linie durchbrachen, fiel die Front bis zum Wadi Akarit zurück, wo die andrängende britische 8. Armee nochmals aufgehalten wurde. Aber es war alles längst verloren: Die Lage der Achsenmächte in Nordafrika war unhaltbar. Bei Djebel Bou Aoukaz griffen die deutschen Panzer nochmals an. Es war nicht mehr als ein dramatischer Abgang ohne viel militärische Bedeutung.

Die letzte britische Offensive begann in der Nacht zum 6. Mai 1943 im Medjerdatal. Am Nachmittag des 7. Mai drangen die Briten schließlich in Tunis ein. Die Amerikaner erreichten fast zur gleichen Zeit Biserta. Das Ende war gekommen: Wer von den Deutschen und Italienern nicht in den letzten Tagen noch über das Meer entkommen war, ging in alliierte Gefangenschaft. Nach Stalingrad nun Tunis: Das Kriegsglück hatte sich endgültig gewendet.

Im achten Jahr ihres Bestehens sah sich die deutsche Panzerwaffe nun an allen Fronten schwierigen Krisen gegenüber. Die Zeit der Blitzkriege und Blitzsiege war vorbei, und die Deutschen mußten sich auf eine Periode ständig härter werdender Abwehrkämpfe vorbereiten.

Hitler forderte fanatischen Widerstand im Sinne der nationalsozialistischen Überzeugung. Wer zu notwendigen Rückzügen mahnte, wurde als hochgradig lästig und als defätistisch angesehen. Unter solchen Voraussetzungen gewann die Waffen-SS ständig an Bedeutung. Es entsprach dem Charakter Hitlers und der gesamten auf dem Führerprinzip aufbauenden nationalsozialistischen Bewegung, persönlichen Paladinen ständig steigende Machtbefugnisse im Staat zu übertragen. Dieses Prinzip begann sich allmählich auch in der Wehrmacht immer weiter durchzusetzen: Reichsmarschall Göring, Weltkriegsfliegerheld und Kampfgefährte Hitlers aus frühester Zeit, war Oberbefehlshaber der deutschen Luftwaffe. Sein Erzrivale Himmler wirkte dagegen weiterhin im verborgenen. Er herrschte über Polizei und SS und war für die Sicherheit des Reichs nach innen verantwortlich. Nach Ausbruch des Krieges aber trat die SS auch an der Front in Erscheinung. Schon im Polenfeldzug, in Frankreich und auch auf dem Balkan, aber wesentlich stärker dann in Rußland griffen Verbände der Waffen-SS an entscheidender Stelle in die Kämpfe ein. Anfänglich waren die Einheiten der Waffen-SS zahlenmäßig gering: Aus dem zunächst bestehenden einzigen SS-Panzerregiment und einer motorisierten Infanteriedivision wurden aber allmählich stärkere Verbände gebildet, bis schließlich Anfang 1943 die ersten drei Panzerdivisionen der Waffen-SS aus ursprünglich motorisierten bzw. Panzergrenadierdivisionen gebildet wurden. Schon bei der deutschen Offensive zur Rückeroberung von Charkow wurden alle drei SS-Panzerdivisionen mit ausgezeichnetem Erfolg gegen die Russen eingesetzt.

Die Kampferfolge der Waffen-SS waren nicht nur darauf zurückzuführen, daß in ihren Verbänden meist hart bis fanatisch kämpfende, freiwillige Elitesoldaten standen, die der Idee des Nationalsozialismus mit Überzeugung verbunden waren, sondern auch auf die ausgezeichnete materielle Ausstattung der Einheiten. Während ein normales Wehrmachtspanzerbataillon zum Beispiel üblicherweise mit 48 Panzern ausgestatttet wurde, waren es bei der Waffen-SS regelmäßig 59 Kampfwagen. Kamen neue Waffen oder Fahrzeuge an die Front, wurde die Waffen-SS ebenfalls meist bevorzugt versorgt. Mit der Bekleidung war es ebenso: Während die Soldaten des Heeres oft noch in ihrer unzureichenden Winterbekleidung froren, bekam die Waffen-SS bereits gefütterte Winteranoraks und Tarnanzüge. All das entsprach den Wünschen und Vorstellungen Hitlers: Die Waffen-SS – nach dem Willen Hitlers ein selbständiger Wehrmachtsteil – sollte zur Keimzelle einer neu zu schaffenden, nationalsozialistisch indoktrinierten Wehrmacht werden. Treu, tapfer, rassebewußt und fanatisch – das war das Bild Hitlers vom „deutschen Kämpfer der Zukunft“, der ein germanisch dominiertes Europa beherrschen sollte. Für die überkommenen Vorstellungen vom Soldatentum war wenig Raum in der nationalsozialistischen Weltanschauung.

Nur an der Front allerdings konnte sich diese Weltanschauung mit entsprechenden Erfolgen durchsetzen. Dort aber wurden die Deutschen zunehmend in die Defensive gedrängt. Für Hitler hieß die Lösung des Problems: Ausstattung der Panzerdivisionen mit überlegenem Material. Mit den im Jahre 1943 an die Front kommenden „Tiger“- und „Panther“-Panzern gab sich der Führer nicht zufrieden. Hitler, der schon immer reges Interesse an technischen Entwicklungen genommen hatte, wollte mehr. Bald entstanden Entwürfe für Superpanzer: Professor Porsche, der schon vor dem Krieg den später weltberühmt gewordenen Volkswagen für Hitler entworfen und gebaut hatte, begeisterte den Führer mit Riesenpanzern. Die „Maus", ein über 180 Tonnen schweres Fahrzeug, das als Prototyp gebaut wurde, verfügte als Hauptbewaffnung über eine 15-cm-KwK und eine koaxiale 8,8-cm-KwK im Turm. Der Monsterpanzer war so schwer, daß man ihn mit einer Schnorchelanlage für Unterwasserfahrten auszurüsten gedachte. Herkömmliche Brücken hätte er nämlich nicht befahren können. Derartige Entwürfe waren technisch interessant, aber ihr Bau verschlang Zeit und kostbare Rohmaterialien. Taktisch war die „Maus" ebenso ein Unding wie der ähnliche Entwurf E 100 oder jene über 1000 Tonnen schweren, fahrbaren Monster, welche die Konstrukteure Grote und Hacker für das Heereswaffenamt entwarfen.

Ab 1942 begann Hitler auch entscheidenden Einfluß auf die Panzerproduktion zu nehmen. Er war nicht nur davon überzeugt, daß nur sein persönliches entschiedenes Eingreifen im Winter 1941/42 an der Ostfront vor Moskau eine Katastrophe verhindert hatte, sondern er griff ab dem Jahre 1942 auch vermehrt in die deutsche Produktionspolitik ein. Auch hier schien die Entwicklung Hitler recht zu geben: Wie oft hatte er bald nach Kriegsausbruch vergeblich den Einbau einer 5-cm-KwK gefordert, und wie unterlegen hatten sich die Panzer III dann tatsächlich mit ihrer 3,7-cm-KwK und auch später noch mit der kurzen 5-cm-Kanone den Feindtypen gegenüber erwiesen. Hitler begann sich mit „Führerbefehlen“ immer häufiger in die Rüstungsproduktion einzuschalten. Die Folgen wurden bald spürbar: Unklare Prioritäten, überbeanspruchte Betriebe auf der einen Seite und unzureichend ausgenützte Fertigungskapazitäten in anderen Werken. Üblicherweise erfolgte die Produktion nach den Anforderungen, die, von den einzelnen Wehrmachtsteilen bei zentralen Dienststellen zusammenlaufend, von diesen an die einzelnen Rüstungsbetriebe weitergeleitet wurden. Minderausnützung von Fertigungskapazitäten war auf diese Weise keine Seltenheit.

Die deutschen Panzerfabriken konnten allerdings ab Kriegsausbruch kaum jemals über Auftragsmängel klagen: Daß die Produktion dennoch oft nicht zufriedenstellend war, hatte viele Gründe. So war zum Beispiel das erwünschte Produktionsverhältnis zwischen der Panzerneuproduktion und der Fertigung von Ersatzteilen noch lange nicht geklärt. Dazu kam die Weiterentwicklung von bereits eingeführten Kampfwagentypen. Die Front verlangte nach stärkerer Panzerung und besseren Geschützen. War eine Verbesserung eingeführt, versuchte man die im Einsatz befindlichen Kampfwagen möglichst schnell und vollzählig auf den verbesserten Standard nachzurüsten. Schon im Jahre 1942 geriet die deutsche Panzerfertigung in eine gefährliche Krise: Es gab keine klaren Richtlinien, ob der Produktion von Panzern oder Sturmgeschützen der Vorzug gegeben werden sollte. Die Prioritäten wechselten ständig. Dazu kamen noch unerwartete „Führerbefehle“ und die Sonderaufträge der Waffen-SS, denen in jedem Fall schnellstens entsprochen werden mußte.

Erst als der Architekt Albert Speer, den Hitler sehr schätzte, Reichsminister für Rüstung und Kriegsproduktion wurde, trat eine Verbesserung auf dem Produktionssektor ein. Speer, seiner Natur nach Künstler und in produktionstechnischen Dingen nicht sehr bewandert, verstand es in beinahe unglaublicher Weise, die von widersprüchlichen Aufträgen und Hitlers Wunsch nach Überzentralisierung geplagte deutsche Kriegswirtschaft nicht nur ins Lot zu bringen, sondern in der zweiten Kriegshälfte auch die Produktionsziffern geradezu sprunghaft zu steigern. Es gelang ihm auch eine Entbürokratisierung des schwerfälligen administrativen Betriebs. Für die Produktion wurden Ringe und Ausschüsse von Fachexperten – durchweg aus dem Bereich der Industrie – geschaffen, die den auftretenden Problemen bei der Produktion und Koordination in der Waffen- und Gerätefertigung mit ensprechenden Erfahrungen gegenüberstanden. So entstand unter der kontrollierenden Aufsicht des zuständigen Ministeriums, an dessen Spitze Speer stand, eine Art von industrieller Selbstverwaltung, die sich in der Folge bestens bewährte. Nur die SS behielt ihre Sonderstellung: Ihren Produktions- und Entwicklungswünschen mußte fast immer ohne Rücksicht auf andere Projekte nachgekommen werden.

Die verheerende Katastrophe von Stalingrad machte auch Hitler klar, daß der Krieg offenbar nicht den von den Deutschen gewünschten Verlauf nehmen würde. Eine Zeitlang wurde der „Größte Feldherr aller Zeiten", wie ihn die deutsche Propaganda bezeichnete, offenbar an seinen eigenen militärischen Führungsqualitäten unsicher. Feldmarschall von Manstein profitierte von dieser

Situation bei der Schlacht um Charkow im Frühjahr 1943: Hitler mischte sich vorübergehend nicht in die Planung der Offensive ein, und der militärische Erfolg gab von Manstein recht.

Auch Guderian wurde im Jahre 1943 von Hitler zurückgerufen. Ende 1941 hatte der Führer Guderian nach den Rückschlägen an der Ostfront in die Wüste geschickt. 1942 war Guderian infolge eines Herzleidens praktisch nicht dienstfähig. Aber Anfang 1943, als die deutsche Panzerwaffe in eine ihrer gefährlichsten Krisen geriet, konnte der Führer auf einen der besten Panzertaktiker und Strategen der Wehrmacht nicht mehr verzichten: Guderian wurde Generalinspekteur der Panzertruppen mit umfassenden Vollmachten. Die Verantwortung für die Ausbildung und Organisation der gesamten Panzerwaffe war nun in der Hand eines Mannes vereinigt. Selbst die Panzerverbände der Waffen-SS und die gepanzerten Einheiten der Luftwaffendivision „Hermann Göring“ kamen auf diese Weise unter die Kontrolle von Guderian – ein Affront, den Himmler und Göring nur sehr schwer verwinden konnten.

Als Generalinspekteur der Panzertruppen war Guderian auch für die Entwicklung neuer Kampfwagentypen und für die Produktion verantwortlich. So ergab sich eine enge und im übrigen auch recht klaglos funktionierende Zusammenarbeit mit Albert Speer, der für die deutsche Rüstungsproduktion in ihrer Gesamtheit die Verantwortung trug.

Guderians Aufgabe war nicht gerade leicht. Die gesamte Wehrmacht und besonders die deutsche Panzertruppe befanden sich Anfang 1943 in einer Krise. Die

Fronten waren überdehnt, die Verluste hoch und der Nachschub war unzureichend. Darüber hinaus wurden Waffen und Geräte produziert, die den ständig steigenden Anforderungen nicht mehr entsprachen. Um hohe Produktionszahlen zu erreichen, begann man um diese Zeit die Erzeugung von Sturmgeschützen zu forcieren: Sturmgeschütze besaßen keinen Drehturm und waren daher schneller zu fertigen als Kampfpanzer. Die Sache hatte allerdings einen Nachteil: Die Sturmgeschütze – nicht zufällig zunächst in Batterien gegliedert – gehörten organisatorisch zur Artillerie. Ihre Produktion und Entwicklung war daher, zumindest theoretisch, dem Einfluß Guderians, der ja nur für die Panzerwaffe zuständig war, weitgehend entzogen. Dennoch ging selbstverständlich die Ausweitung der Sturmgeschützproduktion auf Kosten der für die Fertigung von Panzern zur Verfügung stehenden Industriekapazitäten. Die Forcierung der Sturmgeschützerzeugung war kein Zufall: Die Fahrzeuge hatten sich an der Front nicht nur im Angriff als gepanzerte und bewegliche Nahunterstützungswaffe der Infanterie bewährt, sie waren auch ausgezeichnete Panzerjäger, die zur Entlastung der ab 1943 gegen die zumindest zahlenmäßig immer überlegener werdenden Feindpanzer schwer ringenden eigenen Infanterie entscheidend beitrugen. Hitler war davon überzeugt, daß die Sturmgeschütze, zumindest in der defensiven Gefechtsführung, ohne weiteres die taktischen Aufgaben der wesentlich teureren und technisch aufwendigeren Kampfpanzer übernehmen könnten. Guderian war anderer Ansicht – aber ob er sich damit durchsetzen konnte, blieb abzuwarten.

Ohne Zweifel verschaffte sein Amt als Generalinspekteur Guderian eine immense und von vornherein nicht einmal klar abzugrenzende Machtfülle. Guderian besaß das Ohr des Führers und konnte Hitler in vielen Fällen, die nicht immer nur die Entwicklung der Panzerwaffe betrafen, nicht unwesentlich beeinflussen. Immer wieder mußte Guderian für eine weitere Entwicklung der Panzerwaffe plädieren: Hitler konnte sich zwar für die Entwicklung von überschweren Superpanzern begeistern, trat aber oft ebenso schnell für eine Reduktion der Panzerproduktion ein, wenn ihm neue, schnell und kostensparend zu erzeugende Panzervernichtungswaffen vorgeführt wurden. Das war besonders bei der Einführung einer neuen, ausgezeichneten Nahkampfwaffe gegen Panzer der Fall, die 1943 frontreif wurde: Es handelte sich dabei um die Panzerfaust, ein einfaches, von jeweils nur einem Soldaten zu bedienendes Gerät, mit dem mittels einer Treibladung nach dem Raketenprinzip ein Hohlladungsgeschoß aus naher Entfernung auf ein gepanzertes Ziel abgefeuert werden konnte. Die Panzerfaust – es gab sie in mehreren Größen und mit verschiedener Einsatzweite – war die „Pak des Infanteristen" und bewährte sich an der Front ausgezeichnet gegen die russischen und später auch gegen die englischen und amerikanischen Panzer. Panzerfaust und Ofenrohr – letztere eine Zweimannwaffe –, Panzerminen und Hohlladungsgranaten für die Artillerie aber genügten nicht: Der wegen der steigenden Abwehrmöglichkeiten wieder einmal totgesagte Kampfpanzer behielt auch weiterhin seine Bedeutung auf dem Gefechtsfeld. Die Erfahrungen an der Front bewiesen es, und Guderian versuchte Hitler immer wieder davon zu überzeugen: Nur der entsprechend starke Ausbau der eigenen Panzerverbände konnte auch in der defensiven Kriegsführung eine Stabilisierung der Lage auf dem Gefechtsfeld für längere Zeiträume sicherstellen.

Aber auch die Typenbereinigung und -vereinheitlichung machte Guderian schwere Sorgen. Der Panzer III beispielsweise wurde Ende 1942 bereits aus der Produktion genommen. Er hatte sich mit seiner 5-cm-KwK den Anforderungen an der Front nicht mehr länger gewachsen gezeigt. Das Chassis des Panzer III aber blieb auch später für die Sturmgeschützfertigung weiter voll in der Produktion.

Größere Schwierigkeiten als mit den bereits eingeführten und bewährten Typen gab es mit den neuen Kampfwagen, die ab 1943 in größeren Stückzahlen zum Einsatz kamen. Da war zunächst der „Tiger I" (Sd Kfz 181), ein etwa 56 Tonnen schwerer Stahlgigant, von dessen Einsatz man sich bei den Deutschen viel versprach. Bevor aber das Fahrzeug noch frontreif war und in größeren Stückzahlen zur Verfügung stand, setzte man im Herbst 1942 bereits probeweise einige Muster bei Leningrad im Nordteil der Ostfront ein. Die Generalprobe ging daneben: Die Tiger I – etwa in Kompaniestärke an der Front verfügbar – wurden taktisch so unklug eingesetzt, daß sie ihre immense Feuerkraft nicht richtig entfalten konnten. Als die Kampfwagen dann im übersichtlichen Gelände im tiefen Boden steckenblieben, vernichteten die zunächst tödlich überraschten Russen einen Tiger nach dem anderen mit Nahkampfmitteln. Das kostete die ungewöhnlich stark gepanzerten

Tiger gleich zu Beginn den später von der deutschen Propaganda immer wieder neu beschworenen Nimbus ihrer Unbesiegbarkeit. Auch in Tunesien wurden die Tiger später falsch eingesetzt: Wohl schossen die schweren Panzer zahlreiche Feindfahrzeuge auf dem Schlachtfeld ab, aber die für ihren Einsatz nötigen Benzinvorräte standen bei der bald recht angespannten Nachschublage kaum jeweils in ausreichendem Umfang zur Verfügung. Da man die schweren Panzer nicht mehr auf das europäische Festland zurückführen konnte, blieben sie – soweit sie nicht abgeschossen oder von den eigenen Besatzungen unbrauchbar gemacht worden waren – einfach stehen, und die Westalliierten konnten sich schon bald über den neuen deutschen Panzertyp ausreichend informieren.

Dennoch aber bewährte sich der Tiger I nach Beseitigung gewisser anfänglich auftretender technischer Mängel und Gebrechen später an allen Fronten sehr gut. Die Nachteile der ungünstigen eckigen Formgebung wurden durch die äußerst starke Panzerung und vor allem durch die Bewaffnung – der Tiger I hatte die gefürchtete 8,8 als Hauptbewaffnung im Turm – mehr als ausgeglichen.

Ähnliche Probleme, wie sie anfangs beim Tiger I auftraten, gab es wenig später mit einem anderen Panzer, dem „Panther“ (Sd Kfz 171). Der Panther war mit einer äußerst präzise schießenden 7,5-cm-KwK im Turm ausgerüstet und zeichnete sich durch sehr günstige Formgebung – teilweise dem russischen T-34 nachempfunden – aus. Bei den ersten Masseneinsätzen der neuen Panther während der Schlacht im Kursker Bogen im Sommer 1943 fielen allerdings mehr Kampfwagen durch technische Gebrechen aus als durch Feindeinwirkung. Auch der Panther entwickelte sich später nach der Beseitigung gewisser Kinderkrankheiten zu einem ausgezeichneten Waffensystem und blieb bis 1945 an allen Fronten mit Erfolg im Einsatz.

Obwohl sich zunächst der Tiger I und der Panther als recht unzuverlässig erwiesen, erwog man zeitweilig, den bewährten Panzer IV aus der Produktion zu nehmen und die freiwerdenden Erzeugungskapazitäten für die Herstellung von Tiger-Panzern zu verwenden. Guderian wehrte sich entschieden gegen solche Vorschläge: Nach wie vor trug der Panzer IV die Hauptlast aller Panzerschlachten. Wenn man ihn aus der Produktion nahm, konnte die Panzerwaffe innerhalb kurzer Zeit zusammenbrechen, da die Tiger-Erzeugung anfänglich zahlenmäßig kaum ins Gewicht fiel. Guderian setzte sich durch: Der Panzer IV blieb praktisch bis Kriegsende in Produktion.

Einer Notwendigkeit mußte sich allerdings auch Guderian beugen: Im Jahre 1943 begann man wegen des akuten Mangels an Kampfpanzern auch die Panzerdivisionen teilweise mit Sturmgeschützen auszurüsten. Guderian war gegen diese Entwicklung. Im Jahre 1943 besaßen die meisten deutschen Panzerdivisionen – einige Eliteverbände des Heeres und die Divisionen der Waffen-SS ausgenommen – meist ein aus zwei Bataillonen bestehendes Panzerregiment. Jedes Bataillon hatte eine Soll-Stärke von 48 Kampfwagen. Wenn man nun daranging, eines dieser Bataillone in jedem Regiment mit Sturmgeschützen auszustatten, mußte der Kampfwert der Divisionen sinken. Ihrer operativen Aufgabe nach mußten die Panzereinheiten sowohl im Angriff als auch in der Defensive für den schnellen, nach allen Seiten zu führenden Feuerkampf geeignet sein. Die Hauptbewaffnung der Sturmgeschütze aber – fast ausschließlich 7,5-cm-KwKs – besaß, da der Drehturm fehlte, nur ein sehr stark beschränktes Seitenrichtfeld. Damit waren die Sturmgeschütze taktisch eindeutig im Nachteil: Schnell aus den Flanken oder von hinten angreifenden Gegnern gegenüber waren sie praktisch wehrlos preisgegeben. Das bedeutete, daß nach wie vor die immer kostbarer werdenden Kampfpanzer bei jedem Gefecht das erste Treffen bilden mußten und die Sturmgeschütze erst anrollten, wenn der heftigste Feindwiderstand bereits überwunden war. Dadurch aber fielen die Kampfpanzer schneller aus, als man sie ersetzen konnte. Menschenverluste wogen aus diesem Grunde an der Front zeitweilig wesentlich weniger schwer als der Verlust auch nur eines einzigen Panzers.

Die meisten deutschen Panzerverbände standen im Jahre 1943 an der Ostfront. Daneben gab es selbstverständlich auch Panzereinheiten auf dem Balkan, in Italien, in den besetzten Westgebieten und in Norwegen. Aber was sich dort befand, waren entweder vorübergehend zur Auffrischung aus dem Osten verlegte Einheiten oder Verbände von geringerem Kampfwert. Viele Einheiten waren mit den verschiedensten Beutepanzern aus früheren Feldzügen ausgerüstet und für den Fronteinsatz in keiner Weise mehr geeignet. In den besetzten Gebieten versahen solche Einheiten meist Sicherungsaufgaben, oder man verwendete sie für die Partisanenbekämpfung. Auch die praktische Ausbildung junger Rekruten wurde in zunehmendem Maße in den besetzten Gebieten – besonders in Frankreich – betrieben, wo die mit alten französischen und tschechischen Fahrzeugen durch das Gelände fahrenden Deutschen bei der zunehmend feindlich eingestellten Bevölkerung weder Zuneigung noch Respekt erregten.

Ausbildung und ständiges Waffen- und Fahrzeugexerzieren aber sind gerade für die Panzertruppen von entscheidender Bedeutung. Das gilt nicht nur für die jungen und unerfahrenen Besatzungen, sondern auch für die alten und längst kampferprobten Panzersoldaten. Geschwindigkeit und Präzision im entscheidenden Augenblick entscheiden über Sieg oder Niederlage, über Leben und Tod. Ebenso wichtig ist die möglichst eng aufeinander eingespielte Zusammenarbeit der Panzerbesatzungen im Kampf: Es darf hier keine Mißverständnisse und Irrtümer geben, und jeder Griff muß sitzen. Jeder Irrtum, jedes Zögern kann tödlich sein.

Je weiter der Krieg fortschritt, je überlegener der Gegner wurde, desto besser mußte die Ausbildung bei den deutschen Verbänden werden. Fehler hatte man sich früher vielleicht leisten können, als die Wehrmacht noch uneingeschränkt die Schlachtfelder beherrschte. Aber in einer Zeit, in der man buchstäblich jeden einzelnen Panzer an der Front mit Gold aufzuwiegen bereit gewesen wäre, mußte jeder sein Äußerstes geben, um zu überleben.

Die Instandsetzungseinheiten waren nach wie vor mehr als ausgelastet. Selbst wenn aber Ersatzteile im ausreichenden Maße vorhanden waren, blieben die Fahrzeuge oft länger als notwendig in den Werkstätten.

Viele der Männer der Instandsetzungs- und Reparatureinheiten hatten nur eine sechswöchige Ausbildung hinter sich, bevor sie in die Frontwerkstätten kamen. Fehler und Unzulänglichkeiten waren auf diese Weise oft unvermeidlich. Und die Panzerbesatzungen selber waren manchmal nicht bereit, sich an den Reparaturarbeiten zu beteiligen. Das war menschlich verständlich. Die Soldaten waren abgekämpft und blickten manchmal auf die Mechaniker und das sonstige technische Personal, das ja die Front meist nur vom Hörensagen kannte, mit leichter Verachtung herab.

Trotz aller Widrigkeiten und Rückschläge war die deutsche Panzertruppe aber im Jahre 1943 noch keineswegs am Ende. Viele Veteranen aus den früheren Blitzfeldzügen waren noch am Leben: Sie hielten die Erinnerungen an die großen Tage der triumphalen Siege aufrecht und gaben den neuen Besatzungen Mut und Zuversicht. Was die Alten außerdem an praktischer Kampferfahrung und Instinkt mitbrachten und an die unerfahrenen Kameraden weitergaben, war nicht hoch genug einzuschätzen. Dennoch begann ab 1943 bei vielen Verbänden die Ausbildungszeit knapp zu werden: Die meisten voll einsatzfähigen Panzerdivisionen waren – abgesehen von kurzen Pausen zur Auffrischung – beinahe ununterbrochen im Fronteinsatz. Mit der ab Mitte 1943 immer konkreter werdenden Drohung, daß es in Süd- oder Westeuropa eine zweite Front geben würde, wurde die Situation selbstverständlich noch kritischer. Jeder Mann wurde gebraucht, und man bekam keine erfahrenen Soldaten als Lehrpersonal mehr. Unter derart ungünstigen Bedingungen begann ab 1943 auch allmählich der Ausbildungsstand in der deutschen Panzerwaffe abzusinken. Viele junge Besatzungen versuchten, das, was ihnen an Erfahrung fehlte, durch Kühnheit und Wagemut auszugleichen. Der Kampfgeist der Panzermänner war nach wie vor ungebrochen, ja er wurde sogar nach dem Auftreten der ersten schweren Rückschläge im Osten teilweise noch stärker und entschlossener. Je weiter die Front nach Westen zurückweichen mußte, desto deutlicher kam vielen zum Bewußtsein, daß die „entmenschten russischen Horden", von denen die deutsche Propaganda sprach, ja eines Tages irgendwo entscheidend geschlagen und aufgehalten werden mußten, sollte der Krieg nicht am Ende für Deutschland verlorengehen. Bald blieb nichts mehr von den beinahe heiter-übermütigen Überlegenheitsgefühlen der ersten Blitzfeldzüge. Die Lage war ernst – und eines Tages konnte die Sicherheit des Reiches entscheidender als jemals zuvor von der Widerstandskraft besonders der Soldaten der Ostfront abhängen.

Als nach der Konferenz von Casablanca im Januar 1943 endgültig klarwurde, daß für die Alliierten ein Verhandlungsfrieden mit Deutschland ausgeschlossen war, wurde der Widerstandswille der meisten Frontsoldaten nur noch entschlossener. Bedingungslose Kapitulation war auch im Schatten von Stalingrad einfach unvorstellbar.

Die Situation, wie sie Guderian bei seiner Bestallung zum Generalinspekteur der Panzertruppen vorfand, war also ernst, aber keinesfalls hoffnungslos: Der Geist der Truppe war ungebrochen, und das neue Material – die Tiger und Panther –, das bald in ausreichenden Stückzahlen an die Front kommen würde, konnte die zunehmende Materialüberlegenheit der Feindmächte noch ausgleichen. Wenn man die Produktion energisch ankurbelte und auch die Ausrüstung und Bewaffnung der Panzergrenadiere verbesserte, konnten die teilweise arg zerfledderten deutschen Panzerdivisionen wieder das werden, als was sie in den Krieg gegangen waren: scharf geschliffene Instrumente einer mit überlegenem taktischem und strategischem Geschick operierenden Führung. Der „Endsieg" mußte möglich sein, wenn die Qualität gegen die Quantität siegen konnte. Und daran glaubte Guderian.

Der Abstieg

Mehr noch als bei allen anderen Waffengattungen zählt bei der Panzertruppe die Überraschung des Gegners zu den wesentlichsten taktischen Elementen. Die Deutschen begriffen das von Anfang an – und die anderen versuchten, es ihnen gleichzutun. Ein Soldat, der den Gegner über eine weite Strecke langsam näher kommen sieht, ist im Vorteil: Er kann seine Abwehr vorbereiten, das Gewehr aufnehmen und den Gegner sorgfältig anvisieren, bevor der Finger den Abzug langsam betätigt.

Wenn der Gegner aber plötzlich da ist, aus der scheinbaren Ruhe heraus mitten in den eigenen Reihen steht und zuschlägt – solche Situationen zu bewältigen, dazu gehören Mut, Reaktionsfähigkeit und Schnelligkeit. Nichts ist schlimmer als die unbekannte und uneinkalkulierbare Gefahr.

Als der Frühjahrsschlamm im Jahre 1943 an der Ostfront für längere Zeit alle größeren Offensivunternehmungen ausschloß, kamen die deutschen Panzerdivisionen in diesem Kampfraum nach monatelangen, harten und kräfteraubenden Kämpfen endlich etwas zur Ruhe. Man konnte die Menschen- und Materialverluste auffüllen und die Ausbildung des aus der Heimat an die Front kommenden Personalersatzes ernsthaft betreiben.

Was an neuen Fahrzeugen und Material an die Front

kam, war zufriedenstellend: Panzer IV G mit langer 7,5-cm-KwK in großen Stückzahlen, Panzerjägerfahrzeuge und die neuen Tiger I und Panther-Panzer. Die deutschen Panzersoldaten faßten nach der Krisensituation des vergangenen Winters bald wieder Mut: Der Tiger I mit der starken Panzerung und der mächtigen 8,8 strahlte überlegene Kraft aus, der Panther war schnell und ebenfalls ausgezeichnet bewaffnet. Und zu den über 300 Panthern, die bald an der Rußlandfront standen, kamen noch beinahe 90 Ferdinands. Der Ferdinand (Sd Kfz 184) – aus dem nicht in die Serienproduktion gelangten Porsche-Tiger entwickelt und bei der Truppe auch als Elefant bekannt – war ein 67 Tonnen schwerer Panzerjäger mit äußerst starker Panzerung und einer 8,8 als Hauptbewaffnung.

Mit solchen Waffen und Fahrzeugen konnte man wohl gegen die Russen bestehen. Oder man konnte vielleicht sogar wieder offensiv werden...

Zunächst bot sich der Gedanke der Verteidigung beinahe zwingend an: Die russische Panzerindustrie – für die Deutschen längst unangreifbar in den Ural und nach Sibirien verlagert – konnte die im Winterkrieg aufgetretenen Verluste der Roten Armee nicht nur ausgleichen, sondern ihre Kampfkraft sogar ständig verstärken. Es lag also nahe, mögliche russische Offensiven abzuwarten und dann aus der Defensive überraschend zuzuschlagen, wie es von Manstein Anfang des Jahres so erfolgreich bei Charkow praktiziert hatte. Hitler aber dachte nicht defensiv: Wieder wollte er die Russen im Angriff entscheidend schlagen. Und wieder schien sich eine Gelegenheit zur Offensive zu bieten. Im Raum von

Kursk hatten die Russen schon während des Winters einen stark nach Westen vorspringenden Frontbalkon geschaffen, aus dem sie einerseits zwar die deutsche Heeresguppe Mitte bedrohten, andererseits aber einem möglichen deutschen Gegenangriff in verhältnismäßig exponierter Lage gegenüberstanden. Manstein hatte im März 1943 diesen Frontvorsprung nicht mehr glätten können, weil die Schneeschmelze einsetzte. Im Sommer aber gedachte Hitler, gerade hier wieder offensiv zu werden: Das Unternehmen „Zitadelle" sah vor, die Russen im Kursker Bogen von Norden und Süden her zangenförmig anzugreifen und sie in einer mächtigen Kesselschlacht zu vernichten. Der Plan war an sich durchführbar, seine Verwirklichung aber stieß auf große Schwierigkeiten. Hitler wollte kein Risiko eingehen und forderte die Versammlung von möglichst starken Panzerverbänden vor dem Angriff.

Schon im Mai 1943 begannen aber auch die Russen, ihre Verbände im Kursker Bogen entscheidend zu verstärken und vor allem ein tief gestaffeltes Verteidigungssystem einzurichten. Der deutschen Aufklärung entgingen die russischen Defensivmaßnahmen natürlich nicht, und in der obersten Wehrmachtsführung machte sich allmählich eine skeptische Stimmung breit: Wenn die Russen über die deutschen Angriffsabsichten Bescheid wußten und sich auf eine Verteidigung in der Tiefe einstellten, war der eigene Angriff sinnlos. Hitler aber bestand auf seiner Offensivplanung. Die Monate Mai und Juni 1943 vergingen ohne erkennbare Aktivitäten. Die Deutschen versammelten ihre Angriffskräfte, und die Russen verstärkten ihre Verteidigung.

„Der Sieg von Kursk muß auf die Welt wie ein Fanal wirken“, hatte Hitler gesagt. Als die Deutschen aber am 5. Juli 1943 endlich das Unternehmen „Zitadelle“ begannen, war die Siegeschance bereits vertan. Im nördlichen Angriffsraum bot die Wehrmacht drei Panzerdivisionen auf, und im Süden traten sogar acht Panzerdivisionen zum Angriff an. Weitere Verbände standen in Reserve. Wie zu erwarten, schlug der deutsche Angriff von vornherein nach einigen Anfangserfolgen nicht durch. Die Panzerkompanien fuhren frontal ins russische Abwehrfeuer und in die Minenfelder. Die Tiger und Panther schossen zwar – soweit sie nicht wegen mechanischer Fehler gleich bei Offensivbeginn oder sogar schon vorher ausgefallen waren – viele russische Panzer ab, aber der entscheidende Durchbruch gelang den Deutschen weder im Norden noch im Süden der Angriffsfront. Trotz der massiven Artillerieunterstützung und des pausenlosen Luftwaffeneinsatzes gewann die Offensive kaum an Boden. Nach wenigen Kilometern wurden die stürmenden Grenadiere vom russischen Maschinengewehrfeuer niedergehalten und erlitten Verluste, wie sie sich die Wehrmacht im Jahre 1943 nicht mehr leisten konnte. Wo die deutschen Panzer – besonders die schwer gepanzerten Tiger I und die frontal praktisch unverwundbaren Ferdinands – aber die russische Front durchbrachen, waren sie bald isoliert. Die Infanterie kam nicht nach, und die russischen Panzernahkämpfer machten sich an die Arbeit. Besonders die bei ihrem ersten Einsatz bei Kursk noch nicht einmal mit Maschinengewehren zur Selbstverteidigung ausgerüsteten Ferdinands waren praktisch hilflos: Sie mußten mit ihrer schweren 8,8 auf jeden einzelnen angreifenden russischen Infanteristen schießen. Unter solchen Umständen waren schwere Verluste kaum zu vermeiden: Nach „Zitadelle" wurden die übriggebliebenen Ferdinands von der Front abgezogen, zur Selbstverteidigung mit je einem Maschinengewehr im Fahrerbug ausgerüstet und anschließend an die italienische Front verlegt.

„Zitadelle" war ein katastrophaler Fehlschlag, der die Deutschen niemals wieder zu ersetzende Menschen- und Materialverluste kostete. Nicht zu Unrecht hat man die Riesenschlacht als den „Schwanengesang der deutschen Panzerwaffe" bezeichnet. Am 15. Juli 1943 wurde „Zitadelle" abgebrochen: Jeder weitere Angriff war gegen die überlegene russische Verteidigung sinnlos geworden. Und schon seit dem 10. Juli 1943 gab es die zweite Front in Europa – an diesem Tage waren die Westalliierten auf Sizilien gelandet.

Noch während die Russen im Kursker Bogen in der Abwehr standen, eröffneten sie nördlich und südlich des Frontvorsprungs ihre eigene Sommeroffensive. Schon ab dem 5. Juli 1943 begannen Schlachten bei Rshew, Gomel, Orscha und Smolensk. Ab Mitte Juli wurde wieder bei Charkow und Isjum heftig gekämpft. Die gesamte Ostfront geriet in Bewegung und war nicht mehr zu halten. Es begannen die „planmäßigen Absetzbewegungen" der Wehrmacht. Wie immer man diese Operationen auch nannte, es ging jedenfalls zurück nach dem Westen. Die Russen hatten zum Teil ihre alte Angriffstaktik beibehalten: Sie griffen ohne Rücksicht auf Verluste immer wieder an denselben Frontstellen an, bis entweder die deutsche Abwehr nachgab oder die eigenen

Kräfte völlig verbraucht waren. Solange die Deutschen den russischen Angriffen in beweglicher Kampfführung begegnen konnten, blieben die Verluste der Wehrmacht in erträglichen Grenzen. Man gab Gelände auf, ließ die Russen nachstoßen und sich erschöpfen, und erst dann kam der deutsche Gegenstoß. Panzer, Sturmgeschütze, Grenadiere – gemischte Kampfgruppen, die dem ungestüm vorwärtsdrängenden Gegner schwere Verluste beibrachten. Noch konnten sich die Deutschen eine elastische Verteidigung leisten: Man stand so tief in Rußland, daß auch 100 oder 200 Kilometer Rückzug nicht allzuviel ausmachten. Aber die Zeit arbeitete gegen die Wehrmacht: Nach den alliierten Landungen auf Sizilien und später auch auf dem Festland mußte die ohnehin bereits bis zum Zerreißen angespannte Ostfront immer wieder Verbände an die Südfront abgeben, selbstverständlich auch Panzer, die allerdings in Italien hauptsächlich zur taktischen Unterstützung der Infanterie im Abwehrkampf eingesetzt wurden, weil das Gelände meist keine großzügigen operativen Bewegungen erlaubte.

Hitler betrachtete die Entwicklung an der Ostfront mit zunehmender Besorgnis. Wieder glaubte er, die Situation – wie schon vor Moskau im Winter 1941 – mit rigorosen Haltebefehlen stabilisieren zu können. Aber im Jahre 1943 waren solche Befehle sinnlos: Wer stehenblieb, wurde eingekesselt und vernichtet. Die Russen waren stärker als je zuvor. Sie führten bei den Frontverbänden den T-34/85 ein, der – im Gegensatz zum älteren T-34/76 – mit einer stärkeren und äußerst gefährlichen 8,5-cm-KwK ausgestattet war. Gleichzeitig kam auch der noch schwerere KW 85 zum Einsatz. Die Tiger und Panther waren dadurch gezwungen, die Gefechte bereits auf ständig größer werdende Distanzen zu eröffnen, um die Russenpanzer noch aus sicherer Entfernung abzuschießen. Und wenn die russischen 8,5-cm-Granaten den Tiger oder Panther seitlich trafen, hatten selbst diese stark gepanzerten deutschen Typen kaum eine Chance. Der Panzer IV aber, nach wie vor der am häufigsten vertretene deutsche Panzer, wurde unter solchen Bedingungen mehr und mehr zum fahrenden Sarg.

Auch die russische Luftwaffe wurde ab dem Sommer 1943 immer aktiver: Die russischen „Schlächter“ (Schlachtflugzeuge) griffen die deutschen Panzer in zunehmendem Maße aus der Luft an. Wenn solche Angriffe auch nur sehr selten zu Fahrzeugverlusten führten, waren sie doch eine zusätzliche Belastung für die Panzereinheiten, die kaum mehr zur Ruhe kamen und ununterbrochen als bewegliche Feuerwehr von einem Brennpunkt der Front zum anderen unterwegs waren.

„Wer alles defendiert, defendieret gar nichts“, hatte schon der große Preußenkönig Friedrich einmal gemeint – aber für Hitler, den „Größten Feldherrn aller Zeiten“, hatten solche taktischen Grundsätze offenbar keine Gültigkeit. Er „defendierte“ alles: Haltebefehle, Gegenstöße möglichst gleichzeitig an allen bedrohten Stellen – und das deutsche Ostheer verblutete in einem gegen einen übermächtigen Gegner taktisch unklug und oft ohne ausreichende Schwerpunktbildung geführten Abwehrkampf.

Ende September 1943 verlief die Ostfront westlich

von Leningrad über Kiew und den Dnjepr entlang bis zum Schwarzen Meer. Den Sturm auf die „Festung Europa" hatten die Anglo-Amerikaner mit der Invasion Siziliens am 10. Juli 1943 eröffnet. Nach der bis Mitte August abgeschlossenen Eroberung der Insel landete die britische 8. Armee am 3. September 1943 in Kalabrien an der Südspitze des italienischen Festlandes. Am 8. September 1943 wurde die Kapitulation Italiens verkündet. Der „Fall Achse" trat ein: Die deutsche Wehrmacht mußte das ganze Land besetzen und ohne italienische Hilfe (die allerdings seit dem Ende des Krieges in Afrika ohne viel Bedeutung gewesen war) die Last der gesamten Verteidigung tragen.

Gleichzeitig intensivierten die Engländer und Amerikaner den Bombenkrieg über dem Reich. Nach den ersten, militärisch noch unbedeutenden Angriffen des Jahres 1940 hatten die Anglo-Amerikaner bis zum Jahre 1943 in England starke Bomberkräfte versammelt und schlugen nun mit zunehmender Kraft zu. Im letzten Julidrittel 1943 wurde die Stadt Hamburg von einer Reihe von schweren Angriffen heimgesucht und infolge der zahlenmäßigen und – wenn auch nur vorübergehenden – technischen Unterlegenheit der deutschen Flak- und Jagdabwehr zum großen Teil zerstört. Nicht nur die Zivilbevölkerung litt unter diesen „Terrorangriffen", wie sie die deutsche Propaganda bezeichnete, sondern auch die Industrieproduktion. Besonders die Amerikaner versuchten in Tages-Präzisionsangriffen die deutschen Flugzeug- und Panzerfabriken zu zerstören. Die Deutschen reagierten allerdings sehr schnell: Reichsminister Speer sorgte für die Dezentralisierung der Produktion und für eine teilweise Verlagerung der Fabrikationsstätten in bombensichere unterirdische Anlagen. Trotz der ständig heftiger werdenden Luftangriffe stieg die deutsche Rüstungsproduktion stark an; daß unter solchen Bedingungen allerdings oft Qualitätsverluste eintraten, war nicht zu vermeiden.

Auch die Entwicklung neuer Panzerfahrzeuge ging trotz der ständig größer werdenden Schwierigkeiten weiter: Schon im Oktober 1943 besichtigten Hitler und Guderian Entwürfe und den Prototyp des Tiger II (Sd Kfz 182. Das Fahrzeug wurde später auch unter der Bezeichnung „Königstiger" bekannt).

Der Tiger II besaß als Hauptbewaffnung eine 8,8-cm-KwK im Drehturm, äußerst starke Panzerung und eine wesentlich bessere Formgebung als der älteste Tiger I. An die Front kam der „Königstiger" allerdings erst ab 1944 und in nur geringen Stückzahlen. Einer der wenigen Masseneinsätze erfolgte während der deutschen Ardennen-Offensive im Dezember 1944.

Als überaus gelungene Konstruktion erwies sich auch der Panzer „Jagdpanther" (Sd Kfz 173). Es handelte sich hier um einen auf das Chassis des Kampfpanzers Panther aufgebauten Jagdpanzer, der ebenfalls die bewährte 8,8 als Hauptbewaffnung trug. Bei der Truppe wesentlich weniger beliebt als der ausgezeichnete „Jagdpanther" war der überschwere und mit gewaltiger Panzerung versehene „Jagdtiger" (Sd Kfz 186). Für dieses Fahrzeug – das nur in ganz geringen Stückzahlen produziert wurde – verwendete man das Chassis des Tiger II und baute als Hauptbewaffnung eine 12,8-cm-Kanone ein. Wegen seines großen Gewichts von 70,5 Tonnen kam der

„Jagdtiger“ kaum jemals als Jagdpanzer zum Einsatz, sondern meist eher als „fahrbarer Bunker“ zur Unterstützung der im Abwehrkampf stehenden deutschen Infanterie.

Im Jahre 1943 produzierten die Deutschen 5996 Kampfpanzer (davon waren 3370 die bewährten, aber zu schwach gepanzerten Panzer IV), 3411 Sturmgeschütze und 2657 Selbstfahrlafetten aller Art. Trotz dieser recht eindrucksvollen Produktionszahlen blieben die Panzereinheiten an den verschiedenen Fronten fast immer unter den vorgesehenen Soll-Stärken, da die Verluste ständig anstiegen. Das war zum Teil auf die gegnerische Materialüberlegenheit zurückzuführen, teilweise aber auch auf das nun schon fühlbare Absinken des Ausbildungsstandes der deutschen Panzersoldaten. Die „alten Hasen“, die die großen Siege der ersten drei Kriegsjahre erfochten hatten, bildeten einen immer geringer werdenden Anteil: Irgendwann einmal versagten auch ihre Tricks und Kniffe gegen die feindliche Übermacht. Besonders nach den schweren Ausfällen im Unternehmen „Zitadelle“ verschlechterte sich die Lage auf dem Personalsektor dramatisch: Junge Besatzungen fielen oft schon bei den ersten Einsätzen, bevor sie noch die geringsten Erfahrungen erwerben konnten.

Obwohl gerade im Sommer des Jahres 1943 die deutsche Luftwaffe vor allem an der Ostfront ihr Äußerstes zumindest bei der Unterstützung des Unternehmens „Zitadelle“ gab und besonders die Kampf- und Sturzkampfverbände auch im Laufe der sich später an der Ostfront entwickelnden Abwehrschlachten fast ununterbrochen im Einsatz blieben, trat auch auf diesem

Gebiet allmählich eine für die Wehrmacht ungünstige Entwicklung ein. Die Luftwaffe mußte an vielen Fronten kämpfen: im Westen, im Süden über Italien, an der Ostfront und schließlich über dem Reichsgebiet selber gegen die dort an Intensität zunehmenden feindlichen Bombenangriffe. Es war nur natürlich, daß unter solchen Gegebenheiten Mängel auftreten mußten: Die Stuka- und Kampfverbände, die „fliegende Artillerie" der Panzerdivisionen, waren geschwächt und abgekämpft. Der Jagdschutz war unzureichend, denn der Schwerpunkt der Luftverteidigung verlagerte sich mehr und mehr über das Reichsgebiet. Die Aufklärungsverbände – deren Einsatz ja nicht direkt erkennbare spektakuläre Erfolge brachte – nagten am Hungertuch.

Bei der Panzerwaffe mußte man also ab 1943 allmählich umlernen: Fahrzeugbewegungen wurden mehr und mehr im Schutz der Dunkelheit durchgeführt, und die Tarnung gegen Fliegersicht wurde lebenswichtig. Gleichzeitig stieg die Bedeutung der eigenen Artillerie wegen des Mangels an Luftunterstützung durch Kampf- und Sturzkampfverbände.

Gegen feindliche Luftangriffe waren die Panzerfahrzeuge relativ wenig verwundbar. Gegen Maschinengewehrfeuer schützte sie ihre Panzerung, und Volltreffer mit Bomben – und später auch Raketen – waren zumindest an der Ostfront eher selten. Selbstverständlich konnten aber auch Nahtreffer zumindest zu Beschädigungen an den Fahrzeugen führen. Auch das konnte der Gegner bereits als Erfolg werten: Die Fahrzeuge fielen zunächst für den weiteren Einsatz aus und mußten zur Reparatur in die Frontwerkstätten gebracht werden.

Die ständig zunehmende feindliche Luftaktivität traf allerdings die Nachschub- und Troßeinheiten wesentlich schlimmer als die gepanzerten Verbände. Ihre LKW und Zugmaschinen schützte keine Panzerung, und sie waren den mit Kanonen, Bomben und Maschinengewehren angreifenden Feindflugzeugen ziemlich wehrlos preisgegeben.

Die Deutschen versuchten bereits ab 1944 der gegnerischen Luftüberlegenheit durch die Einführung von Flakpanzern und durch eine allgemeine Verstärkung der Flakeinheiten an der Front zu begegnen. Solche Maßnahmen waren zweifellos eine Erleichterung für die immer schwerer kämpfende Truppe, eine grundsätzliche Verbesserung der Situation aber brachten sie nicht. Das galt für die Ostfront in ungleich stärkerem Ausmaß, aber noch ab Sommer 1944 für die im Westen nach der angloamerikanischen Invasion in Frankreich herrschenden Verhältnisse.

Die Angriffs- und Abwehrkämpfe des Jahres 1943 verschlissen die an der Ostfront im Einsatz befindlichen deutschen Panzereinheiten. Die meist weite, offene russische Landschaft begünstigte zwar den Panzereinsatz, hatte aber auch Nachteile zu tragen: Während sie in der Zeit der schnellen Vormärsche immer als erste am Feind gewesen waren, mußten sie nun bis zuletzt den Rückzug der Infanteriedivisionen decken. Das brachte schwierige Situationen mit sich. Während die Infanterie-, bespannten und motorisierten Einheiten in endlos langen Marschkolonnen nach Westen zurückgingen, mußten die Panzer bis zuletzt am Feind bleiben, um den Rückzug zu decken. Und wenn sie dann schließlich selber zurückgingen, standen sie nicht selten plötzlich vor den Trümmern jener letzten Brücke, die die eigenen Pioniere bei ihrem überraschenden Erscheinen versehentlich in die Luft sprengten, weil sie die ankommenden Fahrzeuge für Russenpanzer gehalten hatten …

Wie die Russen in den Jahren 1941 und 1942 versuchten nun auch die Deutschen im Osten, ihre Verteidigung immer wieder entlang von Flüssen als natürlichen Hindernissen neu aufzubauen und zu organisieren. Aber wie schon für die Wehrmacht erwiesen sich nun auch für die Rote Armee Flüsse keineswegs als unüberwindliche Barrieren.

Nach dem endgültigen Verlust des Donezbeckens und mit der beginnenden Räumung des Kuban-Brückenkopfes zogen sich die Deutschen im September 1943 zum Dnjepr zurück, wo man die Front abermals zu stabilisieren hoffte. Aber schon am 27. September 1943 bildeten die Russen den ersten Brückenkopf am Westufer und hielten ihn beharrlich gegen sofort einsetzende Angriffe einer Panzer- und einer Panzergrenadierdivision. Obwohl man die ständig neu entstehenden russischen Brückenköpfe einzeln einzudrücken versuchte, blieb die Abwehr vergeblich.

Bis Mitte Oktober 1943 hatten die Russen – teilweise über knapp unter der Wasseroberfläche errichteten Brücken – so viele Kräfte über den Fluß gebracht, daß die Dnjepr-Linie für die Wehrmacht nicht mehr länger zu halten war. Wieder stießen die Russen weiter nach Westen vor. Sie hatten sich nun die Taktik des schnellen Bewegungskrieges angeeignet. Für die Deutschen wurde die Situation ständig schwieriger: Flankierende Vorstöße, Kesselbildungen, Gegenstöße – die Panzereinheiten rieben sich im pausenlosen Einsatz auf. Die Russen waren überall und nirgends. Man versuchte, schwerpunktmäßig Städte und große Dörfer als feste Plätze zu halten, um die Lage zu stabilisieren. Zwischen diesen Stützpunkten aber war nichts: keine feste Front, nur nach Westen vorgehende Russenpanzer, zersprengte deutsche Einheiten, Partisanen und die Zivilbevölkerung, soweit sie nicht geflohen war. Es wurde immer schwieriger, die Russen in der Flanke zu packen.

So berichtet beispielsweise General von Manteuffel, er habe bei Flankenstößen mit seiner Panzerdivision oft keine lohnenden Ziele vorgefunden: keine endlosen Nachschubkolonnen, keine den eigenen Panzern nachkommende russische Infanterie – nur ein paar Funkstellen irgendwo im Gelände...

Das Land war zu weit, zu unübersichtlich. Der Gegner war überall. Und wenn man ein Loch zu stopfen versuchte, riß anderswo ein neues auf. Erst als im Herbst 1943 die Schlammperiode einsetzte, begann sich die Front wieder zu stabilisieren. Die Russen hatten große Fortschritte erzielt: Nach dem am 23. Oktober 1943 erfolgten russischen Durchbruch zum unteren Dnjepr war ab dem 1. November des Jahres die Halbinsel Krim völlig abgeschnitten. Am 6. November schließlich drangen die Russen in Kiew ein.

Auch im Bereich der Heeresgruppe Mitte waren die Russen nicht untätig geblieben. Schon am 7. August 1943 hatte die Rote Armee hier ihre Sommeroffensive begonnen, und am 24. des Monats war Smolensk wieder in russischer Hand. Knapp einen Monat später mußten die Deutschen auch Wjasma gegen überlegenen Feinddruck räumen. Im Bereich der Heeresgruppe Mitte hatten die Deutschen im Jahre 1943 nicht mehr als etwa 500 Panzer und Sturmgeschütze, die Russen dagegen verfügten in diesem Kampfraum über etwa 1400 Panzer. Dennoch erreichte die Rote Armee im Jahre 1943 im Bereich der deutschen Heeresgruppe Mitte nicht so spektakuläre Erfolge wie im Westen. Der Frontzusammenhang blieb im großen und ganzen stets gewahrt. Besonders im schlecht panzergängigen Gelände um Smolensk erlitten die Russen schwere Verluste durch Sturmgeschütze, Pak-Abwehr und Nahkampfmittel. Und da ein entscheidender Frontdurchbruch nicht gelang, konnten die Russen bei der Heeresgruppe Mitte ihre überlegenen Panzerverbände im Jahre 1943 auch nicht weiträumig operativ einsetzen.

Im Bereich der Heeresgruppe Nord war die Lage seit dem Abschluß der Angriffskämpfe im Herbst 1941 im wesentlichen stationär geblieben. Leningrad war eingeschlossen, aber zu seiner Eroberung hatten die vorhandenen deutschen Verbände niemals ausreichende Kräfte aufgebracht. Bereits Mitte Januar 1943 hatten die Russen wieder einen ständigen Landzugang nach Leningrad hergestellt, aber weitere wesentliche Erfolge gelangen ihnen während des ganzen Jahres trotz ihrer besonders am Ladogasee, bei Demjansk, Nowgorod, Staraja Russa und Welikije Luki geführten Angriffe gegen die standhafte deutsche Abwehr nicht. Erst ab Mitte Januar 1944 bis einschließlich Februar 1944 setzten sich die deutschen Verbände nach Abwehrschlachten vor Nowgorod und Leningrad auf Pleskau und Narwa ab.

Wenngleich das Jahr 1943 den Deutschen an der Ostfront große Bodenverluste und schwere Material- und Personalausfälle gebracht hatte, ging die Wehrmacht doch intakt in das sechste Kriegsjahr. Den Winter 1943/44 hatten die Deutschen durch die mittlerweile schon in ausreichendem Maße gemachten Erfahrungen ohne schwere Einbußen durch Kälte und Schnee überstanden.

Die allgemeine Lage begann sich jedoch immer ungünstiger für das Reich zu entwickeln. Obwohl die Rüstungsproduktion immer weiter anstieg, begann sich ab 1944 der Kraftstoffmangel erstmals ernsthaft auszuwirken. Besonders die ständig in Bewegung befindlichen Panzereinheiten verbrauchten ungeheure Benzinmengen – und was werden sollte, falls eines Tages auch die rumänischen Ölfelder in russische Hand fielen, war völlig unabsehbar. Dazu kamen noch die immer stärker werdenden alliierten Luftangriffe auf die deutschen Hydrierwerke.

Die Italienfront war 1943 in nur sehr langsamer Bewegung gewesen. Die deutschen Verteidiger wurden hier vom Gelände begünstigt und setzten den Alliierten ungewöhnlich zähen Widerstand entgegen. Nicht zu Unrecht sprach die deutsche Propaganda von der alliierten „Schneckenoffensive“. Wesentlich ernster allerdings war die Lage im Westen, wo man für das Jahr 1944 jedenfalls eine alliierte Invasion in Frankreich, Belgien oder Holland erwarten mußte. In der deutschen Führung machte man sich große Sorgen: Den meisten Fachleuten war klar, daß die „Unbezwingbarkeit des Atlantikwalls“ nur im Wunschdenken der Propaganda existierte. Die

Wirklichkeit sah anders aus: Der Atlantikwall besaß zwar einige wirklich starke Abwehranlagen und schwergepanzerte Artilleriestellungen, aber er war keineswegs lückenlos. Und wenn die Alliierten nach geglückter Landung ins französische Hinterland durchstießen, konnte man sie nur durch überlegene eigene Panzerkräfte aufhalten. Die meisten Panzerdivisionen aber standen im Osten, wo der starke russische Druck den Abzug von Großverbänden jedenfalls ausschloß.

Wie aber war es Anfang 1944 um die Panzerdivisionen bestellt?

Das Panzerregiment einer Panzerdivision – gewisse Eliteverbände des Heeres und die Verbände der Waffen-SS ausgenommen – verfügten damals über eine Soll-Stärke von 103 Panzerkampfwagen. Das war wenig genug. Man mußte allerdings bedenken, daß nach der Einführung der Tiger- und Panther-Panzer die Gefechts- und Feuerkraft der Einheiten stark angestiegen war. Eindeutig besser als früher war – zumindest theoretisch – die Ausstatttung der übrigen Verbände innerhalb der Panzerdivisionen. Die Aufklärungsabteilungen hatten – ebenso wie die früheren Kradschützen – ihre Motorkrafträder im wesentlichen abgegeben (oder verloren) und sie durch VW-Kübel- oder Schwimmwagen ersetzt. Die Panzerjäger – teilweise aber auch sogar die Aufklärer – hatten Sturmgeschütze oder gepanzerte Selbstfahrlafetten (zum Beispiel Marder-Serie). Von den meist zwei zu einer Panzerdivision gehörenden Grenadierregimentern war im Regelfall eines mit Schützenpanzerwagen motorisiert. Das zweite Regiment im Verband der Division hatte aber auch weiterhin nur Lkw. Die Divisionsartillerie verfügte – ebenfalls zumindest theoretisch – neben leichten 10,5-cm-Feldhaubitzen über nicht weniger als 18 schwere Feldhaubitzen vom Kaliber 15 cm. Ebenfalls von Zugmaschinen gezogen wurden die Pak-Geschütze der Panzerjäger, soweit sie nicht auf Selbstfahrlafetten montiert waren. Zu den weiteren organisch zur Division gehörenden Einheiten (zum Beispiel Panzernachrichten-und Panzerpioniertruppen) kam gelegentlich noch eine zusätzliche Sturmgeschützkompanie und Flakabwehr (gezogen oder auf Selbstfahrlafetten als Flakpanzer). Die Eliteheeresdivision „Großdeutschland“ unter dem Befehl von General von Manteuffel verfügte über 360 Kampfpanzer – 200 davon Panther, außerdem zahlreiche Tiger-Panzer – und 30 Sturmgeschütze. Regelmäßig besser ausgerüstet als die Heeresdivisionen waren auch die SS-Panzerdivisionen („Das Reich“, „Leibstandarte Adolf Hitler“). Diese Verbände waren nicht nur von vornherein zahlenmäßig stärker ausgestattet, sie wurden auch beim Ersatz von Ausfällen bevorzugt behandelt. Selbständige Tiger-Kompanien, wie sie an Heerespanzerdivisionen oft nur ausnahmsweise „verborgt“ wurden, gehörten bei den SS-Panzerdivisionen zur organischen Divisionsausstattung. Auch bezüglich der Artillerie wurden die Einheiten der Waffen-SS bevorzugt. Im Gegensatz zu den Heerespanzerdivisionen mit ihren 15-cm-Feldhaubitzen hatten die SS-Divisionen beispielsweise sechs 17-cm-Kanonen, 18 in ihren Artillerieabteilungen.

Das Prinzip der Elitebildung blieb allerdings auch nicht ohne negative Folgen: Was in den letzten Kriegsjahren nicht zur Waffen-SS eingezogen wurde, kam zu den Fallschirmjägern: Daß das Heer unter solchen Umständen unter einem immer größer werdenden Mangel an geeignetem Führer- und Unterführernachwuchs zu leiden begann, ist nicht weiter verwunderlich.

Während des Rückzugs von Smolensk hatte das Heer beispielsweise pro Tag Durchschnittsverluste in Bataillonsstärke. Derartiges war auf die Dauer nicht durchzuhalten. Man begann sich daher nach Aushilfen umzusehen. Stärker noch als beim Heer setzte zu dieser Zeit bei der Waffen-SS die Bildung von „ethnisch deutschen" und auch „fremdländischen" Einheiten ein. Diese Politik bewährte sich teilweise – zum Beispiel bei der Bildung von wallonischen, flämischen, französischen und dänischen Einheiten – ganz ausgezeichnet, versagte aber – etwa bei der Aufstellung von russischen Einheiten im Rahmen der Waffen-SS – fast gänzlich. Die „Beutegermanen" – wie solche Soldaten von den Landsern spöttisch genannt wurden – waren an einem deutschen Sieg oft nur wenig interessiert und gaben oft schon bei geringem Feinddruck den Widerstand auf. Die Folgen solcher unerwarteter Ausfälle aber mußten regelmäßig die meist ohnehin schon schwer angeschlagenen deutschen Heeresverbände tragen.

Im Jahre 1944 stieg trotz der heftiger werdenden alliierten Luftangriffe die deutsche Rüstungsproduktion weiter an: 19067 Panzer – darunter 3955 Panther – liefen von den nun teilweise bereits in unterirdischen Fabriken montierten Fertigungsstraßen. Die meisten Kinderkrankheiten der Tiger I und Panther waren nun bereits kuriert. Die 71 Kaliber lange 8,8-cm-KwK des Tiger II und die 12,8-cm-Kanone des „Jagdtiger" durchschlugen die Panzerung jedes an der Front auftretenden Feindpanzers auf sichere Entfernung. Aber auch die Gegner schliefen nicht: Die Russen brachten im Jahre 1944 den Stalin-Panzer zum Einsatz, dessen Panzerung die deutschen Granaten auf eine Entfernung von mehr als 1800 Meter nicht mehr durchschlagen konnten. Das bedeutete, daß die deutschen Panzer und Panzerjäger bis auf gefährlich nahe Distanz an den überschweren Feindpanzer heranfahren mußten, um zu einem Abschuß zu kommen. Die 12,8-cm-Granaten des „Jagdtiger" waren so groß, daß man Kartusche und Granate getrennt laden mußte. Das bedeutete einen Zeitverlust, der den Gefechtswert des Fahrzeugs herabsetzte.

So bedeutsam die Einführung ständig stärker werdender Panzertypen auch war, brachte sie doch auch Schwierigkeiten mit sich: Es mußten neue Fabrikationsanlagen geschaffen, Ersatzteillager angelegt und Instandsetzungspersonal ausgebildet werden. Dazu kam noch die Zeit, die für die Ausbildung der Besatzungen notwendig war. Zeit aber war sehr knapp im Jahre 1944 – und oft genug rollten nur oberflächlich und unzureichend ausgebildete Panzerbesatzungen in ihren neuen Fahrzeugen gegen den Feind. Trotzdem blieb der Kampfwille der Panzerdivisionen noch ungebrochen. Fast immer wurden die Divisionen zumindest auf mittlerer Ebene gut geführt, und die meisten neuen Besatzungen versuchten, die vielfach fehlende praktische Erfahrung durch gesteigerten Kampfwillen auszugleichen.

Obwohl die Rüstungsproduktion auf höchsten Touren lief, waren die Verluste an der Front nicht auszugleichen: Kaum eine Panzerdivision besaß im Jahre 1944 mehr als durchschnittlich 80 einsatzbereite Kampfwagen. Aber die Panzermänner schlugen sich mit ständig steigender Erbitterung gegen die andrängende Rote Armee, je weiter die Front nach Westen vorrückte. Der „Iwan“ – so schien es vielen an der Ostfront kämpfenden Soldaten und so ließ es die deutsche Propaganda auch die Volksgenossen daheim sehen – war ein „Maschinensoldat“, ein Roboter. Die Rote Armee, das waren stumpfe und brutale Horden, die – an Intelligenz dem deutschen Soldaten weit unterlegen – ganz Europa allein auf Grund ihrer zahlenmäßigen Überlegenheit zu überfluten drohten. Die Heimat, so hämmerte man es immer wieder allen Deutschen ein, müsse in rastloser Arbeit die Front im Osten mit Waffen und Nachschub versorgen, dann werde sie als „Schild Europas“ den „roten Horden“ am Ende die entscheidende Niederlage bereiten.

Aber die Heimat selber stand zunehmend unter dem Eindruck der immer stärker werdenden alliierten Bombenangriffe. Wer an der Ostfront stand, wußte darüber wenig Bescheid. Andere aber, wie Generalfeldmarschall Rommel, der die entscheidende Bedeutung von Luftangriffen schon in Afrika kennengelernt hatte, sahen die alliierte Luftüberlegenheit mit anderen Augen. Was würde geschehen, wenn die Westalliierten nun unter solchen Bedingungen in Frankreich landeten und damit die nunmehr schon dritte Front eröffneten? Konnte der vielgepriesene Atlantikwall standhalten? Konnten die Panzerdivisionen trotz der vollständigen gegnerischen Luftherrschaft mit Erfolg gegen einen anlandenden Gegner antreten? Die Antwort auf diese Frage sollte nicht mehr lange auf sich warten lassen.

Entscheidung im Westen

Der deutsche Oberbefehlshaber West, Generalfeldmarschall von Rundstedt, stand im Sommer 1944 zwei Hauptproblemen gegenüber. Zunächst hatte er die Aufgabe, mögliche alliierte Landungen bereits am Atlantikwall aufzuhalten und einen Durchbruch der Alliierten in die Tiefe des französischen Raumes zu verhindern. Bereits diese Aufgabe sah der Generalfeldmarschall – der im übrigen vom Atlantikwall nicht das geringste hielt – als undurchführbar an. Für den kühlen Strategen war der Krieg damals bereits verloren.

Sollten die Alliierten durchbrechen, so mußte Rundstedt sie im offenen Gelände zu schlagen versuchen. Zu diesem Zweck verfügte der Generalfeldmarschall über die Panzergruppe West, in der die in Frankreich zur Verfügung stehenden deutschen Panzerdivisionen zusammengefaßt waren.

Ebenso skeptisch wie der Oberbefehlshaber von Rundstedt war sein Chef der Heeresgruppe B, Generalfeldmarschall Rommel.

Rundstedt fürchtete die schon gewohnten Einmischungen Hitlers bei den zu erwartenden Kämpfen. Rommels Sorgen gingen weiter: Er hielt es für verfehlt, die vorhandenen Panzerdivisionen tief im französischen

Raum zu halten. Wenn die Invasion kam, das war Rommel klar, würden die Alliierten die absolute Luftherrschaft erkämpfen – und unter solchen Bedingungen die Panzerdivisionen vielleicht Hunderte von Kilometern weit über von der feindlichen Luftwaffe beherrschte Straßen ins Kampfgebiet rollen zu lassen, hielt der Generalfeldmarschall für ausgeschlossen. Ganz im Gegensatz zu Rundstedt wollte Rommel daher die vorhandenen Panzerdivisionen möglichst knapp hinter der Küste stationieren, um sie im Bedarfsfall innerhalb kurzer Zeit einsetzen zu können. Nach Rommels Ansicht mußte man den Feind gleich nach der Landung wieder ins Meer zurückwerfen: Wenn die überlegenen Alliierten erst einmal Fuß gefaßt hatten, war im Westen alles verloren. So ließ Rommel die deutsche Küstenverteidigung seit dem Frühjahr 1944 systematisch ausbauen: Minenfelder, Drahthindernisse, Minenpfähle, befestigte Feldstellungen... Rommel trieb die Soldaten zur Eile an.

Die Meinungen von Rundstedt und Rommel zum Einsatz der Panzerdivisionen blieben unvereinbar, aber man einigte sich schließlich auf einen Kompromiß: Die Panzerreserven blieben nicht zentral im Landesinneren, sondern wurden aufgeteilt und in Küstennähe stationiert. Drei Panzerdivisionen standen westlich der Seine, vier befanden sich östlich des Flusses. Drei Divisionen blieben im südlichen Frankreich unter dem Befehl der Heeresgruppe G.

Auf deutscher Seite erwartete man die Invasion am wahrscheinlichsten im Pas de Calais. Dort befindet sich nicht nur die engste Stelle des Kanals, sondern hier bietet auch das gut panzergängige französische Hinterland die geeignetsten und kürzesten Durchbruchswege bis direkt in das deutsche Ruhrgebiet. Und hier hatten schließlich auch die deutschen Panzerdivisionen im Jahre 1940 ihre größten Triumphe gefeiert – warum sollten also die Alliierten nicht versuchen, das Spiel mit umgekehrten Vorzeichen zu wiederholen?

Auch die Möglichkeit einer Invasion in der Normandie hatten die Deutschen in Betracht gezogen, letzten Endes aber für wenig wahrscheinlich gehalten. Selbst wenn die Invasion gelang, mußten die Anglo-Amerikaner doch anschließend durch das unübersichtliche, immer wieder von dichten Buschreihen kreuz und quer durchzogene Gebiet der Bocage aus den Landeköpfen auszubrechen versuchen. Die unübersichtliche und zum Aufbau von Hinterhalten einladende Bocage aber war für Panzer schlecht geeignet. Auch die Deutschen mieden dieses Gebiet: Sie versammelten ihre Panzerdivisionen im offenen Gelände südlich und östlich von Caen.

Auf Grund seiner bis dahin im Kampf gegen die Alliierten gewonnenen Erfahrungen nahm Rommel an, daß der anglo-amerikanische Angriff zunächst mit schweren Luftangriffen, Beschießungen von See her und Infanterielandungen beginnen würde. Erst wenn die Infanterie einen ausreichend großen Brückenkopf gebildet hätte, so meinte Rommel, würden die Alliierten ihre Panzer an Land setzen. Man mußte daher durch den sofortigen Einsatz der eigenen Panzer die feindliche Infanterie ins Meer zurückwerfen, dann konnte man sich vielleicht den Kampf Panzer gegen Panzer ersparen. Rommel wußte zwar, daß die deutschen Panzer den alliierten überlegen waren, fürchtete aber die feindliche Materialüberlegenheit, mit der die Deutschen schon schlechte Erfahrungen gemacht hatten.

Rommels Erwartungen trafen nicht ganz zu: Als die Alliierten schließlich die Invasion – das Unternehmen „Overlord“ – am 6. Juni 1944 in der Normandie begannen, kam nach den erwarteten schweren Bombardierungen und unter der Feuerglocke der Schiffsartillerie nicht nur Infanterie an Land, sondern auch Schwimmpanzer, die der deutschen Küstenverteidigung sofort spürbare Verluste beibrachten. Die Alliierten spielten gleich von Anfang an ihre technische Überlegenheit aus: Sie brachten Minenräumpanzer und gepanzerte Pionierfahrzeuge an Land, die Wege durch die deutschen Minenfelder bahnten und die Panzerhindernisse ausschalteten.

Die deutsche 21. Panzerdivision, die bei Caen stationiert war, lag dem Gebiet der Invasion am nächsten. Sie hätte unverzüglich in die Kämpfe eingreifen können. Aber schon begannen die Schwierigkeiten: Hatten die Alliierten nur ein Täuschungsmanöver vor, oder war das die „echte“ Invasion? Hitler schlief – und niemand wagte ihn in den frühen Morgenstunden des 6. Juni 1944 zu wecken. Rommel befand sich auf Urlaub ...

Trotzdem bekam die 21. Panzerdivision Marschbefehl und setzte sich langsam in Richtung Caen in Bewegung. Aber die deutschen Panzer kamen niemals bis zur Küste durch. Die Alliierten wurden nicht ins Meer zurückgeworfen.

Schon am Abend des 6. Juni 1944 waren die angloamerikanischen Brückenköpfe so stark, daß man sie nicht mehr einfach im Gegenstoß wie geplant beseitigen konnte.

Rommels ärgste Befürchtungen bewahrheiteten sich: Der Kampfraum in der Normandie war von der Umwelt praktisch abgeschnitten. Die französische Widerstandsbewegung fügte den Deutschen Schäden zu, wo immer sie konnte. Und der Himmel gehörte dem Gegner: Pausenlos flogen alliierte Bomber ihre Einsätze und unterbanden bei Tag jede größere Bewegung auf dem Boden. Nur in der Nacht konnten sich die Panzer- und Nachschubkolonnen einigermaßen sicher bewegen.

Die drei westlich der Seine stehenden Panzerdivisionen wurden nach der Zustimmung Hitlers nun in den Invasionsraum in Marsch gesetzt. Die anderen Panzerdivisionen blieben in Reserve. Nach wie vor glaubte man auf deutscher Seite, daß die eigentliche Invasion im Pas de Calais erfolgen werde. Als man schließlich zu der Überzeugung gekommen war, daß es sich bei den Landungen in der Normandie doch um die Hauptinvasion handelte, war die Schlacht bereits entschieden: Jene Einheiten, die sich in den kurzen Sommernächten mühsam an gesprengten Brücken und unpassierbar gemachten Straßen dem Invasionsraum entgegenquälten, vermochten den Ausgang der Kämpfe nicht mehr zu beeinflussen.

Aber noch war es nicht soweit. Zurück zur Lage unmittelbar nach der Invasion: Nach Beginn der Landungen war die 21. Panzerdivision die einzige im Raum von Caen zur Verfügung stehende gepanzerte Großeinheit, die mit einiger Aussicht auf Erfolg in die Kämpfe eingreifen konnte. Tatsächlich kam die Division aus verschiedenen Gründen nicht an die Küste heran. Im Landeraum selber schlug sich die deutsche Infanterie vergeblich gegen die ständig stärker werdenden Invasoren.

Ohne Nachschub war die Lage nicht zu halten. Und allmählich begann man auf deutscher Seite doch zu begreifen, daß es sich bei der Invasion in der Normandie um kein Ablenkungsmanöver handelte. Vom Pas de Calais her wurde die 12. SS-Panzerdivision („Hitlerjugend") über die Seine in Marsch gesetzt. Als die Division im Invasionsraum eintraf, waren ihre Fahrzeuge fast ohne Kraftstoff. Die Panzerlehrdivision – eine ursprünglich unter Zusammenfassung von Lehr- und Demonstrationseinheiten der Wehrmacht gebildete, äußerst starke, gut ausgebildete und ausgezeichnet ausgerüstete Division – traf bis zum 9. Juni 1944 im Invasionsgebiet ein. Die „Panzerlehr" – wie man die Division allgemein nannte – hatte aber schon beim Anmarsch schwere Verluste durch alliierte Luftangriffe.

Bis zum 10. Juni 1944 hatten die Deutschen schließlich südlich von Caen genügend Kräfte für einen starken Gegenangriff versammelt. Wenn überhaupt, mußte der Angriff aber sehr bald geführt werden, denn die Verbände waren zur Aufgabe von Einheiten gezwungen, nur um die Front an den Landeköpfen selber einigermaßen zu halten.

Für den kommenden Angriff wurden die versammelten Divisionen der Panzergruppe West unterstellt. Ihr Befehlshaber, General Geyr von Schweppenburg, hatte seine Erfahrungen bisher im wesentlichen an der Ostfront gesammelt, wo die Bedeutung des Fliegereinsatzes

Panzerkampfwagen V „Panther“

Ein erbeuteter amerikanischer Panzerjäger M 10 dient den Deutschen als Beobachtungsposten

General Hasso von Manteuffel; das Foto zeigt ihn als Befehlshaber der Division „Großdeutschland“

Eine ausgezeichnete Panzerabwehrwaffe: der deutsche „Panzerschreck“

Der Jagdpanzer IV kam ab 1944 zum Einsatz

Sturmgeschütze mit aufgesessenen Grenadieren im Gegenstoß

Kampfpanzer VI („Tiger II“, „Königstiger“)

Noch einmal davongekommen… Im Hintergrund ein abgeschossener „Josef Stalin II“

auch nicht annähernd so entscheidend war wie im Westen. Das vielleicht auch aus diesem Grund nur sehr oberflächlich gegen Fliegersicht getarnte Hauptquartier des Generals wurde am 10. Juni 1944 prompt von alliierten Luftangriffen zerstört. Und auch die alles entscheidende Offensive blieb bald im Bombenhagel der anglo-amerikanischen Flugzeuge liegen.

Der deutschen Führung wurde klar, daß man die alliierten Landeköpfe nicht mehr beseitigen konnte. Aber das Vordringen des Gegners in das Landesinnere sollte vermieden werden. An eine Gegenoffensive war im Augenblick nicht zu denken. Was an Reserven und Verstärkungen eintraf, ging unverzüglich an die Front, um mögliche Ausbruchsversuche der Anglo-Amerikaner aufzuhalten.

In der unübersichtlichen Buschlandschaft der Bocage westlich von Caen waren die deutschen Verteidiger im Vorteil: Die Alliierten erlitten im unübersichtlichen Gelände schwere Panzerverluste durch Pak, Sturmgeschütze und durch Nahkampfmittel der Infanterie. Panzerfaust auf deutscher und Bazooka auf amerikanischer Seite bestimmten das Kampfgeschehen entscheidend. Alle Versuche der Alliierten, ihre Materialüberlegenheit auszuspielen, schlugen zunächst fehl. Den Panthern und Tigern waren selbst die mit einer amerikanischen 7,6-cm-KwK ausgerüsteten Shermans nicht gewachsen. Einzig die mit einem britischen Siebzehnpfünder-Geschütz ausgestattete Variante des Sherman hatte eine Chance gegen die 8,8-cm- bzw. 7,5-cm-Kanonen der Tiger und Panther.

Trotzdem, das war den Deutschen klar, mußte der

entscheidende Ausbruchsversuch aus den Landeköpfen eines Tages kommen. Am 9. Juli 1944 fiel Caen. Der alliierte Durchbruchsversuch in das gut panzergängige Gelände südlich von Caen in Richtung auf Falaise stand bevor. Schon am 14. Juni 1944 hatte der amerikanische Durchbruch auf der Halbinsel Cotentin begonnen, und am 18. Juli, dem Tag des Falls von St. Lô, begannen die Briten südlich von Caen die von den Deutschen erwartete Offensive mit einem Luftbombardement von beinahe unfaßbarer Intensität. Die Deutschen hatten jedoch in richtiger Einschätzung der Lage die Front nur dünn besetzt und erlitten daher durch die Luftangriffe verhältnismäßig geringe Verluste.

Die nach dem Bombardement in Richtung Falaise vorstoßenden drei britischen Panzerdivisionen fuhren buchstäblich durch eine bizarre Mondlandschaft ihrem Ziel entgegen.

Aber die Deutschen lebten noch: Da und dort gab es Maschinengewehrfeuer, und plötzlich brannten die ersten Britenpanzer. Die britischen Panzerdivisionen fuhren genau in das Abwehrfeuer von drei deutschen Panzerdivisionen, die noch zusätzlich durch Tiger- und Sturmgeschützeinheiten verstärkt waren. Aus der „Spazierfahrt nach Falaise“ wurde nichts: Die deutschen Panther und Tiger schossen die Feindpanzer aus sicherer Entfernung und selber in gut getarnter Feuerstellung befindlich reihenweise ab. Als schließlich über 200 britische Panzer brennend auf dem Gefechtsfeld standen, gaben die Briten den Angriff auf.

Trotz ihrer gelegentlichen Abwehrerfolge konnte die Wehrmacht den alliierten Vormarsch nicht ewig aufhalten. Der Kampf in der unübersichtlichen Bocage brachte die Alliierten aber nicht weiter und kostete sie zunächst große Verluste.

Auf beiden Seiten kämpften die Infanteristen mit Panzerunterstützung. Auf amerikanischer Seite waren es meist Shermans, die den hart kämpfenden Infanteristen den Weg freizuschießen versuchten, und auf deutscher Seite meist die bewährten Sturmgeschütze, die hinter Hecken und Buschreihen versteckt auf die Feindpanzer lauerten.

Es war die Absicht Eisenhowers und Montgomerys, die deutschen Panzerdivisionen im Raum von Caen festzuhalten, damit die Amerikaner von ihren weiter westlich gelegenen Landeköpfen zunächst die Halbinsel Cotentin erobern und später in die Bretagne und nach Zentralfrankreich durchbrechen konnten. Was die deutschen Panzerkräfte an der Führung eines entscheidenden Gegenschlags hinderte, war der Umstand, daß sie ständig Einheiten abgeben mußten, um die verzweifelt gegen die Amerikaner fechtenden eigenen Infanterieverbände zu stärken. Das kostete den Gegner zwar Verluste, schwächte aber auch die eigene Kampfkraft. Die Amerikaner hatten am 18. Juli St. Lô erobert, am 26. Juni schon war Cherbourg gefallen, und am 25. Juli schließlich brachen sie bei Avranches aus der Halbinsel Cotentin aus. Die geschwächten deutschen Infanteriedivisionen und die abgekämpften Panzereinheiten konnten den Durchbruch nicht verhindern.

Mitten in die sich immer dramatischer steigernde Schlacht im französischen Invasionsraum fiel am 20. Juli 1944 das fehlgeschlagene Attentat auf Hitler. War die

Situation im Führerhauptquartier schon vorher nervös und hektisch gewesen, verschlimmerte sie sich nach dem Attentat nun geradezu unerträglich. Hitlers Rachsucht kannte keine Grenzen mehr. Wer sein Leben liebte, griff in die militärischen Entscheidungen des Führers nicht mehr ein: Nur zu leicht konnte man in den Verdacht geraten, Defätist zu sein oder am Ende selbst an der Offiziersverschwörung beteiligt gewesen zu sein.

Rommel hatte zu den Sympathisanten der Verschwörer gehört, aber zunächst blieb das ohne sichtbare Folgen: Der Generalfeldmarschall war am 17. Juli 1944 bei einem Tieffliegerangriff schwer verwundet worden und befand sich nicht mehr an der Front.

Generalfeldmarschall von Rundstedt war schon am 2. Juli 1944 als Oberbefehlshaber West von Generalfeldmarschall von Kluge abgelöst worden. Nach der Verwundung Rommels übernahm von Kluge auch die Aufgaben des Generalfeldmarschalls als Befehlshaber der Heeresgruppe B. Aber auch von Kluge war an der Verschwörung gegen Hitler nicht unbeteiligt gewesen. Er mußte ständig mit seiner Verhaftung durch die Gestapo rechnen.

In dieser Situation kam der für die Deutschen äußerst verlustreiche Kampf um die Halbinsel Cotentin. Bei St. Lô gerieten die Einheiten der Panzerlehrdivision in einen schweren amerikanischen Bombenangriff und wurden zum großen Teil zusammengeschlagen. Die Amerikaner stießen weiter vor: Ihr Ziel war der Ausbruch aus der Halbinsel. Dann konnten sie entweder weiter in die Bretagne oder aber auch nach Paris vorgehen.

Die Front südlich von Caen, das bereits am 9. Juli gefallen war, hielt weiterhin. Auch eine zweite Offensive – bei der ersten hatten die Briten, wie schon erwähnt, über 200 Panzer verloren – schlug nicht durch. Erst am 16. August 1944 stießen schließlich die Kanadier südlich von Caen erfolgreich vor und brachen bis nach Falaise durch. Zu diesem Zeitpunkt zeichneten sich allerdings an der Invasionsfront bereits noch größere Gefahren für die Deutschen ab. Auf der Halbinsel Cotentin verschlimmerte sich die Lage Ende Juli 1944 für die Deutschen immer mehr. Trotz aller Abwehranstrengungen brachen die Amerikaner am 25. Juli in der Nähe von Avranches bei der deutschen 7. Armee durch. Damit konnten die Westalliierten in Frankreich zum weiträumigen Bewegungskrieg übergehen.

Am 30. Juli begannen die Briten – die ja südlich von Caen nur mäßige Fortschritte zu verzeichnen hatten – einen mit Panzern und Infanterie geführten Angriff an der linken Flanke der bereits nach Avranches vorgestoßenen Amerikaner. Der britische Angriff zielte über Chaumont nach Vire. Dorthin zielten auch die Deutschen: Generalfeldmarschall von Kluge wollte mit drei Panzerdivisionen (9. und 10. SS-Panzerdivision und 21. Panzerdivision) aus dem Raum westlich von Caen kommend die Amerikaner angreifen und bei Avranches abschneiden, bevor sie in den französischen Raum entscheidend vorstoßen konnten. Der anglo-amerikanische Vormarsch hatte jedoch damals bereits ein derart zügiges Tempo angenommen, daß die drei deutschen Panzerdivisionen im Raum von Vire nicht mehr – wie vorgesehen – ihre Sammelräume für den bevorstehenden Angriff beziehen konnten, sondern gleich zur Verteidigung übergehen mußten. Aus dem Angriff in Richtung Avranches wurde nichts.

Ab dem 1. August 1944 begannen die Amerikaner durch das bei Avranches in die Front der deutschen 7. Armee geschlagene Loch große Panzermassen durchzuschleusen: Nach Westen in die Bretagne, nach Süden in Richtung Loire und – für die Deutschen zu diesem Zeitpunkt unmittelbar am gefährlichsten – auch nach Osten in Richtung Caen und Le Mans. Gerade durch den letzten Vorstoß zeichnete sich – falls die Briten nun doch auch südlich von Caen in Richtung auf Falaise vorstießen – die Gefahr eines riesigen Kessels ab, in den die Alliierten zahlreiche deutsche Divisionen einschließen und vernichten konnten.

Hitler, der diese Gefahr richtig erkannte, dachte jedoch nicht an Rückzug. Im Gegenteil: Am 2. August 1944 gab er Befehl, das bei Avranches geschlagene Loch durch einen mächtigen Gegenangriff von acht Panzerdivisionen zu schließen und die weit vorgestoßenen Amerikaner damit abzuschneiden. Generalfeldmarschall von Kluge hielt das Angriffsunternehmen für aussichtslos, aber er mußte gehorchen. Unter den gegebenen Verhältnissen war schon die Versammlung der zum Angriff befohlenen Panzerdivisionen fast ausgeschlossen: Acht Panzerdivisionen – das bedeutete Hunderte von Fahrzeugen, verstopfte Straßen, endlose Troßkolonnen, Kraftstofflager, Unterkunftsprobleme, Irrtümer und nicht eingehaltene Termine.

All diese Schwierigkeiten treten selbst unter friedensmäßigen Idealbedingungen auf, im Sommer 1944 jedoch, bei totaler gegnerischer Luftherrschaft über den geographisch beengten Versammlungsräumen der Divisionen, vervielfachten sich alle diese Probleme ins Unerträgliche.

Dennoch begann Generalfeldmarschall von Kluge den befohlenen Angriff in den frühen Morgenstunden des 7. August 1944. Der Angriffstermin war ein Kompromiß: Einerseits mußte möglichst schnell zugeschlagen werden, da die Amerikaner buchstäblich von Stunde zu Stunde stärker wurden, andererseits aber waren bei Angriffsbeginn erst vier deutsche Panzerdivisionen in den Angriffsräumen eingetroffen.

Die Deutschen stießen mit aller Kraft vor und gelangten bis Mortain, wo der Angriff zum Stehen gebracht wurde. Die Amerikaner wehrten sich in hochgelegenem und für die Verteidigung gut geeignetem Gelände mit wütender Erbitterung, und die amerikanische Luftwaffe griff die deutschen Kolonnen praktisch ununterbrochen mit Bomben und Bordwaffen an. Für die Deutschen neu war der geballte Einsatz von Luft-Boden-Raketen, mit denen die Alliierten allerdings oft eher moralische als materielle Wirkung erzielten: Ein wirklich genaues Zielen war damals mit Raketen dieser Art fast nicht möglich – aber wenn sie ihr Ziel wirklich trafen, war die Wirkung sehr stark. Nach geringen Anfangserfolgen blieb die deutsche Offensive schon am ersten Angriffstag liegen. In der Umgebung von Mortain waren die Straßen übersät mit brennenden und völlig zerstörten deutschen Fahrzeugen aller Art. Schon am 8. August 1944 waren die zum Angriff angetretenen Panzerdivisionen völlig in die Verteidigung gedrängt und damit praktisch unbeweglich geworden. Der amerikanische Vormarsch ging aber mittlerweile weiter fort: Generalleutnant Patton trieb seine Verbände energisch an. Wenn es gelang, die Deutschen südlich von Caen flankierend zu umfassen, und die Briten und Kanadier gleichzeitig vom Norden her von Caen nach Falaise vorstießen, konnte man die Deutschen in einem riesigen Kessel einschließen.

Während der Vormarsch der Amerikaner zunächst nach Osten und dann nach Norden in Richtung Argentane und Falaise zügig voranging, hielt die deutsche Front südlich von Caen allen alliierten Durchbruchsversuchen zunächst noch stand. Die hier eingesetzten blutjungen Grenadiere der 12. SS-Panzerdivision „Hitlerjugend" schlugen sich in der ersten Augusthälfte mit solch wütender Verbissenheit, daß die Alliierten kaum an Boden gewannen.

Im Sommer 1944 sahen sich die Deutschen allerdings nicht nur an der Invasionsfront einer schwierigen und kaum noch zu bewältigenden Situation gegenüber, sondern die Lage spitzte sich auch an allen anderen Fronten zu: In Italien ging der alliierte Vormarsch unaufhaltsam in Richtung Rom weiter. An der Ostfront begannen die Russen am 22. Juni 1944 ihre Sommeroffensive mit noch nie dagewesener Überlegenheit. Die Heeresgruppe Mitte war dem russischen Ansturm nicht mehr gewachsen und brach bereits Anfang Juli 1944 praktisch auseinander.

Ein zweiter Teilangriff entwickelte sich nordöstlich von Orscha. Bevor noch das Zurückgehen hinter den

Dnjepr und dann auf das westliche Beresina-Ufer genehmigt worden war, hatten die Russen bereits zwei Korps der deutschen 9. Armee abgeschnitten. Am 3. Juli wurde Minsk von den Russen zurückerobert. Die deutsche 2. Armee verlor Sluzk, Baranowitschi und Pinsk und mußte hinter den oberen Njemen zurückweichen. Während Polozk noch als „fester Platz“ verteidigt wurde, überschritten die Russen schon die Grenze nach Litauen. Am 7. Juli war Wilna eingeschlossen, und die Russen griffen Schaulen, Kaunas, Bialystok und Brest-Litowsk an. Und am 13. Juli begann die Rote Armee mit neuen Großangriffen zwischen Düna und Peipussee, Pripjet und Dnjestr. Die deutschen Verlustziffern lagen jetzt doppelt so hoch wie nach der Katastrophe von Stalingrad: 28 Divisionen waren im Verlauf der Kämpfe praktisch vollständig aufgerieben worden. Dennoch blieb Hitler bei seinen Haltebefehlen: „Feste Plätze“ mußten ohne Rücksicht auf den Frontverlauf gehalten werden. Befehle zum „Absetzen“ kamen entweder überhaupt nicht oder doch zu spät. Als die russische Offensive am 7. August zunächst ausklang, war die deutsche Heeresgruppe Mitte praktisch zerstört. Die Front aber war bis ins Baltikum und vor Warschau zurückgefallen.

Nach dem 20. Juli 1944 wurde Guderian Chef des deutschen Generalstabs: Hitler vertraute dem Mann, der nicht nur die Panzerwaffe geschaffen hatte, sondern mit Sicherheit nicht an den Putschplänen gegen den Führer beteiligt gewesen war. Die Machtbefugnisse des neuen Generalstabschefs blieben allerdings praktisch nur auf die Ostfront beschränkt, obwohl sich Hitler auch dort weiterhin in die Kampfführung einmischte. Der gesamte deutsche Generalstab, ja die meisten hohen Offiziere alter Schule waren mit wenigen Ausnahmen nach den Ereignissen des 20. Juli 1944 bei Hitler allesamt in Ungnade gefallen. Der Führer vertraute nur noch der Waffen-SS und deren Generalen. Das waren die Männer, die den Krieg fanatisch und im Sinne der nationalsozialistischen Überzeugung führten. Alle anderen waren „Verräter und Defätisten“, Angehörige eines „Offiziersklüngels“, welcher dem Nationalsozialismus distanziert und ohne wirkliche Begeisterung gegenüberstand.

Noch am 10. Juni 1944 hatten Rommel und Rundstedt die Führung der ersten – erfolglos gebliebenen – Gegenoffensive nicht dem Chef des 1. SS-Panzerkorps, Sepp Dietrich, sondern dem Heeresgeneral Geyr von Schweppenburg übertragen. Derartiges wäre nach dem 20. Juli 1944 unmöglich gewesen: Nach dem mißglückten Bombenattentat gegen den Führer war die SS nun mächtiger als je zuvor. Am 17. August 1944 wurde Generalfeldmarschall von Kluge als Oberbefehlshaber West und Chef der Heeresgruppe B durch den von der Ostfront kommenden und als Spezialist für die Bereinigung aussichtsloser Situationen bekannten Generalfeldmarschall Walter Model abgelöst. Von Kluge ging wenig später in den Freitod.

Model machte sich mit Energie an seine neuen Aufgaben, aber Wunder wirken konnte auch er nicht. Reserven für die Invasionsfront gab es kaum mehr, und ab dem 16. August 1944 zeichnete sich im Westen eine neue Katastrophe größten Umfangs ab: An diesem Tag durchbrachen die Kanadier unter Montgomery die deutsche Front südlich von Caen und stießen bis Falaise durch. Rund 250 000 deutsche Soldaten der 5. und 7. Armee wurden eingekesselt, nachdem die Amerikaner bei Falaise den Kessel geschlossen hatten. Während die Wehrmachtseinheiten im Kessel von Falaise ihrer Vernichtung entgegengingen, stießen die amerikanischen Panzer des Generals Patton weiter zur Seine und nach Paris vor, das bis zum 25. August gegen nur unbedeutenden Widerstand in die Hände der Angreifer fiel.

Die Deutschen aber hatten im Kessel von Falaise und beim Rückzug zur Seine insgesamt etwa 2000 Panzer und Sturmgeschütze verloren – das war etwa ein Sechstel der gesamten Jahresproduktion.

Am 15. August 1944 waren die Alliierten auch in Südfrankreich gelandet und marschierten nun von dort nach Norden, ohne auf wesentlichen deutschen Widerstand zu treffen. Dem im August und September 1944 nach der Einnahme von Paris und dem Übergang über die Seine rasch nach Osten weitergehenden alliierten Vormarsch hatten die Deutschen wenig entgegenzusetzen. Zentrale Großreserven gab es um diese Zeit in der Wehrmacht nicht mehr. Man konnte nur noch versuchen, die Fronten notdürftig zu flicken und zu halten. Im Osten sah es nicht besser aus: Die Russen waren in die baltischen Staaten eingedrungenen, die Heeresgruppe Mitte kämpfte in Polen vor Warschau gegen einen überlegenen Gegner, und im Süden der Ostfront waren die rumänischen Ölfelder von Ploesti bereits vom russischen Vormarsch bedroht und gingen bis zum 30. August 1944 an die Russen verloren.

Anders als im Osten waren die Verkehrsverbindungen

nach dem Westen im Herbst 1944 von den Alliierten aus der Luft so gründlich zerstört worden, daß an die Verlegung stärkerer Wehrmachtsverbände in den Westen schon aus diesen Gründen nicht gedacht werden konnte.

Aber trotz des raschen alliierten Vormarsches – Brüssel war am 3. September, Antwerpen am 4. September und Lüttich am 8. September 1944 gefallen – war die Wehrmacht auch im Westen noch nicht ganz am Ende. Man mußte neue Verteidigungslinien am Westwall und hinter den künstlich überfluteten holländischen Niederungen aufbauen. Im Osten boten sich Weichsel und Donau als natürliche Verteidigungslinien an.

Die deutsche Rüstungsindustrie lief weiterhin auf höchsten Touren und produzierte Panzer und Sturmgeschütze in beachtlicher Zahl. Und das Unglaubliche geschah: Nach den Katastrophen des Sommers und Herbstes 1944 bildeten die Deutschen nochmals sowohl im Osten als auch im Westen wieder zusammenhängende Fronten und begannen, dem Gegner neuerlich organisierten und zähen Widerstand zu leisten. Dabei kam ihnen zugute, daß sich die Gegner im Osten und im Westen nach dem raschen Vormarsch im Herbst 1944 selbst in einem gewissen Erschöpfungszustand befanden, der größere Offensivbewegungen nicht zuließ. Außerdem hatten sie Nachschubschwierigkeiten. Die Treibstoffkrise machte sich bei den Anglo-Amerikanern schon innerhalb einer Woche nach dem Seine-Übergang stark bemerkbar, und im Osten blieb die Rote Armee am Ostufer der Weichsel und vor Warschau stehen, wo die Polen seit dem 1. August in einem verzweifelten Aufstand gegen die Deutschen kämpften.

Der Aufstand der polnischen Patrioten wurde jedoch von der Wehrmacht niedergeschlagen. Die Russen griffen in die Kämpfe nicht ein: Es kam ihnen wohl nicht ganz ungelegen, daß die Deutschen selber die besten patriotischen polnischen Kräfte vernichteten – um so leichter und reibungsloser konnte sich später die kommunistische Machtübernahme im „befreiten“ Polen vollziehen.

Im Westen hatten die Alliierten Mitte September 1944 Metz erreicht. Der linke Flügel der Armeegruppe des amerikanischen Generals Bradley und die Armeen von General Montgomery besetzten Nordfrankreich und Belgien. Schon am 11. September standen die alliierten Armeen zwischen Trier und Aachen an der deutschen Grenze. Der deutschen Führung wurden die weiteren alliierten Absichten erst völlig klar, als die Engländer vom 17. bis 25. September 1944 bei Nimwegen und Arnheim gewaltige Luftlandungen durchführten, um den Nordflügel der deutschen Westfront zu durchstoßen und den Übergang über Waal und Rhein zu erzwingen. Generalfeldmarschall Model hatte ursprünglich angenommen, daß der amerikanische Vorstoß bis nach Aachen, das schließlich am 21. Oktober 1944 als erste große deutsche Stadt in Feindeshand fallen sollte, den Vorbereitungen des alliierten Hauptangriffs ins deutsche Ruhrgebiet dienen sollte. Diese Annahme wurde dann den britischen Luftlandetruppen bei Arnheim zum Verhängnis.

Luftlandetruppen und Fallschirmjägerverbände sind – obwohl infanteristisch fast immer ausgezeichnet ausgebildet und ausgerüstet – gegnerischen Panzerangriffen so lange kaum gewachsen, bis sie durch eigene Panzer und schwere Waffen ausreichend unterstützt werden können. Die bei Arnheim landende britische 1. Luftlandedivision mußte diese schmerzhafte Erfahrung machen: Die Division landete genau in den Versammlungsräumen der deutschen 9. und 10. SS-Panzerdivision, die sich für einen Gegenstoß gegen die von der deutschen Führung erwarteten Offensive gegen das Ruhrgebiet vorbereiteten. Als die Briten landeten, trennten sie etwa 100 Kilometer von den auf dem Boden vorgestoßenen eigenen Panzerkräften. Obwohl die beiden im Landeraum liegenden SS-Panzerdivisionen selber noch nicht voll einsatzbereit waren, griffen sie die britischen Luftlandetruppen sofort heftig an. Die Briten, die nicht mit so kräftigem deutschem Widerstand gerechnet hatten, wehrten sich, so gut sie konnten. Da aber die britischen Panzer auf dem Boden gegen den entschiedenen deutschen Widerstand nicht vorankamen, war der Ausgang des Kampfes bald entschieden: Die Kräfte der 1. Luftlandedivision wurden, soweit sie sich nicht rechtzeitig absetzen konnten, von den Deutschen in schweren Kämpfen aufgerieben.

Es war der letzte große deutsche Sieg im Westen, und die Propaganda verstand ihn kräftig auszunützen: Die staunende deutsche Zivilbevölkerung sah die Wochenschau – abgekämpfte Engländer gingen in langen Kolonnen in die Gefangenschaft. In Deutschland wurden die gegnerischen Verluste triumphierend veröffentlicht. Sollte das Reich doch noch nicht am Ende sein? Gab es noch Siegeshoffnungen? Fast schien es so: Die alliierten Luftlandungen bei Nimwegen verliefen zwar erfolgreicher als die bei Arnheim, an anderer Stelle überschritt der Feind die Vogesen und drang bis zur Ruhr und Saar vor, und am 23. November waren Straßburg und Metz in alliierte Hand gefallen. Aber gegen Jahresende hatten die Deutschen erneut eine feste Front gebildet. Sie verlief im Norden an den holländischen Flußläufen und Kanälen und dann entlang des Niederrheins, des Westwalls und schließlich am Oberrhein als natürliche Barriere.

Größere deutsche Panzeroperationen waren zunächst ausgeschlossen, da die Alliierten nach wie vor den gesamten Luftraum beherrschten. Auf dem Boden aber waren die anglo-amerikanischen Angriffe 1944 zum Stehen gekommen.

Trotz des vorübergehenden Stillstands an der Front nahmen die Alliierten auf Grund der ihnen vorliegenden Meldungen und Unterlagen an, daß der Gegner erschöpft und zu keinen größeren Aktionen mehr fähig sein müsse.

Aber die Alliierten irrten sich: Die deutsche Wehrmacht war zwar schwer erschüttert, aber einstweilen noch nicht besiegt. Die deutschen Rüstungswerke produzierten trotz schwerer Bombenschäden weiter, und durch den Aufruf des Volkssturms und die Bildung von Volksgrenadierdivisionen waren auch die Mannschaftsverluste zumindest teilweise wieder aufgefüllt worden. Lokale deutsche Angriffe nahm man auf alliierter Seite nicht allzu ernst. Sicher – das Unternehmen bei Arnheim war eine katastrophale Niederlage gewesen, aber das änderte nichts. Am 27. Oktober wurde die amerikanische 7. Panzerdivision von einem heftigen Gegenangriff der deutschen 9. Panzerdivision in der Nähe von Helmond zurückgeschlagen. Aber das waren Einzelerfolge. Die Deutschen mochten versuchen, sie auszunutzen, aber es fehlte ihnen doch schon an der nötigen Kraft und an Reserven.

Die alliierten Flugzeuge starteten nun schon von Flugplätzen in der Nähe der Reichsgrenze und griffen die deutschen Fabriken, Straßen, Eisenbahnen und Wehrmachtsfahrzeuge ununterbrochen an. Was sollte unter solchen Umständen noch geschehen?

Trotzdem arbeiteten die Deutschen weiter. Die Propaganda wies auf die „Wunderwaffen" hin und berichtete gleichzeitig von den entsetzlichen Greueltaten, die die „bolschewistischen Massen" im Reich anrichten würden, falls man nicht durchhielt. Wer am Sieg zweifelte oder sich durch aktiven Widerstand verleiten ließ, verschwand in den Konzentrationslagern.

Männer wie Reichsminister Speer sahen die Lage nüchtern: Von den vom September bis November 1944 produzierten 1764 Panzerfahrzeugen hatten nur noch 1371 die Truppe erreicht. Der Rest war bereits nach dem Abtransport aus den Fabriken und vor der Ablieferung bei den Frontverbänden zerstört worden. Die Produktion selber sank in dieser Zeit um insgesamt 20 Prozent ab.

Aber das war noch nicht das Schlimmste. Man mochte produzieren, soviel man wollte, man konnte die gelichteten Verbände der Wehrmacht mit sechzehnjährigen Jungen, Facharbeitern aus den Fabriken und sechzigjährigen „Volksstürmern" auffüllen. Man mochte den Soldaten fanatischen Widerstandswillen einflößen – es nützte alles nichts, wenn den Panzern und Flugzeugen der Kraftstoff ausging. Und das war Ende 1944 der Fall: Nach dem Verlust der Ölfelder von Ploesti blieben den Deutschen nur noch die unbedeutenden natürlichen Erdölvorkommen in Ungarn und im Reich selbst. Die Hydrierwerke wurden immer wieder von der alliierten Luftwaffe schwer angegriffen und nur notdürftig wieder instand gesetzt.

Man mußte sparen: Selbst bei der Wehrmacht wurden Lkw und Pkw auf den Betrieb mit Holzgas umgestellt. Trotzdem konnten viele Jagdflugzeuge nicht mehr starten, weil es an Benzin fehlte. Und die Panzerverbände mußten mit jedem Tropfen Sprit knausern.

Die letzte Reserve

Wenn feindliche Armeen trotz erbitterten Widerstands in einer Zeit von nur fünf Wochen etwa 720 Kilometer vorstoßen können, muß sich der Verteidiger wohl ernsthaft fragen, welchen militärischen Wert sein eigener Widerstand noch hat. Im Sommer 1944 war die Rote Armee besonders im Mittelabschnitt der Ostfront tatsächlich bis zu etwa 720 Kilometer weit vorgestoßen und stand nun vor dem Memelgebiet im Norden von Warschau und im Süden von Belgrad. Obwohl sich die an der Ostfront kämpfenden deutschen Soldaten mit dem Mut der Verzweiflung gewehrt hatten, war die russische Übermacht bereits zu erdrückend geworden, um sie noch aufhalten zu können. Und so war es weniger der deutsche Widerstand als die Erschöpfung der Angriffsreserven und der Herbstschlamm des Jahres 1944, der die Russen vor den Toren des Reiches neuerlich zum Stillstand brachte. Die Russen mußten sich nun um den Aufbau von Verbindungen ins Hinterland bemühen, denn die Deutschen hatten bei ihrem Rückzug zum Teil die schon vorher von den Russen praktizierte Politik der „verbrannten Erde“ erfolgreich wiederholt: Sie zerstörten alles, was den nachdrängenden Russen von Nutzen sein konnte.

Die Verluste der Wehrmacht waren im Jahre 1944 an

der Ostfront außerordentlich hoch gewesen. Was nützte es, daß die Russen für jeden abgeschossenen deutschen Panzer und für jedes vernichtete Sturmgeschütz durchschnittlich fünf eigene Panzer einbüßten? Die russischen Kraftreserven waren unerschöpflich. Der Kraftstoffmangel bei den Deutschen ließ größere Operationen nicht mehr zu. Noch im April 1944 hatte Deutschland über Ölreserven von etwa einer Million Tonnen verfügt; im August des Jahres 1944 waren es nur noch 327 000 Tonnen. Der Verlust der rumänischen Ölfelder bei Ploesti traf die Deutschen schwer. Schon im September, kurz vor der Einnahme der rumänischen Ölgebiete, mußten die Kraftstoffzuteilungen für die Wehrmacht auf die Hälfte gekürzt werden. Unter solchen Bedingungen wurde eine bewegliche Kriegführung fast unmöglich: Reichsminister Speer sagte später im Nürnberger Prozeß aus, daß seiner Ansicht nach der Krieg nach den steigenden Zerstörungen der deutschen Treibstoffwerke bereits ab Mai 1944 produktionsmäßig verloren war.

Die Lage der Wehrmacht wurde außerdem durch die hohen Personalausfälle stark erschwert. Der Volkssturm war keine kampfkräftige Truppe. Selbst aus den Rüstungsbetrieben begann man, hochqualifizierte Facharbeiter zur Wehrmacht einzuziehen. Das bedeutete zwar vorübergehende Mannschaftsverstärkungen, mußte sich aber schon innerhalb kurzer Zeit negativ auf die Produktionslage auswirken.

Im Süden griffen die Russen noch im Jahre 1944 nach der Eroberung von Belgrad die deutsche Front an der Theiß vom Süden her an. Mitte Dezember erreichte die Rote Armee den ungarischen Plattensee, und zu Weihnachten war Budapest eingeschlossen. Im Osten sahen sich die Deutschen nach dem im Lauf des Jahres 1944 erfolgten Ausscheiden aller ehemaligen Verbündeten vor der fast unlösbaren Aufgabe, weiterhin eine zusammenhängende Front zu halten. Am 11. Februar 1945 schließlich kapitulierte das bis zuletzt hartnäckig verteidigte Budapest, nachdem drei deutsche Entsatzversuche nicht zum erhofften Erfolg geführt hatten.

Noch bevor die Russen jedoch im Januar 1945 zu ihrer gewaltigen Winteroffensive antraten, versuchte Hitler, das Kriegsglück im Westen zu wenden. Trotz der angespannten Lage hatten die Deutschen Panzerreserven aufgebaut, die Hitler – allen Mahnungen der Fachleute zum Trotz – offensiv einsetzen wollte. Im Osten boten sich kaum günstige Angriffschancen. Im Westen aber, so glaubte der Führer, konnte man besonders die Amerikaner mit einem kühnen Offensivschlag entscheidend treffen. So entstand der Plan zur berühmten Ardennen-Offensive, mit der Hitler im Dezember 1944 den großen Angriffserfolg des Jahres 1940 zu wiederholen hoffte: Ein starker Panzervorstoß durch die Ardennen, über die Maas und über Brüssel bis nach Antwerpen ... Damit hätte man den Nordflügel der alliierten Armeen vom Nachschub abgeschnitten und gleichzeitig die Hoffnungen der Anglo-Amerikaner auf eine mögliche Offensive im Frühjahr 1945 zunichte gemacht. Die Ardennenoffensive war mit dem Vorstoß des Jahres 1940 aber nicht zu vergleichen: Die Deutschen waren schwächer als je zuvor, der Treibstoff für die angreifenden Panzer reichte nur für etwa 100 Kilometer, und wenn das Wetter den Alliierten Flugtätigkeit erlaubte, waren die deutschen Angriffsverbände chancenlos.

Für die Durchführung der Offensive hatte die Wehrmacht schließlich fünf Heerespanzerdivisionen und vier Panzerdivisionen der Waffen-SS versammelt. Die deutschen Verbände lagen zwischen Echternach und Monschau und sollten am 15. Dezember 1944 den Gegner überraschend angreifen. Die Hauptkräfte – die in der 6. SS-Panzerarmee unter dem Befehl von Sepp Dietrich zusammengefaßten vier SS-Panzerdivisionen – sollten im nördlichen Ardennengebiet angreifen. Im südlichen Angriffssektor stand unter von Manteuffel die 5. Panzerarmee mit nur drei Heerespanzerdivisionen. Zwei Panzerdivisionen blieben zunächst noch in Reserve. Die hauptsächlich aus Infanterieverbänden bestehende und durch zahlreiche Volksgrenadiereinheiten verstärkte deutsche 7. Armee sollte im Angriff die Südflanke der 5. Panzerarmee abdecken.

Die deutschen Angriffsvorbereitungen wurden unter Einhaltung möglichst umfangreicher Sicherheits- und Geheimhaltungsmaßnahmen getroffen. Den ganzen Herbst über wurde eine Panzerdivision nach der anderen möglichst unauffällig aus der Front gezogen, in die Eifel verlegt und dort für die kommende Offensive vorbereitet.

Die deutschen Vorbereitungsmaßnahmen wurden so vorsichtig und sorgfältig ausgeführt, daß die Alliierten auf die bevorstehende Offensive nicht vorbereitet waren. Obwohl die allgemeine Lage an allen Fronten mehr als ungünstig war, gingen die deutschen Panzermänner und Grenadiere mit Optimismus in die Schlacht: Noch einmal hatte die Wehrmacht überlegene Panzerkräfte versammelt, und die Amerikaner, gegen die es hauptsächlich ging, waren ohne Luftunterstützung verwundbar, das wußten die Deutschen aus den meisten bis dahin gemachten Erfahrungen.

In der höheren deutschen Führung aber glaubte man kaum an einen wesentlichen Erfolg des ganzen Unternehmens. Sicher, man konnte die Amerikaner verwirren und vielleicht auch zurückdrängen, aber für einen wirklich entscheidenden Schlag reichten die eigenen Kräfte nicht mehr.

Trotz aller Bedenken begann der deutsche Angriff am 16. Dezember 1944 recht erfolgversprechend: Nach massiver Artillerievorbereitung aus über 2000 Rohren rollten die Panzer an, fuhren die Grenadiere in den Feind hinein... Die Alliierten waren tatsächlich überrascht. Man hatte sich schon zu sicher gefühlt. Den angreifenden Deutschen kamen die Wetterverhältnisse zu Hilfe. Als die Infanterie- und Grenadierdivisionen die ersten Breschen in die Front schlugen, zeigte sich kein alliiertes Flugzeug am Himmel. Am besten kam die 5. Panzerarmee voran – sie blieb den ganzen 16. Dezember über im Vormarsch und ging auch in der Nacht zum 17. Dezember noch weiter vor. Die 6. SS-Panzerarmee weiter im Norden hingegen stieß gleich von Anfang an auf entschlossenen Feindwiderstand. Das führte zu Verzögerungen, die den sorgfältig kalkulierten Zeitplan durcheinanderbrachten. Schon bald zeigten sich die ersten Rückschläge: Befohlene Ziele wurden nicht oder nicht rechtzeitig erreicht. Dabei kam es sehr auf die genaue Einhaltung der Zeitpläne an: Wenn sich die Alliierten von ihrer ersten Überraschung erholten, konnten sie Verstärkungen an die Front bringen. Und dann konnte man möglicherweise nicht rechtzeitig in das Hinterland vorstoßen, bevor das Wetter aufklarte und die amerikanischen Flugzeuge wieder in den Erdkampf eingreifen konnten.

Am 16. Dezember kam die 6. SS-Panzerarmee nur 10 Kilometer voran – bei der 5. Panzerarmee im Süden waren es dagegen etwa 30 Kilometer. Am 17. Dezember stieß die 1. SS-Panzerdivision um weitere 20 Kilometer bis über Monschau vor. Der alliierte Widerstand aber begann sich schon zu verstärken. Und die Deutschen versuchten vielfach, die amerikanischen Widerstandsnester auszuschalten, anstatt einfach an ihnen vorbeizustoßen. Mit Blitzkrieg hatte das nichts mehr zu tun. Das Jahr 1940 wiederholte sich nicht. Nach Überwindung der ersten Panikreaktion hielten die Amerikaner hartnäckig ihre Stellungen. Und da das umgebende Gelände im Winter schwer befahrbar und außerdem meist nicht feindfrei war, begannen die deutschen Kolonnen bald die Straßen derart zu blockieren, daß die Verkehrs- und Nachschublage unerträglich wurde. Am 18. Dezember 1944 schon blieb die Offensive der 6. Panzerarmee praktisch stecken.

Am gleichen Tage schloß die im Süden weiter vorstoßende 5. Panzerarmee unter von Manteuffel das von den Amerikanern hartnäckig verteidigte Ardennen-Städtchen Bastogne ein und ging weiter nach Nordwesten vor: zur Maas und in Richtung auf Dinant, wo sich Rommels 7. Panzerdivision im Jahre 1940 die ersten Lorbeeren geholt hatte. Bastogne war ein wichtiger Verkehrsknotenpunkt, doch die Amerikaner, davon war von Manteuffel überzeugt, würden sich auch dort nicht allzu lange halten können. Obwohl es ihm sicherlich nicht leichtfiel, mußte sich Hitler nun entschließen, den Schwerpunkt der Offensive nach Süden zur 5. Armee zu verlagern: Die SS war im Norden nicht durchgekommen. Hitler empfand es als schändlich, daß sich die Heerespanzerdivisionen offenbar besser bewährten als die hochgeschätzte Waffen-SS. Aber letzten Endes war alles vergeblich: Wie Sepp Dietrich im Norden blieb schließlich auch von Manteuffels 5. Panzerarmee im Süden stecken. Das Benzin wurde knapp, Bastogne hielt aus, und der Nachschub kam nicht mehr durch. Und Panzerangriffe konnten zudem meist nur entlang der Straßen gefahren werden, weil Witterung und Gelände keine großzügigen Operationen erlaubten.

Schon am 18. Dezember erkannte sowohl von Rundstedt – der an der Offensivplanung entscheidend beteiligt gewesen war – als auch Generalfeldmarschall Model, daß der Angriff nach dem Steckenbleiben der 6. SS-Panzerarmee keinen entscheidenden Erfolg mehr bringen konnte. Aber wie fast immer stimmte Hitler allen Rückzugsvorschlägen nicht rechtzeitig zu. „Halten" hieß die Parole für die Panzer und die Grenadiere. Halten – bis das Wetter schließlich besser wurde und die alliierten Bomber und Jabos die fast unbeweglich gewordenen deutschen Verbände unerbittlich aus der Luft zu zerschlagen begannen.

Und die letzten deutschen Panzerreserven schmolzen dahin. Die Ardennen-Offensive hatte sich als überaus kostspieliger Fehlschlag erwiesen, obwohl sie die Alliierten tatsächlich vollständig überraschend getroffen hatte und die höhere Führung zeitweilig in eine gefährliche Panikstimmung versetzte. Zum Glück für die Westalliierten hatte sich jedoch die Truppe als standfester erwiesen, als man hätte annehmen dürfen. Als am 23. Dezember 1944 schließlich das Wetter aufklarte, war für die Deutschen jede Hoffnung verloren. Pausenlos aus der Luft angegriffen, mußten sich die Verbände, soweit es überhaupt noch möglich war, auf den Rückzug machen. Führerbefehle nützten unter solchen Umständen nichts – der Feind war zu überlegen.

Während die Deutschen nach der Ardennen-Offensive ihre schwer angeschlagenen und dezimierten Verbände noch zu ordnen versuchten, begann am 12. Januar 1945 im Osten die russische Winteroffensive praktisch entlang der ganzen Ostfront vom Baltikum bis zu den Karpaten. Schon am ersten Angriffstag durchstießen die Russen bei Baranow die deutsche Front. Am 17. Januar drang die Rote Armee in Warschau ein. Im Norden wurde die Weichsel überschritten, Ostpreußen vom Reich isoliert und die Grenze Pommerns erreicht. Mitte Februar 1945 geriet das wichtige oberschlesische Industriegebiet in die Hand der Russen, und in den folgenden Wochen wurde auch Niederschlesien östlich der Oder besetzt. Die an der Ostfront kämpfenden deutschen Verbände befanden sich nun in einer völlig hoffnungslosen Lage. Es ging nur noch ums Überleben. Wie immer aber mußten die Panzer den Rückzug der langsameren Wehrmachtseinheiten decken, soweit es möglich war. Nur die Sorge um die Heimat und die – nur zu oft allzu berechtigte – Furcht vor der Rache der Russen gab den

Deutschen noch Mut zum weiteren Widerstand. Kampfstarke Panzerdivisionen existierten nur noch auf den Lagekarten im Führerhauptquartier: In Wirklichkeit kämpften ganze Divisionen oft nur noch als Kampfgruppen in Kompanie- oder bestenfalls Bataillonsstärke. Trotzdem wurden immer wieder Gegenangriffe befohlen, die die letzten Kräfte kosteten.

Trotz der sich nun bereits konkret abzeichnenden Gefährdung der Reichshauptstadt entschloß sich Hitler zu einer neuen Offensive. Nicht im Westen, wo sich die Wehrmacht nach dem Debakel in den Ardennen bestenfalls zu lokalen Unternehmungen im Elsaß und in Holland aufraffen konnte, sondern im Süden der Ostfront. Die Russen stießen zur Oder vor – aber der Führer entschied sich am 16. Januar 1945 endgültig für die Offensive in Ungarn. Die 6. SS-Panzerarmee sollte in Richtung Budapest angreifen. Hitler hoffte hier auf nur schwächeren russischen Widerstand und auf die Sicherung bzw. Wiedergewinnung der eher unbedeutenden ungarischen Ölgebiete. Wie zu erwarten, blieb die deutsche Offensive in Ungarn nach einigen Anfangserfolgen stecken, aber das fiel bei der katastrophalen militärischen Gesamtlage eigentlich schon kaum mehr ins Gewicht.

Während sich die Russen im Osten schon für den Stoß gegen Berlin vorbereiteten und den deutschen Verbänden in Ungarn nach den kurzfristigen Offensivhoffnungen nur der Rückzug blieb, begannen die Briten am 8. Februar 1945 einen neuen Großangriff am Westwall. Die Offensive nahm ihren Ausgangspunkt westlich von Cleve und gewann gegen heftigen deutschen Widerstand – besonders in dem die Verteidiger begünstigenden

Gelände des Reichswaldes – nach Südosten Raum. Der Westwall selbst war längst veraltet und stellte – da er nur von unzureichenden deutschen Kräften besetzt werden konnte – kaum ein ernstzunehmendes Hindernis für die angreifenden Alliierten dar.

Die im Westen verbliebenen deutschen Panzereinheiten versuchten weiter, die vordringenden Alliierten aufzuhalten. Obwohl im Norden die deutsche 1. Fallschirmjägerarmee zusammen mit den Resten der 5. Panzerarmee den Briten vergeblich Widerstand zu leisten versuchte, war der Vorstoß des Gegners zum Rhein nicht mehr aufzuhalten. Am 7. März 1945 bekamen die Amerikaner bei Remagen die Ludendorff-Brücke unzerstört in die Hand und überquerten den Rhein. Am 23. März gingen auch die Briten bei Wesel über den Rhein. Das Ende war nahe. Auf deutscher Seite gab es keine Panzerdivisionen mehr, sondern nur noch kleine Kampfgruppen, die mit wenig Erfolg und nun auch schon ohne jede Hoffnung gegen den übermächtigen Gegner antraten. Als die Amerikaner zwei Wochen nach ihrem ersten Rheinübergang bei Remagen einen zweiten Brükkenkopf bei Oppenheim bildeten, verlangte Hitler nach einem sofortigen Gegenangriff mit Panzerunterstützung. Es gab aber keine größeren Einheiten mehr. Nur fünf Jagdtiger, die bei Sennelager in einer Instandsetzungswerkstatt standen, konnte man vielleicht den Amerikanern entgegenwerfen. Nach einem Tauziehen stellte sich heraus, daß die Jagdtiger bereits zum Kampf gegen die Amerikaner bei Remagen abgegangen waren. Das war das Ende. Während die Alliierten mit Tausenden von Panzern disponierten, stritt der „Führer des großdeutschen Reiches“ um fünf Jagdtiger... Nachdem die Briten ab Ende März in breiter Front in Norddeutschland eingedrungen waren, wurde am 1. April 1945 die damals noch etwa 430 000 Mann starke Heeresgruppe B unter Generalfeldmarschall Model im sogenannten Ruhrkessel eingeschlossen und bis zum 17. April 1945 zur Kapitulation gezwungen. Die „Waffenschmiede des Reiches“ war in alliierter Hand.

Die Engländer und Amerikaner besetzten nun ganz Norddeutschland: Am 19. April wurde die Elbe erreicht. Süddeutschland wurde nach einem erfolgreichen Rheinübergang der Alliierten bei Karlsruhe von den Franzosen und Amerikanern besetzt.

Am 16. April schließlich traten die Russen aus den Oderbrückenköpfen zum Schlußangriff gegen Berlin an, das sie bis zum 25. April vollständig einschlossen. Und am gleichen Tag trafen russische und amerikanische Soldaten an der Elbe bei Torgau zum erstenmal aufeinander. Was dann noch kam, war nur noch das Großreinemachen – die Wehrmacht gab den Kampf auf und mit ihr auch die letzten Reste der ehemals so stolzen Panzerwaffe.

Der Krieg der Panzer

Am 22. März 1945 stießen die Russen an der Autostraße Küstrin-Berlin vor. Alles, was den Russen vor der Reichshauptstadt noch im Wege stand, waren die Reste einer Panzerdivision, in Wirklichkeit aber nichts anderes als eine starke gepanzerte Kampfgruppe: Fünf Panther einer ehemaligen Aufklärungsabteilung, eine volle Panzerkompanie mit 22 Panthern und zwei Kompanien Tiger mit 14 Wagen. Die Deutschen waren entschlossen, sich zum Kampf zu stellen.

Als die Russen schließlich nach eineinhalbstündiger Artillerievorbereitung mit Panzern und Infanterie angriffen, nahmen die Deutschen das Gefecht auf. Die russischen Infanteristen wurden vom Feuer der Maschinengewehre und von den Sprenggranaten zu Boden gezwungen, aber die Panzer – etwa fünfzig Fahrzeuge – rollten in zwei Angriffskolonnen weiter. Sie fuhren genau in das Abwehrfeuer von zwei deutschen Panzerkompanien, welche die Straße deckten. Die Russen waren ohne Chance: Die Panther und Tiger schossen einen Feindpanzer nach dem anderen ab, bis der Angriff zusammenbrach. Jetzt war es Zeit für den Gegenstoß: Die Russen waren verwirrt und nach ihren schweren Panzerverlusten praktisch wehrlos. Selbst in den letzten Wochen konnte sich auch die Rote Armee derart grobe taktische Fehler nicht leisten. Frontal gegen einen das Kampffeld mit seinen weitreichenden Panzerkanonen beherrschenden Feind vorzugehen war sinnlos und höchst gefährlich.

Die Russen versuchten die Situation schließlich noch durch einen Angriff ein Stück weiter im Norden zu bereinigen. Sie hatten schon zuvor ein kleines Dorf, in dem der deutsche Divisionsgefechtsstand samt einer Reservekompanie war, mit massivem Artilleriefeuer eingedeckt und griffen nun an dieser Stelle auch mit Panzern und Infanterie an.

Die von der Flanke eindrehenden Russen versuchten, ihre Kräfte im Schutz von Nebelgranaten an das Dorf heranzuführen, ermöglichten aber dadurch gleichzeitig auch den Deutschen, sich unbemerkt aus dem Dorf abzusetzen und im freien Gelände neue Stellungen zu beziehen. Als die russischen Einheiten schließlich im Dorf eindrangen, fanden sie dieses unverteidigt, gerieten aber sofort vom freien Gelände außerhalb der Ansiedlung her unter gut gezieltes deutsches Feuer. Wieder hatten die Russen schwere Verluste: Als sie sich schließlich nach den mißlungenen Angriffsunternehmen wieder zurückzogen, blieben sechzig ihrer Panzer brennend im Gelände liegen.

Das Gefecht in der Nähe von Küstrin war sicherlich nicht das letzte, an dem stärkere deutsche Panzerkräfte beteiligt waren, aber es war eine der letzten militärischen Auseinandersetzungen, deren Verlauf und Ausgang von stärkeren deutschen Panzerverbänden maßgeblich bestimmt wurden.

Im Großen wie im Kleinen: Panzer entschieden viele

Schlachten des Zweiten Weltkriegs und bahnten der Wehrmacht in den ersten Kriegsjahren den Weg von Sieg zu Sieg. Wie war das alles möglich?

Die Panzertruppe war eine Waffengattung, die mit ihrem Gerät und ihrer Taktik die Kriegführung in einer Weise revolutionierte, wie dies wohl selten zuvor jemals in der Geschichte der Fall gewesen war. Üblicherweise entwickeln sich Waffentechnik und Taktik international meist ziemlich gleichartig und gleichläufig, so daß kaum jemals ein einzelner Staat – außer durch Ansammlung einer rein materiellen Übermacht – einen wirklich entscheidenden Vorsprung vor irgendeinem anderen in Frage kommenden Konkurrenten erreichen kann. In solchen Fällen entscheiden dann bessere Ausbildung, höhere Kampfmoral oder einfach das unwägbare Kriegsglück über Sieg und Niederlage auf dem Schlachtfeld.

Bei der Entwicklung der deutschen Panzerwaffe aber verbanden sich überlegene Ausbildung, fanatischer Einsatzwille und taktisches Geschick zu einer Gesamtheit, die den Panzerdivisionen dem Gegner gegenüber eine zunächst scheinbar unüberwindbare Überlegenheit sicherte. Anders als die Deutschen verharrten die Westalliierten und auch die Russen lange Zeit in den aus dem Ersten Weltkrieg überkommenen Vorstellungen über den Panzereinsatz und waren dem deutschen operativen Konzept daher nicht gewachsen. Dazu kam noch, daß die zukünftigen Feindstaaten die ab 1933 im Deutschen Reich einsetzende schnelle Wiederaufrüstung entweder nicht richtig erkannten oder den Rüstungswettlauf aus politischen oder ökonomischen Gründen nicht mitzumachen bereit waren.

Es ist eine unleugbare historische Tatsache, daß die den jeweiligen Gegnern sonst meist zahlenmäßig unterlegene deutsche Wehrmacht diesen nicht nur verheerende Niederlagen zufügte, sondern sich auch im späteren Kriegsverlauf mit fast unglaublicher Zähigkeit gegen eine täglich stärker werdende Übermacht behauptete. Der Siegeslauf der deutschen Panzerdivisionen in den frühen Kriegsjahren ist praktisch ohne jede historische Parallele.

Keine Elitetruppe hat sich jemals in der Kriegsgeschichte mit solchem Erfolg geschlagen wie die deutsche Panzerwaffe: In schnellen Feldzügen brachte sie zusammen mit den anderen Waffengattungen fast ganz Festlandeuropa unter deutsche Kontrolle. Wahrscheinlich hätten die Deutschen im Jahre 1940 auch England erobert, wenn der Kanal nicht als natürliches Hindernis die Briten gerettet hätte. Am Ende unterlagen die Deutschen den riesenhaften Industriemächten England und Amerika und der an Personal und Material unerschöpflichen russischen Wehrkraft.

Vor der Erfindung moderner, schnellschießender Infanteriewaffen wurden die Schlachtfelder meist von dicht neben- und hintereinander aufmarschierten Infanterieeinheiten beherrscht, die den Feuer- und auch den Nahkampf möglichst geschlossen führten. Das war kein Zufall: Neben der konzentrierten Feuer- und Kraftentfaltung ist das Gefühl der „Tuchfühlung“ mit den Kameraden für den im Gefecht stehenden Soldaten meist von großer Bedeutung. Nicht allein einer Unzahl von drohenden Gefahren preisgegeben zu sein, ist eines der tiefsten menschlichen Bedürfnisse.

Nach der Einführung wirklich feuerkräftiger Waffen – Selbstladegewehre und später Maschinengewehre und Maschinenpistolen – begann sich der Charakter der Infanterieschlachten zu ändern. Es entstand die vielzitierte „Leere des Gefechtsfeldes“: Es gab keine in dichten Reihen stürmenden Heerhaufen mehr – die Abwehr des Gegners hätte sie noch vor der Erreichung ihrer Ziele aus sicherer Deckung heraus buchstäblich „niedergemäht.“ Allmählich entstand – schon im Ersten Weltkrieg – der Typ des Einzelkämpfers, immer auf Deckung bedacht, immer abwehr- und angriffsbereit. Es wurde für die Infanteristen unmöglich, Schulter an Schulter mit den Kameraden zu kämpfen. Diese neue Art der Kampfführung stellte selbstverständlich erhöhte Anforderungen an Intelligenz und Kampfmoral des einzelnen Soldaten und erforderte auch die Einführung neuer Befehlstechniken (zum Beispiel Zeichengebung, Befehlsübermittlung über Funk). Selbstverständlich ist es unter solchen Gegebenheiten schwieriger, kritische Lagen zu erfassen und zu beherrschen: Wer sich nicht unmittelbar vom Vorgesetzten beobachtet und kontrolliert fühlt und wem dazu noch das anfeuernde Beispiel der anwesenden Kameraden fehlt, gerät eher in Panik als ein Soldat, der, wie es die Landser oft so treffsicher ausdrückten, „beim Haufen“ (bei seiner Einheit, bei den Kameraden) blieb.

Anders als die Infanterie aber kämpfen Panzer meist einander unterstützend im Verband. Wo das nicht der Fall ist, bleibt trotzdem die Kampfgemeinschaft im Panzerwagen selbst: Fahrer, Funker, Lade- und Richtschütze und Kommandant bilden ein auf Leben und Tod voneinander abhängiges Team. Keiner kann versagen, ohne die anderen in unmittelbare Lebensgefahr zu bringen. Dazu kommen noch die besonderen psychologischen Gegebenheiten der Kampfform: Die Panzerbesatzung befindet sich in einem Fahrzeug, das ihr Schutz und Geborgenheit verleiht, aber gleichzeitig die wie in einem eisernen Käfig gefangene Besatzung zum gemeinsamen Ausharren zwingt und Einzelaktionen unmöglich macht.

Das sind die Gegebenheiten, die den Kampf beherrschen: „Panzer marsch!" bestimmt über das gemeinsame Schicksal aller. „Drauf und durch!" – eine andere Parole darf es nicht geben, wenn man gemeinsam überleben will. Das Vertrauen in die eigene Kampfkraft und in die Überlegenheit des Materials verstärken im günstigen Fall noch diese Einstellung. Wie die Flugzeug- und U-Boot-Besatzungen waren die Panzermänner eine verschworene Gemeinschaft: im Kampfwagen, im Zug, in der Kompanie und vom Bataillon über das Regiment hinauf bis zur Division. Das galt für alle Panzereinheiten und im stärkeren Maße vielleicht noch für die Waffen-SS. Bei diesen Verbänden war – zumindest in den meisten Fällen – noch das Gefühl der unbedingten Richtigkeit und Überlegenheit der eigenen rassischen und politischen Einstellung, die es gleichsam mit Feuer und Schwert zu verbreiten galt, für die oft gegen vielfach überlegene Feindkräfte erzwungenen Erfolge verantwortlich. Dazu kamen selbstverständlich noch bevorzugte Ausrüstung und Bewaffnung der Einheiten der Waffen-SS.

Die Geschichte der deutschen Panzertruppen des Zweiten Weltkriegs wird immer die Geschichte einer selbstbewußten Elite bleiben: Von ausgezeichneten Technikern und Taktikern geschaffen, stieg diese Waffe im steilen Bogen bis zu einem unglaublichen Zenit auf. Mehr als alle anderen Waffengattungen prägte sie die Entscheidungsschlachten des Zweiten Weltkriegs. Und so lange Weltgeschichte mit militärischer Gewalt gemacht wird, werden Panzer auch auf den Schlachtfeldern der Zukunft nicht fehlen.

Namensregister

Ortsregister

Sachregister